浙江文化名人传记精选修订丛书

原 主 编：万 斌

执行主编：卢敦基

学贯中西

李善兰传

杨自强 著

浙江人民出版社

图书在版编目（CIP）数据

学贯中西 ：李善兰传 / 杨自强著. -- 杭州 ：浙江人民出版社，2024. 12. -- ISBN 978-7-213-11672-8

Ⅰ. K826. 11

中国国家版本馆 CIP 数据核字第 2024DF0861 号

学贯中西：李善兰传

XUEGUAN ZHONGXI LI SHANLAN ZHUAN

杨自强　著

出版发行　浙江人民出版社（杭州市环城北路 177 号　邮编　310006）

市场部电话:(0571)85061682　85176516

责任编辑　诸舒鹏

责任校对　王欢燕

责任印务　程　琳

封面设计　王　芸

电脑制版　杭州天一图文制作有限公司

印　　刷　杭州富春印务有限公司

开　　本　710 毫米×1000 毫米　1/16

印　　张　16.5

字　　数　250 千字

插　　页　6

版　　次　2024 年 12 月第 1 版

印　　次　2024 年 12 月第 1 次印刷

书　　号　ISBN　978-7-213-11672-8

定　　价　68.00 元

“浙江文化研究工程成果文库”总序

有人将文化比作一条来自老祖宗而又流向未来的河，这是说文化的传统，通过纵向传承和横向传递，生生不息地影响和引领着人们的生存与发展；有人说文化是人类的思想、智慧、信仰、情感和生活的载体、方式和方法，这是将文化作为人们代代相传的生活方式的整体。我们说，文化为群体生活提供规范、方式与环境，文化通过传承为社会进步发挥基础作用，文化会促进或制约经济乃至整个社会的发展。文化的力量，已经深深熔铸在民族的生命力、创造力和凝聚力之中。

在人类文化演化的进程中，各种文化都在其内部生成众多的元素、层次与类型，由此决定了文化的多样性与复杂性。

中国文化的博大精深，来源于其内部生成的多姿多彩；中国文化的历久弥新，取决于其变迁过程中各种元素、层次、类型在内容和结构上通过碰撞、解构、融合而产生的革故鼎新的强大动力。

中国土地广袤、疆域辽阔，不同区域间因自然环境、经济环境、社会环境等诸多方面的差异，建构了不同的区域文化。区域文化如同百川归海，共同汇聚成中国文化的大传统，这种大传统如同春风化雨，渗透于各种区域文化之中。在这个过程中，区域文化如同清溪山泉潺潺不息，在中国文化的共同价值取向下，以自己的独特个性支撑着、引领着本地经济社会的发展。

从区域文化入手，对一地文化的历史与现状展开全面、系统、扎实、有序的研究，一方面可以借此梳理和弘扬当地的历史传统和文化资源，繁荣和丰富当代的先进文化建设活动，规划和指导未来的文化发展蓝图，增强文化软实力，为全面建设小康社会、加快推进社会主义现代化提供思想保证、精神动力、智力支持和舆论力量；另一方面，这也是深入了解中国文化、研究中国文化、发展中国文化、创新中国文化的重要途径之一。如今，区域文化研究日益受到各地重视，成为我国文化研究走向深入的一个重要标志。我们今天实施浙江文化研究工程，其目的和意义也在于此。

千百年来，浙江人民积淀和传承了一个底蕴深厚的文化传统。这种文化传统的独特性，正在于它令人惊叹的富于创造力的智慧和力量。

浙江文化中富于创造力的基因，早早地出现在其历史的源头。在浙江新石器时代最为著名的跨湖桥、河姆渡、马家浜和良渚的考古文化中，浙江先民们都以不同凡响的作为，在中华民族的文明之源留下了创造和进步的印记。

浙江人民在与时俱进的历史轨迹上一路走来，秉承富于创造力的文化传统，这深深地融汇在一代代浙江人民的血液中，体现在浙江人民的行为上，也在浙江历史上众多杰出人物身上得到充分展示。从大禹的因势利导、敬业治水，到勾践的卧薪尝胆、励精图治；从钱氏的保境安民、纳土归宋，到胡则的为官一任、造福一方；从岳飞、于谦的精忠报国、清白一生，到方孝孺、张苍水的刚正不阿、以身殉国；从沈括的博学多识、精研深究，到竺可桢的科学救国、求是一生；无论是陈亮、叶适的经世致用，还是黄宗羲的工商皆本；无论是王充、王阳明的批判、自觉，还是龚自珍、蔡元培的开明、开放，等等，都展示了浙江深厚的文化底蕴，凝聚了浙江人民求真务实的创造精神。

代代相传的文化创造的作为和精神，从观念、态度、行为方式和价值取向上，孕育、形成和发展了渊源有自的浙江地域文化传统和与时俱进的浙江文化精神，她滋育着浙江的生命力、催生着浙江的凝聚力、激发着浙江的创造力、培植着浙江的竞争力，激励着浙江人民永不自满、永不停息，在各个不同的历史时期不断地超越自我、创业奋进。

悠久深厚、意韵丰富的浙江文化传统，是历史赐予我们的宝贵财富，也是我们开拓未来的丰富资源和不竭动力。党的十六大以来推进浙江新发展的实践，使我们越来越深刻地认识到，与国家实施改革开放大政方针相伴随的浙江经济社会持续快速健康发展的深层原因，就在于浙江深厚的文化底蕴和文化传统与当今时代精神的有机结合，就在于发展先进生产力与发展先进文化的有机结合。今后一个时期浙江能否在全面建设小康社会、加快社会主义现代化建设进程中继续走在前列，很大程度上取决于我们对文化力量的深刻认识、对发展先进文化的高度自觉和对加快建设文化大省的工作力度。我们应该看到，文化的力量最终可以转化为物质的力量，文化的软实力最终可以转化为经济的硬实力。文化要素是综合竞争力的核心要素，文化资源是经济社会发展的重要资源，文化素质是领导者和劳动者的首要素质。因此，研究浙江文化的历史与现状，增强文化软实力，为浙江的现代化建设服务，是浙江人民的共同事业，也是浙江各级党委、政府的重要使命和责任。

2005年7月召开的中共浙江省委十一届八次全会，作出《关于加快建设文化大省的决定》，提出要从增强先进文化凝聚力、解放和发展生产力、增强社会公共服务能力入手，大力实施文明素质工程、文化精品工程、文化研究工程、文化保护工程、文化产业促进工程、文化阵地工程、文化传播工程、文化人才工程等"八项工程"，实施科教兴国和人才强国战略，加快建设教育、科技、卫生、体育等"四个强省"。作为文化建设"八项工程"之一的文化研究工程，其任务就是系统研究浙江文化的历史成就和当代发展，深入挖掘浙江文化底蕴、研究浙江现象、总结浙江经验、指导浙江未来的发展。

浙江文化研究工程将重点研究"今、古、人、文"四个方面，即围绕浙江当代发展问题研究、浙江历史文化专题研究、浙江名人研究、浙江历史文献整理四大板块，开展系统研究，出版系列丛书。在研究内容上，深入挖掘浙江文化底蕴，系统梳理和分析浙江历史文化的内部结构、变化规律和地域特色，坚持和发展浙江精神；研究浙江文化与其他地域文化的异同，厘清浙江文化在中国文化中的地位和相互影响的关系；围绕浙江生动的当代实践，深入解读浙江现象，总结浙江经验，指导浙江发展。在研究力量上，通过课题组织、出版资助、重点研究基地建设、加强省内外大院名校合作、整合各地各部门力量等途径，形成上下联动、学界互动的整体合力。在成果运用上，注重研究成果的学术价值和应用价值，充分发挥其认识世界、传承文明、创新理论、咨政育人、服务社会的重要作用。

我们希望通过实施浙江文化研究工程，努力用浙江历史教育浙江人民、用浙江文化熏陶浙江人民、用浙江精神鼓舞浙江人民、用浙江经验引领浙江人民，进一步激发浙江人民的无穷智慧和伟大创造能力，推动浙江实现又快又好发展。

今天，我们踏着来自历史的河流，受着一方百姓的期许，理应负起使命，至诚奉献，让我们的文化绵延不绝，让我们的创造生生不息。

2006年5月30日于杭州

目录

第一章　硖川岁月

纫秋兰以为佩

浙北农村的冬天，是寒冷而萧瑟的，尤其是深夜子时，周遭更是寂静无声，大地似在沉睡。然而，一股微弱却执着的春的气息从漫天的风雪中微微透出……此时，海宁州硖石镇东山脚下的一间大宅①正灯火通明、热热闹闹，春天仿佛提前来到了这里。随着一阵响亮的啼哭，一名男孩降生到了这个世界。

李善兰像

这一天，是清嘉庆十五年十二月八日（1811年1月2日）。这个孩子，便是中国近代科学的先驱李善兰。

海宁，位于钱塘江口，杭州湾北岸，东邻海盐，西接余杭，北依桐乡，南临钱塘江，与萧山、上虞隔江相望，是典型的江南水乡。域内河网密布、阡陌桑田，向有“鱼米之乡”的美称。因其

① 张任政《寿梓篇 · 李善兰》：“李善兰字壬叔，浙江海宁县人，先世自李冢迁硖石镇。今河东街张雅堂旧宅其故庐也。厅事三楹，依然存在。”见《张惠衣文存》，浙江古籍出版社2015年版，第392页。

境东南濒海，历代不断筑修海塘以“御潮汐之患”。元天历二年（1329），改名为“海宁州”，“海宁”之名遂沿用至今。

海宁向有观潮之习俗。海宁潮，又称浙江潮、钱江潮，因其潮高、多变、凶猛、惊险，被誉为“天下奇观”。早在宋代，范仲淹的《和运使舍人观潮》就有“堂堂云阵合，屹屹雪山行。海面雷霆聚，江心瀑布横”之句。当江潮从东涌来时，似一条银线，称为“一线横江”。所谓“玉城雪岭际天而来，大声如雷霆，震撼激射，吞天沃日，势极雄豪”。

可以说，正是生生不息、勇往直前的海宁潮，造就了海宁人“猛进如潮”、敢为人先的“弄潮儿”精神。事实上，海宁的历代名人之多，正如海宁潮一样令人叹为观止。海宁的历代名人，在20世纪20年代出版的《中国名人大辞典》中，收有130人。1989年出版的与之相衔接的《中国近现代名人大辞典》中，收有48人。举其荦荦大者，从东晋时著《搜神记》的干宝开始，有唐代死守睢阳的忠臣许远、著名诗人顾况，宋代理学家张九成，明代戏曲家陈与郊、史学家谈迁和查继佐，清代诗人查慎行，棋圣范西屏、施襄夏，书法家陈奕禧、查昇，藏书家吴骞、蒋光煦、蒋光焴，医学家王士雄，近代国学大师王国维，诗人徐志摩、穆旦，军事理论家蒋百里，佛学家太虚法师、印顺法师，学者、书法家张宗祥，训诂学家朱起凤，铁道工程专家徐骝良，出版编辑家宋云彬，红学家吴世昌，戏剧家沙可夫，教育学家郑晓沧，植物学家钱崇澍，电影艺术家史东山，版本目录学家赵万里，漫画家米谷，机械工程专家沈鸿，实业家查济民，作家陈学昭、金庸，书画鉴定家徐邦达等一大批名人。自然，还有本书的传主李善兰。

一个方圆不过800平方公里的小邑，培育了如此多的重量级文化精英，这在全国怕也是罕见的。所谓“人杰地灵”，于海宁而言正是如此。从这个意义上说，李善兰这座近代科学史上的高峰，出现在海宁这样一个偏离科学中心的小邑，得归之于海宁深厚文化底蕴的孕育之功。

李善兰出生于海宁何地？除了通常认为的硖石镇，还有著名数学史家李俨先生提出的海宁路仲说。

李俨先生在其《李善兰年谱》中称，他曾经向杭州裘冲曼先生征访，“善兰家在浙江海宁县硖石镇北的路仲市”[①]。路仲，当地称路仲里，位于硖石西北约7公里，为一古镇，形成于三国时期。著者曾专程到路仲向当地群众询问，当地并无李善兰是路仲人的说法，路仲镇上也找不到李善兰的旧居。

事实上，李善兰只是在道光十五年（1835）到道光十七年在路仲（当时称为渟溪）坐馆，东家是他的诗友张均（字湘石）。他应该是一边教书，一边全力准备院试。《管庭芬日记》中有记载李善兰的外伯祖宋槤的一首诗，其小序为：“乙未之季，秋纫将适馆渟溪，口占里句送行并柬管芷湘、朱芑塘、许春苹诸君及居停张湘石。时老友吴醒园亦馆斯地。”[②]从诗序可知，这是宋槤为李善兰送行之诗，也是以此诗请路仲管庭芬等几位朋友关照李善兰。“乙未”即道光十五年。

李善兰是在年初到路仲开始他的坐馆生涯的。与李善兰同时代的学者、诗人管庭芬正是路仲人，其《管庭芬日记》有记：“（道光十五年正月）十八：晚，硖川李君秋纫心兰时馆湘石家，来晤。”[③]称李善兰为“硖川李君秋纫心兰”，则李善兰当是硖石人。又管庭芬当年六月的日记：“初五：侵晨喜悉友戚中如秋纫、浦山、幼坪俱入泮，吾里仅有周长生一人，系无所关切者。”“初八：是日阅入泮全案，州学二十五名：潘照、骆士奎、李善兰、夏友风……”[④]李善兰在这年的六月考取了秀才，管庭芬称“吾里仅有周长生一人”，则李善兰显非“吾里”人。管庭芬与李善兰关系密切，又是路仲人，不可能误记。

李善兰在路仲坐馆，前后约有三年。李善兰诗《哭祝南筠丈》四首其三云：“三年客渟溪，踪迹渐觉疏。怀公风雨夕，旅馆一灯孤。”《管庭芬日记》道光十七年（1837）十月初八记：“侵晨步行之硖，午酌秋纫处……夜仍饮秋纫处。瘦仙来晤，相谈之二鼓方别。夜与秋纫同榻，雨声达旦不止。”第二天十月初九，管庭芬“晤张君沁梅及祝君虚斋，相谈久之，虚斋坚留，午酌而别。适蒋君生沐来邀，即偕秋纫往正。并晤李丈月岩乔梓，畅谈于别下斋中，夜饮而归，已

① 李俨：《李善兰年谱》，《李俨钱宝琮科学史全集》第8卷，辽宁教育出版社1998年版，第320页。

②〔清〕管庭芬：《管庭芬日记》，中华书局2013年版，第793页。

③〔清〕管庭芬：《管庭芬日记》，中华书局2013年版，第791页。

④〔清〕管庭芬：《管庭芬日记》，中华书局2013年版，第809页。

二鼓尽矣”。当晚，“仍与秋纫同榻，并出横山崔秋谷先生应榴所著《广慈》《广孝》二录刊本见惠”。第三天十月初十，“晨风雨稍止，与秋纫访崔君苍雨，并假其《东庄尺牍家训》一册归，即辞诸友，由便舟抵家已申刻矣”。[①]可见道光十七年十月时，李善兰已回到了硖石，管庭芬从路仲来到硖石访友，住在李善兰家中，同榻夜话。

又，《听雪轩诗存》朱昌燕序说：“燕于洛溪周氏故纸中，搜得一册，亦数十首，合而成卷。今秋，吴子芸孙复从同里顾氏清桂堂获先生少作二百余首，乃甄择十之三，别为一卷附焉。”[②]这里的“洛溪”是指海宁斜桥镇，与路仲相邻，其间不过一二里路。朱昌燕的序作于光绪二十五年（1899），其时李善兰去世未久。在洛溪的周氏尚能找到李善兰当年的诗作，可见李善兰确在路仲生活过相当长一段时间。裘冲曼先生的说法或源于此，但李善兰并非路仲人，也是很明确的。

李善兰的生日，一般认为是嘉庆十五年庚午夏历十二月八日（1811年1月2日）。[③]根据主要有两条：一是《苞溪李氏家乘》[④]：“心兰，嘉庆庚午十二月初八日子时生，光绪壬午十月二十九日子时卒，寿七十三岁。”二是李慈铭《越缦堂日记》之《荀学斋日记》光绪八年十一月二十日条所记：“是日李壬叔开吊……以是年十月二十九日卒。生于嘉庆十五年十二月八日，年七十有三。”[⑤]

《听雪轩诗存》中有《十二月廿八日立春，是日为余诞期》一诗：“立春正值设弧期，饮酒簪花喜不支。那比年年度此日，无聊空剪绿杨丝。”从这首诗看，李善兰的生日为夏历十二月二十八日。[⑥]

---

①〔清〕管庭芬：《管庭芬日记》，中华书局2013年版，第896页。

②〔清〕朱昌燕：《听雪轩诗存》序一，见〔清〕李善兰：《听雪轩诗存》，海宁市政协文史资料委员会1991年编印，第3页。

③ 如李俨：《李善兰年谱》：“清嘉庆十五年庚午李善兰生。下注：是年夏历十二月八日（1811年1月2日）生”；王渝生《李善兰研究》作：“清嘉庆十五年十二月八日（1811年1月2日）凌晨子时，崔氏产下一子。”

④《苞溪李氏家乘》，光绪庚寅年（1890）重修，祠堂藏版，现藏于海宁市图书馆。

⑤〔清〕李慈铭：《越缦堂日记》第十三册，广陵书社2004年版，第9672页。

⑥ 严敦杰《李善兰年谱订正及补遗》一文也认为：“按李《听雪轩诗存》卷下自云实嘉庆十五年十二月二十八日”，也是认为李善兰的生日当是十二月二十八日。

又：李俨《李善兰年谱》光绪六年（1880）庚辰：“是年正月，同文馆同人公寿李善兰”。注云：“见席淦《残稿》。”如李善兰生日为十二月八日，不可能到正月再为他祝寿。当然，十二月廿八日的生日，到正月祝寿也说不通。所以从这条记载看，李善兰的生日应在正月的某一日。

又：《张文虎日记》同治四年二月初四日（1865年3月1日）下记：“阴。壬叔生日，治汤饼。陈卓人、杨见山来共饭。”张文虎是李善兰最密切的朋友之一，写这条日记时，张文虎与李善兰在金陵书局共事，朝夕相处，并且还与李善兰的同门师兄杨岘（字见山）一起，吃了生日时特有的汤饼。则李善兰的生日为二月初四。

《苞溪李氏家乘》

一般说来，家谱对于生日是不会记错的，自己对自己的生日记得是很清楚的，身边的朋友、同事正式举行祝寿活动或者生日宴，也是不会搞错的。从情理而言，十二月八日、十二月廿八日、正月、二月四日，都有道理。对于李善兰的生日，限于材料，无法作进一步的辨证，本书采用成说，即生于嘉庆十五年十二月八日，公元1811年1月2日。[①]

李善兰出生的时候，其父已年逾四十。中年得子，自是欣喜万分。其时，案头一盆兰花正竞芳吐蕊，散发出阵阵清香，于是，给儿子取名心兰，庠名善兰，字竞芳，号秋纫，别号壬叔。

---

① 海宁地方文献研究专家虞坤林先生在《李善兰生辰、墓地考》（《海宁文博》2011年第1期）中认为，从李善兰的诗中可知，某年的立春日为其生日，而李善兰的一生中，并无十二月初八日为立春日的，而1826年十二月廿八日恰好是立春日，由此推定十二月二十八日为李善兰生日。同时，上海图书馆所藏道光乙未年所修的《苞溪李氏宗谱》（第九次修）也记为：“乾隆庚午十二月二十八日生。”至于海宁图书馆所藏的《苞溪李氏家乘》（第十次修）记为“嘉庆庚午十二月初八日子时生”，虞坤林推测：“在第十次上板时，编辑者虽然纠正了第九次家谱将‘嘉庆’刻为‘乾隆’的错误，却错刻了一个‘廿’字。”录以备考。

李善兰的名、字与号，各种记载略有出入。《清史稿·畴人传二》作："李善兰，字壬叔"。诸可宝《畴人传三编》作："李善兰字壬叔，号秋纫。"徐世昌《清儒学案》作："李善兰，字壬叔，号秋纫。"《海昌艺文志》作："李善兰，字秋纫，号壬叔。"其外甥崔吟梅《李壬叔征君传》称："讳善兰。"光绪二十五年（1899）《听雪轩诗存》朱昌燕序作："讳善兰，原名心兰，字秋纫，壬叔其晚号也。"李善兰的朋友王韬则称："海昌李壬叔茂才名善兰，一字秋纫。"

在《苞溪李氏家乘》中，李善兰的名字作："名心兰，庠名善兰，字竟芳，号秋纫，别号壬叔。"考虑到这是李氏家谱，且成于李善兰死后十年不到，应该比《清史稿》等更为可信，故从此说。

李善兰的名字，全围绕着一个"兰"字做文章。兰为花中君子，一直以来是品行高洁的象征，"秋纫"一词，出自《离骚》中的名句："扈江离与辟芷兮，纫秋兰以为佩。"李父给儿子取这么一个名，不失为读书人的本色。事实上，李善兰的家庭，也正是典型的"忠厚传家久，诗书继世长"的士大夫家庭。

据《苞溪李氏家乘》记载，南宋末年的汴梁，有一个叫李伯翼的，"读书谈道，不乐仕进，有荐为山长者，卒辞不就"。"山长"就是书院的负责人，可见李伯翼颇有学问与声望。李伯翼之子名李衎，此人文武双全，相貌堂堂，"有倜傥气概"，元朝初年举为贤良方正，后升迁为嘉兴路总管府同知，"因占籍为嘉郡海盐人"，定居于海盐苞溪①，后又迁居海宁硖石，从此在这鱼米之乡安居乐业。

李家自李衎后，也出了几个人物。如李衎之子李彦城，"以儒术起家，善史学通古今，为乡之闻人"，人称"素节先生"。此后，苞溪李氏"家道寖昌，实为海盐之巨擘"。李彦城之长子李孟瓒"治经术，善文章"，著有《南庄集》。三子李季衡，因失意官场而专"为诗文以摅平生之蕴"，著有《雪窗集》《西溪集》。李氏一脉可谓诗书传家久。这样一直到李伯翼的第17代孙，名叫李祖烈，

① 苞溪其地无考，大致在今海盐县于城镇吕冢村。明胡震亨《海盐县图经》卷三"桥梁"之"吕冢石环桥"载："徐《志》作吕冢桥，云桥北有庙，庙后有冢，相传吕蒙冢也。按苞溪李氏居此久矣，永乐、弘治二《志》俱作李冢，安知非指元总管李衎冢乎？"（见《海盐县图经》，浙江古籍出版社2009年版，第111页）李衎居于此，葬于此，此地因而称"李冢"，乡人误为"吕冢"（当地吕、李同音），进而讹传为吕蒙墓。又，元初有名画家李衎（字仲宾，号息斋道人，蓟丘人），曾为嘉兴府同知。李善兰祖上李衎之嘉兴府同知，或为家谱因同姓名而附会。

庠名福谦，字牧堂，号虚谷，也是一个经学名儒。他先是娶了望海县（今宁波镇海区）知县许季溪之孙女为妻，不幸许氏没多久就去世了，就继娶其妻妹为妻。后来李祖烈又娶了当地名儒崔景远之女为妻，这就是李善兰的母亲。崔氏死后，李祖烈又娶士人宋南珍之女。李善兰是长子，下有两个兄弟，心梅（字庾清）、心葵（字曜初），此外，李善兰还有一个妹妹，但不知姓名。

出余技为诗文

李善兰的祖上，虽说做过不大不小的官，但骨子里还是读书人。到了李善兰父亲这代，官早已不做了，唯一可矜夸的，也就是“书香门第”四个字而已。李善兰是家里的长子，下面有两个弟弟——心梅、心葵，也很爱读书；尤其是心梅，在数学上有着相当深的造诣，后来还为李善兰的数学著作加按语和注解。李善兰的父亲李祖烈是当地名儒，平日闭门读书，不理世事，大有隐士之风。李祖烈死时，其妻舅崔苍雨作了一副挽联：“独行无惭，闭户不闻当世事；九京含笑，有儿能读古人书。”多年之后，李善兰在上海时还向朋友背诵这一联，称其“简净概括”，可见这两句确是较为传神地勾勒了李祖烈之为人性格。

李祖烈的前两位妻子许氏姐妹，虽说嫁入李门不久就去世，但许氏一家因和李家声气相投，仍经常来往，李善兰对他的这两位“母亲”也有着很深的感情。他在《正月初三为先继慈许太夫人忌辰设席恭祭》一诗中深情地写道：“襁褓甫离便失恃，每逢祭日倍伤悲。桮棬故物存余泽，鞠育深恩忆昔时。寸草有心思报答，九原无路可追随。数茎春韭躬亲荐，展拜遗容泪已垂。”李善兰在襁褓之时，许氏便因病而逝，李善兰虽非许氏所生，但对养育之恩仍不能忘怀，读来令人动容。

李善兰少年时，经常到他的几个舅舅家玩耍、读书。舅舅许良惕志趣高雅，不喜俗流，庭前屋后种满了梅树和桂花树。家里藏书丰富，书斋取名“小隐楼”，乃是取“大隐隐于朝，中隐隐于市，小隐隐于野”之意。李善兰有首《雨后过许良惕舅氏小隐楼》诗写道：“地僻心偏远，明窗雨霁初。庸材惭宅相，小隐羡楼居。琼玉庭前树，琳琅架上书。营营名利客，未许造蓬庐。”另一位舅舅崔苍雨，性格和许良惕差不多，也是僻处乡下，以读书自娱，过着半隐居的生活。李善兰一次乘着船专门去找他，这位舅舅却出门云游去了。李善兰既怅然不遇，又羡慕他那种闲云野鹤的生活，回来后赋诗《访崔苍雨舅氏不遇》："孤舟到远村，泊岸款柴门。弱草铺幽径，香茅覆古垣。庭空人不见，野静鸟偏喧。且复归桡去，踟蹰数亩园。"从诗中可以看出，李善兰对这两位舅舅的性情、学识是颇为推许的。至于另一位舅舅崔德华（莲舫），李善兰和他的感情更深，他们经常在一起吟诗作对，从李善兰诗作中推测，两人似乎还共同发起成立了一个诗社。

李善兰的亲戚里，最为有名的是外伯祖宋梿。宋梿字宗彝，号樗里，晚号不困道人，生得鹤发童颜，性喜饮酒作诗，指点江山，是海宁一地的诗坛领袖。李善兰对他十分推崇，称他的诗作是"大集允堪垂宇宙，清谭亦足见襟期"，其人是"领袖骚坛夙共推"。一次，李善兰专程上门向他求取诗稿，宋梿对这位才华过人的后辈也青眼有加，与李善兰把酒临风，谈古论今，李善兰兴奋不已，"香醪醉我双颧赤"。在回来的船上，李善兰手捧宋樗里的诗集，吟哦不已，并作《访宋樗里外伯祖兼乞诗稿》一诗以记其事。此外，李善兰还有一位"瘦山叔祖"，喜作画，李善兰还为他的《玩月图》题了两首诗。有一位"峻恒四叔"也是画家，曾作有一幅《楼观沧海日图》，李善兰为他题诗云："元龙楼百尺，豪气欲凌空。极目潮来白，当头日照红。襟怀征浩荡，眼界豁朦胧。帘卷秋风里，坐观兴不穷。"还有他称为"玶门大兄"的李步云（字青上，号玶门），两人更是投缘，时常在一起游山玩水。他们曾一起在夕阳西下时，"携手登高趁夕醺"，爬上硖石的东山，放眼远眺，在"千竿修竹藏幽鸟，一路寒枫锁暮云""苍烟香霭围萧寺，风递钟声隔岭闻"的景色中，享受"满山爽气少尘氛"的宁静。"玶门大兄"的书法颇有功力，李善兰形容他作书时，是"笔阵纵横夺化工，清飙恍起墨池中"，下笔十分雄健有力。

从这里可以看出，在李善兰的家庭和他的亲戚中，似乎没有人是做官的，基本上全是喜爱吟诗作画、登山临水的文人墨客。李善兰成年后，对科举仕进并不十分热衷，却矻矻于数学研究，这与他少年时的成长环境是有着很大关系的。

李善兰的少年时期，和一般江南缙绅人家的子弟没什么大的不同，无非是读书、作文、游玩而已。硖石是一个小镇，东山脚下便已是农田，如李善兰

《暮春野步》诗中所说的“斜日家家掩竹扉，连宵细雨麦苗肥”。饱览田园风光是少年李善兰的赏心乐事之一。他30多岁时曾有《夏日田园杂兴》四首，描绘了他家乡“绝堪怜”的江南乡村景色。

才罢蚕桑四月天，乡村风景绝堪怜。
溪无车水牛晨浴，门静催租犬昼眠。
扶杖叟酣烧檑酒，牵衣儿乞卖丝钱。
昨宵邻里来相约，社鼓重敲庆有年。

几家茅屋抱溪流，不出柴门事事幽。
早起看营新燕垒，晚凉呼觅旧鱼钩。
孤花避客开深树，倦蝶依人上小楼。
新结豆棚才一角，夕阳时节便勾留。

充盘日日剪园蔬，城市新来迹更疏。
客到无非谈艺事，儿闲且教读农书。
竹风满径翻红药，梅雨连溪上白鱼。
麦饭饱餐跂脚卧，并无清梦到华胥。

一角墙低纳远岚，泼帘浓翠胜春兰。
田漫秧水飞孤鹭，门掩桐阴养晚蚕。
渔艇追凉依柳岸，农家就横叙茅庵。
客中聊作村居咏，课雨占晴本旧谙。

生活在乡间小镇，李善兰对农民的艰辛自然也有了直接的感受。他曾在《田家二首》中写道：“绿野耕耘不惮烦，课晴问雨度晨昏。此生幸免啼饥累，土物心臧训子孙。”“提筐去采陌头桑，闭户看蚕日夜忙。到得丝成空费力，一身仍是布衣裳。”

这样的“悯农”虽仍不免有居高临下之感，但其间流露出的同情是真挚真诚的。事实上，对农家艰辛的感受在李善兰早期的诗作中经常可以看见。与朋友游东山时遇雨，朋友是兴致勃勃“兴好不阻雨，要雨来催诗”，他却想到“入秋亢旱久，戽水农力疲”。天公久不下雪，诗友作“催雪诗”，要在雪花飘飘中激发诗兴。他在和诗（《和蒋杉亭催雪诗用东坡聚星堂雪韵》）中却说：“村翁苦愿年岁丰，日望空花乱飘瞥。清兴阻我诚何妨，孤负农心将何说。”

海宁境内颇多名胜，即在硖石镇，就有东山、西山、鹃湖、俞桥等名胜。硖石古称硖山，在秦朝时属由拳县。东山又称审山，西山又称紫微山，两山原为一山，传说当年秦始皇东游至此，听闻硖山“水市出天子”的童谣，又有术士云此地有王者之气，遂下旨派十万囚徒拦腰斩断硖山，以“凿山败气”，于是东西两山相对峙。由于凿山时要百姓户户扎灯为之照明，以便昼夜开工，从此硖石有了“灯乡”之称。还有更奇的是，后来东山有了罕见的浮石，可以浮在水面上，西山则冒出个沉芦，搁入水里竟会直沉下去。这些传说虽未必有稽，但对文人而言，却是平添了登临吟咏的兴致。在李善兰诗作中，经常提到偕友人游东山、西山等的情景。如《九日同人紫微山登高，荐酒白太傅祠，祭毕，饮馂于丹井山房，即用太傅九日登西原宴望韵》《八月十五日同杉亭、若梅游东山憩花屿道院，遇雨，复登九十九峰阁联句》《西山重建周孝廉祠感赋》《偕玨门大兄东山晚眺》等，写下了“青山如故人，别久系我思”“终岁客邻郡，梦绕东山麓”“落日林中啼暮鸟，归来散步西山道”“惟有紫微山色好，春来不减旧时青”等诗句。

身为海宁人，海宁潮自是不能不看。李善兰一次观潮后，深为排山倒海之势所震撼，信笔写下了一首《观潮歌》。

蓬瀛仙人太狡狯，剪取云汉一匹练。
袖归三岛人不觉，夜深抛向沧溟面。
天河堕海不可收，化作涛头银一线。
神龙殖货多奇宝，见此玉虹为绝倒。
鳌甲忽与神仙争，被练三千明皜皜。

前鸣鼍鼓后鲸钟，吞云浴日天为杳。
雷声卷地百里疾，雪花喷空九霄湿。
蜃楼崩摧璇台圮，瘦蛟怒立鲛人泣。
隔云无数烟鬟轻，青腰玉女何娉婷。
仙骨不愁风波恶，姗姗微步来观兵。
神鞭一掣石流血，祖龙望岸空叹息。
竹杖飞空鳞甲张，我欲扶桑看日出。

这首《观潮歌》写得气势宏大，想象丰富，把大潮滚滚而来、奔腾咆哮的壮观景象描摹得如在目前，是众多观潮诗中的一首名作。

这时期的李善兰像大多数缙绅人家的士子一样，生活得很悠闲，读书、作诗、交友、游玩，还养成了文人们常有的两大爱好，一是喝酒，二是下围棋。在其诗作中，有不少饮酒、下棋的记载。如“酒海狂掀万斛波，连宵豪兴未蹉陀”“烂醉方知春浩荡，酣呼笑问夜如何”“一笑且痛饮，醉卧沧江月”“迟收棋局前宵乱”“丹房清斗茗，乌几闲敲棋”。这两个爱好延续了他的一生，从《曾国藩日记》《王韬日记》《张文虎日记》中可以看到，无论在上海、金陵还是在北京，李善兰与朋友们动辄连番痛饮、通宵下棋。他的酒量很不错，但棋艺似乎一般，属于那种兴致很高但胜负感不强的类型，所谓“胜固欣然败亦喜”，棋本小道，娱情而已，是典型的文人棋。

李善兰以数学家名世，但他的诗也作了不少。这其实并不奇怪，那个时候的文人几乎每个人都有一部诗稿，这与其说是一种创作，不如说是一种习惯。但李善兰的诗确实写得不错，所谓“学问测天量地赅，诗文余事亦恢恢”。[①]当时人评价说：“壬叔于天算之外，出其余技为诗文，亦复卓然异人。”[②]“要其所咏忠孝义烈，及乐府诸篇，哀音四塞，走云连风，气昂藏而言危苦；其他流连景光之作，抒写性灵，不失温厚之旨，虽不必如算学之为绝业，亦可以风

① 〔清〕蒋学坚：《怀亭诗录》卷三《闻李壬叔太讣音》，清光绪二十一年（1895）刻本。

② 《听雪轩诗存》钱定一序引“天南遁叟王紫诠”（即王韬）语。

矣。”[①]平心而论，从现存的诗来看，李善兰诗作似乎还不能算是第一流，但也自有风格，所谓“先生名垂宇宙，虽不必以诗传，而其诗要自有可传者在”。[②]

李善兰13岁开始学诗，[③]这在那个时代算是比较晚的了。他在《哭祝熙斋》一诗中也说：“我年十四五，始与笔砚亲”，这里的“笔砚亲”显然不是指读书习字，而是指正式创作诗文。这样说来，《甲申除夕》和《乙酉元旦》则是李善兰现存诗中最早的两首了：

甲申除夕

膝下依依十五秋，光阴瞬息去难留。
嗟余马齿徒加长，爆竹惊心岁已周。

乙酉元旦

数声爆竹岁朝天，惭愧平舆会讲年。
一岁功程今日始，急须早着祖生鞭。

这两首诗，一首作于除夕，一首作于第二天大年初一（古人称一年之初的春节为“元旦”“元日”“元正”等）。诗意畅达，出语浅近，确是学诗不久的习作。

李善兰在学诗的过程中，得到了不少当地诗坛前辈的提携。当然也可以说，是李善兰在作诗上的天分，得到了诗坛耆旧的赏识而乐加指点。而李善兰在吟诗作赋中，也结交了一批诗友，他们时相过从，诗酒流连，风流自赏。从李善兰的《听雪轩诗存》和海宁邑人诗集《硖川诗续钞》的记载看，主要有这几位。

祝南筠，这是李善兰的第一位老师。祝南筠是当时的“词坛宿将”，李善兰称他是“用笔如用兵”，“驰骋不可当，铁骑任所向”，可见威望之高。李善兰刚开始学诗时，祝南筠对他十分欣赏，每次游山玩水、登临赋诗都要带上李善兰，而李善兰也经常上门请教。他们两人结成了忘年交，作起诗来也是你唱我和，

① 《听雪轩诗存》汪煦序。

② 《听雪轩诗存》朱昌燕序。

③ 《听雪轩诗存》中《哭祝南筠丈》四首有“十三学吟诗，谬承巨眼赏”。

不亦乐乎。后来李善兰在渟溪（即路仲）坐馆三年，渟溪离硖石大概有十来里路，需要乘舟往来，李善兰与祝南筠的酬唱才慢慢疏了下来。但李善兰对这位诗坛前辈一直心存感激，常常想念，“怀公风雨夕，旅馆一灯孤”，每次回到硖石，都要前去拜访。祝南筠对李善兰的来访也是十分高兴，“破颜喜予至，谈笑乐有余”。后来祝南筠一病不起，李善兰“闻赴心惊皇，泪落不可止”，写了《哭祝南筠丈》四首，以寄悲伤之情。

祝熙斋，即祝南筠之子祝琳（字熙斋），与李善兰年龄相仿。李善兰十四五岁时，两人经常一起切磋琢磨诗文，“君月必三来，视我所为文。我亦数过君，诵君诗句新”，李善兰引他为作诗的知己。祝熙斋以有为之年而撒手西归，李善兰听到噩耗，“入耳肝肠断，泪下不能语”，专门写了一首《哭祝熙斋》。

陈份，字韵篁，是李善兰经常酬唱的诗友。有次陈韵篁作了一首诗，李善兰一口气“叠前韵”和了五首。其中《感事再叠前韵》一首是李善兰这一时期的心情写照：

> 可入刀林可蹈波，丈夫意气肯蹉跎。
> 凌烟有志封侯遂，如草无声杀贼多。
> 方略庙堂能熟计，幺么小寇敢谁何？
> 奇谋不出阴符外，安用神兵借伏魔。

这个时期，与李善兰交往最深的，当是诗人蒋仁荣。蒋仁荣字修华，号杉亭。蒋家是海宁的名门，蒋仁荣的父亲蒋楷，兄弟辈蒋光烈、蒋光堉、蒋光煦、蒋士夔、蒋应祥、蒋葆炘等都是当地有名的诗人、藏书家。蒋仁荣之子蒋学坚从小也多蒙李善兰教导，李善兰死后，其诗即由蒋学坚搜集整理。蒋仁荣家富藏书，工诗擅画，以治训诂出名。他曾通过李善兰介绍，拜经学大师陈奂为师研习经学，室名曰“师经室”，与李善兰也可算是师兄弟了。他与从弟蒋光烈（志亭）以绘画名，人称“二亭”。著有《孟子音义考证》《大戴礼集说》《师经堂诗文稿》等。与李善兰为“莫逆交，纂述之余，以诗相唱和”。《听雪轩诗存》中有《和蒋杉亭催雪诗用东坡聚星堂雪韵》《八月十五日同杉亭、若梅游东山，憩花屿道院，遇雨，复登九十九峰阁联句》等诗。李善兰在嘉兴时，仍念念不忘这位莫逆之交。一个秋夜，他吟哦着蒋杉亭请他品评的近作，想起当年一起酬唱的情景，感慨万千，当即在灯下作了一首《秋夜评定蒋杉亭近稿再叠前韵》，诗中说："犹忆双峰高卧日，联吟三径屡经过。月明鸳水连鹃水，此夜相思奈尔何。"这里的"双峰"，指硖石的东山和西山；"鸳水"指嘉兴，南湖又称鸳鸯湖；"鹃水"指硖石，鹃湖为硖川名胜。可见两人感情之深。

还有一位吴榕园（吴应和，字子安，号榕园），他跟李善兰交往的时间并不长，前后不过两年，但两人的感情很深。李善兰说："余自庚寅仲冬，始以诗就正于先生。"庚寅即道光十年（1830），当时李善兰虚岁21岁。李善兰对吴榕园的诗作十分推崇，称他"著述自千秋"，"声价高词苑，文章入选楼。狂澜方横溢，砥柱独中流"。他最后一次与李善兰同游，是在这年的九月初九，诗友们一起登上紫微山，在白居易祠前共赋新诗。"痛煞登高会，犹吟白傅词。一生此绝笔，五字哭新诗。"吴榕园死后，李善兰专门写了《挽吴榕园先生》三首，其中有"去世伤君骤，论交恨我迟"之句。

李善兰这时期过从较多的诗友还有崔德华、张均、蒋熙鸿、朱湘、陈份、许光清、顾为金、戴陈常、曹钟、蒋士燮、许楣、许增、蒋懋勋与朱超等。[①]

---

① 崔德华字霁云，号莲舫，海盐诸生，有《秋声山馆诗钞》。张均字湘石，居于海宁渟溪（即路仲），贡生，著有《越中吟》《越吟草》《守素斋诗钞》《芳山近体诗钞》等，藏书家吴骞称其五言诗"有长城之目"。蒋熙鸿字索梅，海宁人，著有《索梅吟稿》，有《仲冬十一日李壬叔善兰归自鸳湖，杉亭弟仁荣招集东野别墅分韵得"寒"字》一诗。朱湘，海宁人，诗人，诸生，著有《续日知录》《种学斋诗存》等。陈份，字韵篁，李善兰称与他"廿载交深逾管鲍，连朝韵险斗阴何"，《听雪轩诗存》中有和陈份诗五首。许光清，初名洪乔，继名丙鸿，字云堂，号心如，海宁人，著有《莞睦堂遗稿》《瓦当文类考》《尔雅校勘记订补》《管子校补》等，李善兰有《和许心如墨菊》二首。曹钟字鲸华，号篁坡，海宁人，著有《琐琐葡萄居吟稿》等。顾为金，字若梅，诸生。李善兰有《八月十五日同杉亭、若梅游东山憩花屿道院遇雨复登九十九峰阁联句》诗。戴陈常，字甫申，号鬴笙，举人，著《博收斋诗草》，有《秋夜怀壬叔善兰》诗。蒋士燮，字理斋，号蔼人，海宁人，著有《余事学诗楼吟草》等。许楣，字金门，号辛木，室名真意斋，海宁人，道光十三年（1833）进士，曾任户部主事，咸丰十年（1860）受聘为南通"敦善书院"主讲。著有《钞币论》《真意斋诗文集》《校正外科正宗》等。许增，字萸坪，海宁人，著有《高阳醉吟草》等。《杭郡诗》云："萸坪少攻举业，困于小试，遂刻意为诗，与谢瘦仙、李壬叔辈相唱和。"许增去世时，把遗稿托付给李善兰。蒋懋勋，字梅坡，海宁人，官沭阳知县。著有《西湖渔庄集》等。朱超，字雪村，海宁人，著有《渟溪小志》等，李善兰有《和朱雪村超冬日游仙词》诗。

李善兰是嘉兴道光、咸丰年间著名诗社“鸳水联吟社”最早的社员之一。许增等人在硖石所组织的一个诗社，李善兰也是骨干分子，曾介绍管庭芬入社。[①]鸳水联吟社活动时，经常就某一题材分别作诗。道光二十一年（1841）春，鸳水联吟社以“四野”为题征诗，李善兰拈得“野塘”，还有一次以古人唱和故事作为题材，李善兰得“月泉诗社”。

一年的重阳节，硖石的诗友们相约共登西山即紫微山，他们到了山上，先祭拜了白居易的祠庙，然后到相传葛洪炼丹的丹井山房饮酒聚餐。接着，大家步当年白居易《登西原宴望》诗的原韵，各赋诗一首。

道光二十七年（1847）的冬至前，李善兰在嘉兴，看看快年底了，很想念在硖石的那些诗友们。于是他借扫墓的机会，回到硖石。蒋杉亭一听说李善兰回来了，大喜过望，立即召集了崔德华、许增、曹钟、蒋熙鸿、蒋士燮一班诗友，齐集在东野别墅。老友见面，“执手笑可掬”。此时大雨初晴，东山上空气格外清新。大家略略寒暄几句，便团团坐下，拿出新酿的好酒，行着酒令，吟起了新作，觥筹交错，高谈阔论，好不热闹。酒酣耳热间，他们还玩起了“分韵”这种经典的文人游戏。

“分韵”又称“赋韵”“拈韵”，即在写诗前先规定若干个字为韵，然后各人拈阄分拈韵字，按照拈到的韵字写诗。李善兰拈到的是“欲”字，蒋杉亭拈到的是“梅”字，蒋熙鸿拈到的是“寒”字，[②]于是分别即席赋诗。李善兰吃着家乡的土酒，品尝着硖石的螃蟹、河鲜，喝着粳米粥就咸菜，深感“乡味况复佳”。谈兴正浓间，忽听得一阵街鼓，大家说，不早了，该回了。李善兰说，相聚不易，人生难得，不知何时再能像今天这样相聚，且等桌上这根蜡烛燃尽再走吧。最后兴尽而归。

顺便说一句，李善兰很喜欢吃螃蟹，还专门写了一首《食蟹》的诗，洋洋

---

① 许增所发起之诗社不知其详。管庭芬道光十六年（1836）十月廿六的日记载：“是时硖川许君结诗课，秋纫招余入社，因作一卷寄去。”见《管庭芬日记》第859页。李善兰在致蒋仁荣一封信中，有“曹君篁坡去岁十叠痾韵，无一不佳，而不邀入送秋社”之句，则此诗社或名为“送秋社”。

② 〔清〕蒋杉亭：《师经室诗存》卷上：“（丁未）长至前四日，壬叔归自鸳湖见访东野别墅，因招同莲舫外舅、许英坪增、曹篁坡钟，既令兄索梅熙鸿、蔼人士燮两兄小集，分韵得梅字。”《硖川诗续钞》卷六引蒋熙鸿诗：“仲冬十一日，李壬叔善兰归自鸳湖，杉亭弟仁荣招集东野别墅，分韵得寒字。”

24行，引为蟹的“知己”。

左图右史探今古

青少年时期的李善兰，勤于读书，也善于思考。除了数学，他最感兴趣的大概就是历史了，这在以科举作为读书人最佳归宿的那个时代看来，无疑是旁门左道。李善兰早年读史的心得，体现在他的咏史诗中。

李善兰的诗作现存200多首，除了应时、应景、记事和诗友之间的酬唱之作，相当一部分是咏史诗。这10多首咏史诗体现了他不落流俗、不囿成见的思想品质，也体现了他当时的价值观和历史观，对了解李善兰的思想发展轨迹很有价值。

收集在《听雪轩诗存》中的咏史诗，主要有《咏古乐府四首》（包括《覆楚国》《刺秦政》《降将军》《典属国》）、《咏古乐府六首》（包括《子胥箫》《渐离筑》《越石笳》《安道琴》《桓伊笛》《正平鼓》）及《汉寿亭侯玉印歌》《题张忠烈公画像》《铜爵台》《分咏古人唱和故事余得月泉吟社》等。

《刺秦政》是论荆轲刺秦。刺秦是一个咏史的“保留题材”。从《史记》中的记载开始，历代一直评说不休，但大多是表示对中国历史上这位著名侠客的景仰之情，肯定荆轲义无反顾的“刺秦”壮举，借以表达诗人对秦王朝暴政的抗议，寄托自己坚强不屈的意志。比如陶渊明在其名作《咏荆轲》中，大为感慨刺秦“惜哉剑术疏，奇功遂不成”，赞叹荆轲“其人虽已没，千载有余情”。见识之高如柳宗元者，认为刺秦之举，“始期忧患弭，卒动灾祸枢。秦皇本诈力，事与桓公殊。奈何效曹子，实谓勇且愚。世传故多谬，太史征无且”。明确指出这种刺杀行为乃是一种“短计”，反而给了秦王兴兵的借口，加速了燕国的灭亡。这是从策略和手段上否定了刺秦，在历代刺秦的咏史诗中也算是独树一帜。而李善兰的《刺秦政》则指出，不刺秦，燕国难保，因为“四国已如落叶扫”，刺秦，燕国也难保，因为“猛虎之猛岂易挑”。刺秦如成功，肯定招来秦国的大肆报复；刺秦如不成功，同样是“怨仇愈深亡愈早”。结论是：“古人尚德不尚兵，区区一剑何足凭？”也就是，恐怖主义不能解决问题，战争的成败取决于综合国力的高下。这很令人为之耳目一新。李善兰在其晚年为德国花之安《德国学校论略》所作的序言中，强调国家强盛最重要的是国民教育，正是这一思想的成熟与发展。

《越石笳》说论笳声退敌。相传晋朝大将刘琨在晋阳的时候，被匈奴的骑兵层层包围。晋阳城里兵力单薄，无力退敌。大家都惊恐万分，刘琨却仍然泰然自若。到了傍晚，他登上城楼，在月光下放声长啸，声调悲壮。匈奴的骑兵听了，都随着啸声叹息。半夜里，刘琨又叫人用胡笳吹起匈奴人的曲调，勾起了匈奴军队对家乡的思念，伤感得流下眼泪。天快亮的时候，城头的笳声又响了起来，匈奴兵竟自行跑散了。对此，李善兰嘲讽说，如果真能"片芦贤于十万兵"，那么，上党之失、乐平之败，为什么不吹笳以退敌兵呢？他的结论是：越石笳之传说，"玄虚之谈未足凭"。李善兰以一个学者的实事求是的态度，否定了一直以来的传说。

《降将军》是论李陵。李陵是汉武帝时的将军，奉命出征匈奴，转战千里，浴血奋战，最后粮草供应不上，士兵劳累不堪，山穷水尽之下，投降了匈奴。对李陵的评价，自司马迁以来，一直争议不休。一般都认为李陵降敌，虽有苦衷，终究是大节有亏，不可原谅。李善兰却认为，李陵"兵尽而援绝"之下竟做降将军，并非惜死，而是"志在立奇勋""欲杀单于报君恩"。而汉武帝一怒之下杀李陵全家，是"臣不负君君负臣"。他进而指出，李陵降匈奴后，凭着匈奴百万铁骑，完全可以仿效伍子胥助吴灭楚来复仇汉朝，但李陵终老匈奴，可见他还是忠于武帝的。李善兰此说，大概没有多少历史事实作支持，但不囿陈说、"大胆假设"的做法，正是一位优秀科学家所必须具备的品质。

《子胥箫》是论伍子胥复仇。伍子胥是春秋后期吴国大臣，名员，字子胥。原为楚国人。父伍奢是楚国大夫，曾任辅导楚太子的太傅。楚平王七年（前522），楚平王听信佞臣费无极谗言，逼走太子建，杀伍奢及其长子伍尚。伍子胥经宋、郑等国逃到吴国，助阖闾刺杀吴王僚，夺取王位。又荐著名兵家孙武于吴王阖闾，并助阖闾整饬内政，加强武备，使吴国日渐强盛。自吴王阖闾三年（前512）起，多次率吴军攻楚伐越，屡获胜利。吴王阖闾六年，指挥吴军在豫章击败楚军，攻占居巢。吴王阖闾九年，与孙武定下破楚之策。吴军一举攻破楚国郢都。伍子胥将楚平王鞭尸以泄愤。李善兰认为，伍子胥为父兄报仇是完全应该的，所谓“臣而有罪君当诛，臣父臣兄死何辜？臣今一身家已屠，怨则深矣恩则无”，但率吴军破楚国则是不对的，“吁嗟知孝不知忠，父不可戮君可戮”。那么伍子胥该如何自处呢？李善兰在这里提出了一个颇有意思的观点。他认为，应该派勇士刺杀费无极，这样既报了仇，又不伤君，“全此忠孝两大节”。

《铜爵台》是评说曹操。曹操击败袁绍后营建邺都，于东汉建安十五年（210）修建了铜爵台。台高十丈，曹操常在此台上宴饮宾客，其姬妾们都住在这里。铜爵台因其顶上置有铜雀，后人多称之为铜雀台。唐代杜牧曾咏赤壁之战“东风不与周郎便，铜雀春深锁二乔”，就是指这个铜雀台。曹操临死时，将其平时所收藏的名香分给在铜爵台上的姬妾，并让姬妾们学着织鞋，以后沦落民间时可以卖履以自给。唐朝诗人罗隐曾有诗评论：“台上年年掩翠娥，台前高树夹漳河。英雄亦到分香处，能共常人较几多？”而李善兰显然对曹操不以为然，他讥讽说，曹操“费尽一生鬼蜮计”，虽然生前“艳姬妖娆如花新”“饮酒赋诗乐复乐”，但终究免不了“分香卖履”这一日。当年美轮美奂的铜雀台，早已倾圮，只剩下鸟雀相噪。铜雀还不如土中的一片瓦，“墨香浓渍重人间”。在李善兰看来，权势富贵都是转眼即逝，长留人间的只有“墨香浓渍”。

平心而论，跟历代众多的咏史诗相比，李善兰的这10多首咏史诗并不见得如何出色，无论是思想深度还是艺术水准，都难说是上乘之作。这与其说是诗人之诗，不如说是学者之诗，是用一个数学家的思维来观照历史。他在论说古人时的那种独辟蹊径的创作思路，正体现他作为一个大科学家的精神气质。

这一时期，李善兰的生活态度基本确立，他不再像当时的绝大多数士子那样，把仕途作为人生的终极目标，而是把“探今古”即探寻真知真理作为人生的追求，奠定了他作为一个近代科学先驱的思想基础。这首《述怀》就是这种情感的直接表达。

襟怀淡定自逍遥，块垒何须浊酒浇。

千仞未能随鸑鷟，一枝聊以寄鹪鹩。

左图右史探今古，吮墨含毫度暮朝。
傲骨数茎难挫折，敢云志气欲凌霄。

在李善兰僻处海宁，潜心于读书、研究的时候，第一次鸦片战争爆发了。

工业革命后，英国资产阶级竭力向中国推销工业产品，企图用商品贸易打开中国的大门。他们向中国大量走私鸦片，以满足他们追逐利润的无限欲望。道光十八年（1838）时，鸦片走私量已达4万余箱，导致中国每年白银外流达600万两。国内发生严重银荒，造成财政枯竭，国库空虚。道光十八年底，清道光帝派林则徐赴广东查禁鸦片。次年6月，林则徐在虎门海滩当众销毁鸦片237万余斤。1840年6月，英国在美法两国的支持下发动侵华战争。英军首先进犯广州，遭到清军的抵抗后，转攻厦门，又被击退。1841年1月，英军攻陷沙角、大角炮台，中国军队伤亡惨重。英国单方面宣布《穿鼻草约》，道光皇帝认为有损天朝尊严，决定对英宣战。英军先发制人，再次进攻虎门。1841年5月，英军进攻广州，广州城外的泥城、四方炮台相继失守，清军将领奕山等投降。5月27日，中英双方签订《广州和约》。8月，英国扩大侵华战争，相继攻陷厦门、定海、镇海、宁波等地。1842年3月，清军反攻宁波，全军溃败，只能求和。英军为达到侵略目的，决定向长江进攻，于这年5月开始进攻乍浦。

攻下乍浦后，英军6月陷吴淞，7月陷镇江，8月大举进攻南京。清廷在英国的武力威胁下，只好签订了丧权辱国的中英《南京条约》。鸦片战争的失败和一系列不平等条约的签订，使中国社会发生了根本性的变化。政治上独立自主的中国，战后由于领土主权遭到破坏，自给自足的自然经济解体，逐渐成为世界资本主义的商品市场和原料供给地，中国开始沦为半殖民地半封建社会。

之所以对这段人所共知的历史在此再简单述说一遍，是因为李善兰的学术活动就是在这样的大背景下进行的，鸦片战争对李善兰的人生道路和思想发展的影响是直接而巨大的。

英军是1842年5月进犯乍浦的。乍浦位于浙江省平湖市南部，离海宁不过数十里，是杭州湾北岸重要商埠和海防重镇，倚山面海，为历代军事要冲。著名的明嘉靖“梁庄平倭”战役也发生在这里。道光二十二年四月初九（1842年

5月18日），英战舰8艘，载大炮100多门，官兵2000余人，自甬江口驶入乍浦所辖的菜芥门，兵分左、中、右三路，分别向灯光山和天妃炮台、牛角尖和檀树泉、陈山嘴和唐家湾登岸。乍浦守军和当地人民奋起反击，浴血苦战，死伤累累，杀敌数百人，生俘16人，英军上校汤林森也被击毙，英军遭受之重创为鸦片战争开战以来所未有。但最后英军仗着炮利船坚，终于攻陷乍浦。清军战死700余人，连同居民共死难2000多人。英军入城后，杀人放火，奸淫掳掠，无恶不作。纵火焚镇时，火光冲天，数里内尽为火场。死者的尸体多得堵塞道路，就弃之河中，河水竟为之不流。

乍浦之战时，李善兰耳闻目睹了乍浦这百年古镇被侵略者蹂躏的惨状，怒火中烧，愤而写下了《乍浦行》：

> 壬寅四月夷船来，海塘不守城门开。
> 官兵畏死作鼠窜，百姓号哭声如雷。
> 夷人好杀攻用火，飞炮轰击千家灰。
> 牵妻携儿出门走，白日无光惨尘埃。
> 黑面夷奴性贪淫，网收珠玉罗裙钗。
> 饱掠十日扬帆去，满城尸骨如山堆。
> 朝廷养兵本卫民，临敌不战为何哉？
> 传说将军尤畏葸，望风脱甲先逃回。
> 海疆要害重锁钥，寄托胡乃畀庸才，坐使阖城罹凶灾。
> 何况沿塘足武备，大炮嵯峨如云排。

平心而论，李善兰在诗中对清朝官兵的责骂有点失之偏颇。从嘉兴、平湖的方志记载看，当时确有官员畏敌如虎，未战先怯，但大多数清朝官兵是不畏死伤英勇抗击的。客观地说，敌我军事力量对比如此悬殊，乍浦的失守是必然的。但当时大多数一直以来信奉“国朝天威”的国民尤其是士大夫，看不到或者不愿承认这一点，他们怎么也不相信“装备精良”耀武扬威的官兵竟在化外蛮夷前如此的不堪一击。既不愿承认国家整体的落后，把失败归之于个别人的腐败就是一件自然的事了。李善兰同时还写了一首《刘烈女传》，表达的也是同一个意思。

> 四月初九日，夷船入乍浦，都统某公先遁，兵遂溃，烈女投井死。烈女名七姑，父东萑，平湖诸生。
>
> 夷船海上来，将军不敢守。
>
> 炮声一震魂魄丧，骑马掩耳出城走。
>
> 呜呼！将军性命重如此，烈女乃于井中死。

乍浦之战的失败以及接连而来的吴淞、镇江陷落和《南京条约》的城下之盟，对李善兰这样一个读孔孟经籍长大的士子的刺激是前所未有的，面对惨痛的事实，李善兰一直在思考这样的问题：战争失败的原因到底在哪里？虽然他没有把自己的思考过程写下来，但还是可以看出他思想的转变。多年以后，当太平军进攻苏州，他的至交好友江苏巡抚徐有壬面临城毁人亡之际，他奋勇出城向上海的洋人“借兵”，并深信凭着洋枪洋炮一定可保苏州城不失。这时候的李善兰，认为船坚炮利是可以包打天下的。他在《重学》序中的一段话，更是明白说出了这一点。

> 呜呼！今欧罗巴各国日益强盛，为中国边患。推原其故，制器精也；推原制器之精，算学明也……异日人人习算，制器日精，以威海外各国，令震慑，奉朝贡。

由失败而认识到“制器精良”之威力，由求“制器精良”而悟到科学技术之重要，从而在“师夷制夷”的指导思想下引进和学习西方科技，李善兰这样的心路历程也正是当时许多进步知识分子的思想轨迹。不同的是，李善兰更具体地将“制器精”归结到了“算学明”即数学上，这显然是因为他对数学认识的深刻而致。

雅志托算术

在李善兰所处的时代，科举是所有读书人最主要也几乎是唯一的出路，而李善兰竟会把数学研究作为其一生的事业，这是很令人诧异的。这几乎就像在战场上，一个士兵不去苦练作战技能而痴迷于音乐一样不可思议。对此，李善兰有一个颇具传奇色彩的解释：

> 善兰年十龄，读书家塾，架上有古《九章》，窃取阅之，以为可不学而能，从此遂好算。

这段话是李善兰在《则古昔斋算学》丛书自序中的自述。此时李善兰已是名满天下的大数学家。人一旦出了名，在回忆往事时，总喜欢不自觉地夸饰其事。对李善兰这段传奇，大可不必斤斤于其10岁能否读懂《九章算术》，至少有两点是事实：一是李善兰有着数学的天赋；二是他的数学事业是从学习《九章算术》开始的。

《九章算术》是我国流传至今最古老的经典数学著作，成书于西汉末东汉初时期。这本书共收集了246个应用问题及解法，分别隶属于："方田"（分数四则算法和平面形求面积法）、"粟米"（粮食交易的计算方法）、"衰分"（分配比例的算法）、"少广"（开平方和开立方法）、"商功"（立体形求体积法）、"均输"（管理粮食运输均匀负担的计算法）、"盈不足"（盈亏类问题解法）、"方程"（一次方程组解法和正负术）、"勾股"（勾股定理的应用和简单的测量问题的解法），共九章，故称为《九章算术》。《九章算术》的负数、分数计算、联立一次方程解法等，都是具有世界意义的成就。三国时的数学家刘徽和唐时的李淳风等都对《九章算术》作过注释，在整理古代数学体系和完善古算理论方面取得了重要成就，在数学理论方面也有不少新的创造，所以《九章算术》实际上是一部官方性质的数学教科书。

《九章算术》"显于唐，晦于宋，亡于明"，到清时渐已散失。清代大学者戴震从《永乐大典》中辑录《九章算术》并加以校订，此后的《四库全书》本、武英殿聚珍本、孔继涵刻本等都是以戴校本为底本的。清代数学家李潢于嘉庆初年撰成《九章算术细草图说》九卷，其中有校勘、补图、详草，对刘徽、李淳风的注也作了解释，从而使《九章算术》变得详明晓畅。此后，清代数学家李锐、汪莱等也对《九章算术》作了校正、订讹。嘉庆二十四年（1819）时年10岁的李善兰看到的，估计就是李潢的《九章算术细草图说》。

李善兰15岁时，又读完了欧几里得的《几何原本》前六卷。《几何原本》前六卷由明末著名的意大利传教士利玛窦（Matteo Ricci）于1607年和我国科学家徐光启合作翻译的。有了"不学而能"《九章算术》的基础，这《几何原本》自然也能靠自学而领会。值得注意的不是李善兰的数学天赋，而是一个普通乡绅的家里竟会有《几何原本》这样的科学书籍，可见当时"西风"已渐渐吹拂了沿海的城市乃至乡村。为欧氏几何所深深吸引的李善兰，这时肯定没有意识到，多年后他译出《几何原本》后九卷的因缘，已在此时种下了。在领悟《九章算术》所代表的中国古代数学的精髓的基础上，《几何原本》又训练了他严密的逻辑体系、清晰的数学推理，李善兰的数学水平也因此而上了一个新的台阶。

从记载看，李善兰在学习数学时还有过一个叫吴兆圻的老师。吴兆圻，原名尔康，字秋塍、修子，海盐诸生。《硖川诗续钞》卷五有他的一首诗《读畴人书有感示李壬叔》：

众流汇一壑，雅志托算术。①
中西有派别，圆径穷密率。
当其独到处，有如暗得日。
三统探汉法，余者难具悉。
余方好兹学，心志穷专一。
常恐费精神，一艺未可毕。

① 首句"雅志托算术"，不少有关李善兰的论著均作"雅志说算术"。海宁市图书馆所藏的《硖川诗续钞》作"託（托）"。"託"与"説"因形近而误，从文意上看，"雅志托算术"应该更妥帖。

纷纷浮世人，视若捷径逸。
偶然得富贵，游谈遂横溢。
圣贤日以远，夷狄安可黜。
吾子瑰玮姿，此事终杰出。
安身亮有在，松柏万年实。

在这首诗后，许溎祥注云："秋塍承思亭先生家学，于夕桀、重差之术尤精。同里李壬叔善兰师事之。"从这里看来，李善兰是向吴兆圻请教过数学的。吴氏在数学上成就并不大，大概就是在李善兰刚开始学习时指点过几次吧。

道光年间，李善兰同时在向陈奂学习经学。陈奂（1786—1863），字硕甫，号师竹，晚自号南园老人，江苏长洲（今苏州）人。咸丰元年（1851）举孝廉方正，不就。后被两江总督陆建瀛聘校典籍。咸丰十年（1860）太平军攻占苏州，陈奂避走无锡，后卒于上海龙华。陈奂是清乾嘉时期著名的经学家，以专治《毛诗》著称于世。所著有《诗毛氏传疏》《毛诗说》《毛诗音》《毛诗传义类》等，尤其是《诗毛氏传疏》三十卷，"于先汉微言大义，靡不曲发其蕴；而名物训诂，复与《广雅疏证》相出入"，为毛诗研究的集大成著作，与马瑞辰《毛诗传笺通释》、胡承珙《毛诗后笺》合称为清代研究《诗经》三大名著。李善兰跟陈奂学经后，曾欲著一本《群经数学》，但不知何故而未成。陈奂的著名弟子，当时公认有管庆祺、马钊、费宝锷、戴望等，李善兰并不在其中。陈奂在其"记所往来诸公及弟子学行甚具"的《师友渊源记》中，也仅说李善兰"孰习九数之术，常立表线，用长短式依节候以测日景，便易稽考"，对其经学造诣未作评价。大概这个痴迷于数学的学生在经学并无太大的创见。这也可从侧面说明，早年李善兰的数学造诣，主要还是自学得来的。李善兰后来在《天算或问》卷一中说："善兰自束发学算，三十后所造渐深。"从10岁"窃阅"《九章算术》，靠自学到30岁成为专家，李善兰回忆起这段岁月，肯定是感慨万千吧。

有意思的是，在《听雪轩诗存》中，李善兰记述了他少年、青年时期的作诗、游览、酬酢、饮酒，却没有一言涉及数学的学习与研究。揣想起来，不外乎两点，一是从题材而言，学问之事不宜入诗，也很难用诗歌的语言表达出来。二是从社会环境而言，研究数学毕竟是“小道”，既不能持之以谋科举出身，也很难靠此树立学术地位，李善兰在诗中自是羞于言说了。这就是为什么在陈奂的众多弟子中，今天看来成就最大的李善兰，当时却在其“门下之士”中并不居于前列。因而，在海宁期间李善兰的数学研究活动，我们现在能看到的，只是他后来在为自己的数学著作作序里的只言片语、朋友们的简短回忆以及一些无法细考的遗闻逸事。

跟所有的大学者一样，有关的传说总要说到他当年是如何的发愤如何的痴迷。一个故事说，李善兰日夜钻研数学，即使夜里躺在床上，也在不停地思考数学问题，一旦有了什么心得，立即起来记录，一时不及找到稿纸，就用笔在帐子上书写，以致帐子上“墨痕累累”。

一个故事说，李善兰每到月夜，总要坐到屋顶上去，观察天象，有时夜深了，就干脆在屋顶上露宿。一个夏日，邻居听到屋顶有人，大喊“捉贼”，不料走下来的却是李善兰。

还有一个故事更令人感慨。说的是李善兰的新婚之夜，在拜堂时却找不到新郎了，大家莫名所以，分头去找。二弟心梅和小弟心葵心有灵犀，他们跑到二楼阁楼的窗前一看，果然李善兰正探头窗外，全神贯注地观察天象，浑不知外面那么多人等着他拜堂成婚。

这三个故事，第一个见于近人张惠衣教授的《寿梓篇》，后两个是当地的传说，一直流传到现在。就像大多名人逸事一样，这几个传说也只能是姑妄听之而已。比如帐中书写，李善兰把毛笔、砚台等碍手的东西都留在了帐内，难道还会不顺手放几张纸？再说，在纱帐上书写，如何写得清楚？又如何看得明白？新郎失踪也是无稽，成婚乃是大礼，尤其在像李家这样讲究礼仪的书香门第，一个个程序都很分明，绝无临到拜堂而不见了新郎这样的事。李善兰为研究天文历算，常到东山上夜观星象，这是有记载的：“壬叔性落拓，夜尝露坐山顶，以测象纬躔次。”[①]估计这两个故事是依据“坐山观天象”而附会出来的。

---

① 余楙：《白岳庵诗话》，见《皖人诗话八种》，黄山书社1995年版，第235页。

不过，另一个故事倒是很可能的：说李善兰一次外出，出门时，“天正晴好”，而李善兰却带着雨伞，大家都很诧异。但到归途时，“果已风雨交作”。中国古代数学与天文历法合称为“历算”，精通数学者必然精通历法，反之亦然。李善兰能测算出几个时辰后的天气变化，并不奇怪，他有意显露一手，也是其文人习性吧。

李善兰作为一个州县的生员，平日当然免不了要熟读圣贤之书，做几篇八股文章，但如他在《则古昔斋算学》序中所言：“于辞章训诂之学，虽皆涉猎，然好之总不及算学，故于算学用功极深”。有一年，他去杭州参加乡试，名落孙山。落第的原因，据陈奂在《师友渊源记》中回忆说，李善兰刚下场，就被一个教官教训了几句。李善兰一怒之下，掉头就走，“终身不就试”。[①]这富有传奇色彩的拂袖而去，无论是从当时的社会环境看，还是从李善兰的性格看，是否确有其事，实在难说得很。“终身不就试”的说法也可推敲。从《王韬日记》中看，李善兰应该还去应试过一次。事实上，精通数学的李善兰，八股文做得不好也是很自然的事，没有中举不算意外。不过，李善兰对这次落第似乎并不太在意，他在杭州倒是有了意外的收获。

李善兰长期僻处海宁，难得到一次杭州，他就着意搜寻数学书籍。他在书坊里发现了元朝数学家李冶的《测圆海镜》和戴震的《勾股割圆记》，如获至宝，当即买下。

这两本数学专著，尤其是李冶的《测圆海镜》，对李善兰的影响相当大，几乎是终其一生。这里有必要对这两本书略说几句。

李冶（1192—1279），原名李治，字仁卿，号敬斋，真定栾城（今河北栾城县）人。金哀宗正大七年（1230）中金朝的“词赋科进士”，授高陵县主簿。不久蒙古军破钧州，他弃官北渡黄河以避难。金朝灭亡后，李冶流落在山西的忻县、崞县一带，“饥寒不能自存”。在崞县的桐川隐居，潜心研究学问。元宪宗元年（1251）在河北元氏县封龙山定居，讲学于封龙书院。忽必烈闻其名，向他询问治天下之道，李冶的回答成为一时之名言。他说：“夫治天下，难则难于

① 〔清〕陈奂：《师友渊源记》，清光绪十二年（1886）函雅堂刻本。

登天，易则易如反掌。盖有法度则治，控名责实则治，进君子退小人则治，如是治天下，岂不易于反掌乎？无法度则乱，有名无实则乱，进小人退君子则乱，如是而治天下，岂不难于登天乎?”元朝欲授他翰林学士之职，他辞谢不就，回乡收徒授课。后在一再征召下，出任翰林学士知制诰同修国史，但不久即辞官回乡，最后老死于元氏县。李冶是中国历史上杰出的数学家，著有《测圆海镜》《益古演段》《敬斋古今黈》等，尤以《测圆海镜》为最著，有“中土数学之宝书”之称。李冶临死之际，对儿子说，我一生的著作，死后都可以烧掉，唯独这本《测圆海镜》，凝结了我的半生心血，后世会发扬光大的，一定要好好保存。

《测圆海镜》是一部用天元术讨论几何问题的专著，而李冶的最大贡献在于他对天元术的创新和改进。所谓“天元术”，是一种半符号式代数，其实就是现代代数学当中的列方程的方法。即根据已知条件，列出一个包含未知数的方程。“天元术”的具体程序与现代列方程的方法基本是一样的：首先是“立天元一为某某”，相当于现代代数中“设X为某某”，然后再根据已知条件，列出两个相等的多项式，最后把这两个多项式相减，便得到了一个一端为零的方程。在宋代以前，中国的数学家已经能列出某些方程，但由于没有找到普遍的方法，而且全部要用文字来表达，所以列起来比较困难，特别是列高次方程更加繁难。李冶对“天元术”进行了改进，使之简明易行、便于操作，从而使中国古代的代数学又上了一个新的台阶。

李冶“天元术”的表示方法很简单，只要在等式的一次项旁边记一个“元”字，或者在常数项旁边记一个“太”字就行了。如：

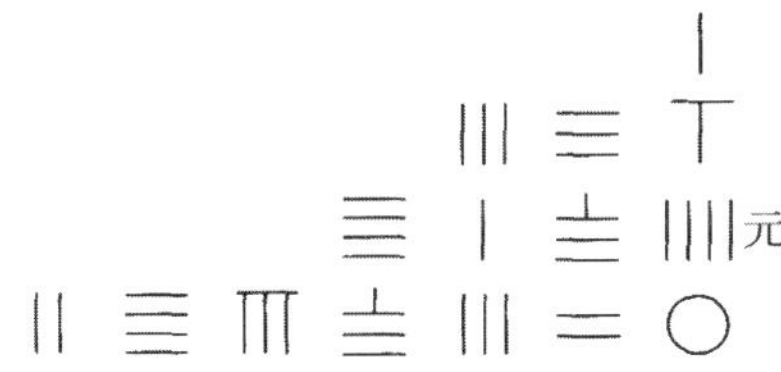

即相当于：

$x^3+336x^2+4148x+2488320=0$

李冶及其《测圆海镜》对李善兰的影响甚为深远。晚年李善兰在同文馆任算学教习时，把《测圆海镜》作为同文馆教材，在他67岁时，还为《测圆海镜细草》12卷作序，由同文馆印行。

《勾股割圆记》是戴震的数学著作。戴震，字东原，一字慎修，休宁隆阜（今安徽黄山屯溪）人，是清代著名哲学家、考据学家，同时对数学也很有研究。《勾股割圆记》三篇，上篇言三角八线[①]和平面三角形解法，中篇言球面直三角形解法，下篇言球面斜三角形解法，凡55图，49术，2000余字。戴震虽然于学问无所不通，但其过人之处还在于哲学和考据，他的数学造诣当然不错，但对李善兰而言恐怕就说不上高深了。《勾股割圆记》在数学史上地位并不高，至少是无法与李冶《测圆海镜》相提并论。但戴震《勾股割圆记》有一很大的特色，就是把西法以“恢复古法”之心加以改造。在《勾股割圆记》中，所撰述的平面和球面三角形解法，均属西法内容，但其中“所用名词或选用古名，或径造新名，不肯与当代历算家通用者雷同”。同时为了便于读者接受，又假托吴思孝之名，“以通行之平弧三角术语为之补注于下”。[②]这种西法“经义化”的做法，得到了当时的学界巨擘阮元的赞赏，他在《畴人传·戴震传》说：“所为步算诸书类皆以经义润色，缜密简要，准古作者。”而李善兰在其年轻时，也颇为服膺“西学中源说”，戴震此书，正与李善兰的思想互相启发。李善兰对《勾股割圆记》的激赏，恐怕正在于此。

---

① 八线是古代数学名词，即三角函数之正弦、余弦、正切、余切、正割、余割六线及正矢、余矢二线。

② 钱宝琮：《戴震算学天文著作考》，《李俨钱宝琮科学史全集》第9卷，第148—149页。

第二章　天算名家

不信鸳湖甘落魄

清道光二十五年（1845），李善兰从海宁来到嘉兴，这年他36岁。

李善兰为何要离开海宁来到嘉兴，在李善兰和他朋友们的诗文中都没有明确提及。从现在的材料推测，主要有两个原因。

一是学术环境上。李善兰的算学成就，自30岁后“所造渐深”。但硖石毕竟是一小镇，远离学术中心，看不到最新的算学书籍（他在杭州考试时才搜寻到《测圆海镜》和《勾股割圆记》就说明了这点），也没有水平相当的数学家可一起切磋琢磨，而嘉兴有着顾观光、张文虎等著名学者。同时，在当时这样一个发表学术成果并不方便的时代，朋友间的互相揄扬与引荐，对于提高学术界的声誉有着举足轻重的作用。也就是说，僻处海宁的李善兰，要在学术上更上一层楼，要在学术界取得应有的地位，必须进入学术界的主流和前沿。

二是生活环境上。李善兰当时的生活较为窘迫。这从他一到嘉兴便坐馆于陆费家可知。在当时，入幕、坐馆、作词曲小说被视为文人失意没落的三种典型，“家有三石粮，不作童子王”的谚语在道光时就已流传。蒋杉亭在一首诗中说李善兰“为言不得志，仆仆终尘埃。庐墓既无分，松楸申余哀。予言君勿愁，姑其倾金罍。万物皆逆旅，见面颜且开。”[①]可见其确是生活坎坷。李善兰来到嘉兴，也是换一个环境。

此时的李善兰，生活清苦，仕途无望，在学术上也还没有成名成家，但他的心情倒是很不错。嘉兴这地方，风光秀美，尤其是南湖，更是一时名胜。南湖古称滮湖，又称为鸳鸯湖。以其“轻烟拂渚，微风欲来”而成为浙江三大名湖之一。李善兰在坐馆之余，徜徉于小瀛洲、烟雨楼，还时常与三两知己在诗友杨韵（小铁）的南湖水榭雅集，写下了《南湖水榭八咏》这样明快的诗句。

晓楼宿雨

楼阁罨模糊，连宵雨未已。
白鹭一双明，飞入水云里。

晚郭炊烟

遥郭黯残阳，万舍炊烟冱。
风散入湖心，霏霏成薄雾。

渔村残照

落日在菰蒲，矮屋参差露。
老翁卖鱼归，驱鸭上滩去。

水市疏灯

夜市耿疏灯，水际闻人语。
明灭昏烟中，星星凉隔浦。

① 〔清〕蒋仁荣：《长至前四日，李壬叔善兰自鸳湖归，见访东野别墅，因招同崔莲舫外舅德华、许荑坪增、曹篁坡钟暨索梅熙鸿、蔼人士夔两兄小集分韵得梅字》，见《硖川诗续钞》，清光绪十八年（1892）刻本，卷八“蒋仁荣”条下。

野寺昏钟

瞑色凝疏林，苍然全湖暮。
何处一声钟，遥浔忽飞度。

夜船凉笛

夜静笛声清，残月漏窗孔。
吹起故乡心，羁愁压衾重。

菱浦歌声

十三采菱女，解唱鸳湖曲。
娇影落镜波，窈窕明如玉。

柳堤帆影

高柳罥湖堤，堤外帆影小。
凉逐浦云飞，片片移树杪。

李善兰在嘉兴时，诗兴不浅，与嘉兴、海宁的诗友多有唱和。蒋杉亭之子蒋学坚在光绪十四年（1888）回忆说：“壬叔李先生算学为中外所共仰，国初王晓庵（王锡阐）、梅勿庵（梅文鼎）二先生后，当首屈一指。诗非其所注意，然客槜李时，与于辛伯、孙次公、杨小铁诸君，时相唱和。里中若许丈荚坪、曹丈篁坡，及先君子亦时有诗简往来，兴复不浅也。”[①]这里所说的许荚坪、曹篁坡和蒋杉亭等海宁诗人，前面已有介绍。于辛伯、孙次公、杨小铁等人，是当时嘉兴（古称槜李）的知名诗人，这三人与秦次游、黄金台、黄宪清（即黄燮清）、岳鸿庆等四人，合称“禾中七子”。杨小铁即嘉兴书画家杨韵，字仲玉，号小铁，又号铁公、青笠散人、醉里酒民、梦梅人，居鸳鸯湖上，发起成立鸳

① 〔清〕管庭芬撰、蒋学坚续辑：《海昌艺文志》卷二十四《则古昔斋遗诗跋》，民国十九年（1930）刊本。

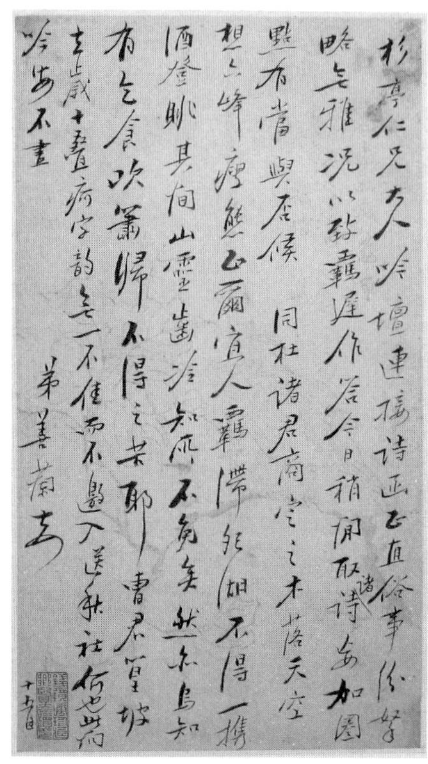

李善兰致蒋仁荣信

水吟社，著有《息笠庵集》《帘影楼词》等。杨小铁的住处“南湖水榭”，是当时谈艺之士聚集之处。《听雪轩诗存》中有《客中度岁与杨小铁联句得诗七首》，记述当时李善兰客居嘉兴，生活拮据，过年也没有回老家海宁，来到杨小铁的“南湖水榭”，共同守岁。可见两人的感情非同一般。孙次公即孙瀜，瀜字啸岩，号次公，嘉兴人，也是鸳水吟社的发起人之一，著有《始有庐诗稿》《澼月楼词》《洋泾浜杂事诗》等。孙瀜曾和李善兰一起到硖石，与蒋仁荣、崔德华等更唱迭和，崔德华专门写了一诗以记其盛。李善兰到墨海书馆后，在上海也时常与孙瀜一起饮酒作诗。于辛伯即于源，源字辛伯，号秋诠，嘉兴人，同样是鸳湖诗社的组织者之一，著有《灯窗琐语》《一粟庐诗稿》等。《灯窗琐话》中有关于李善兰的数条记载，卷四有：“病起无俚，与次公、壬叔作消寒集，壬叔又招其乡蒋君杉亭仁荣同作。”秦次游，即秦光第，光第原名廷櫆，字少游，号次游，嘉兴人，著有《半枯榭斋词》等。李善兰与他们酬唱不绝，《听雪轩诗存》中有《咏水仙花和秦次游（光第）韵》《有感和孙次公（瀜）遣怀韵》《不寐寄于辛伯（源）孙次公（瀜）叠前韵》《答于辛伯三叠前韵》《灯下即事并寄于辛伯孙次公》等。此外，还有一位张鸿卓（字伟甫，号筱峰，亦作小峰、啸峰，江苏娄县人），时与于源、孙瀜、杨韵等一起出游，在其《绿雪馆诗钞》中有多首写到李善兰，如《李秋纫以所著〈四元解〉暨诗稿见示，赋此却赠》，而李善兰《和张伟甫》诗云：“收合汉唐宋，自成千载吟。半生弹古调，今始得知音。”李善兰把《四元解》出示张鸿卓，并称其为“知音”，张或许于算学颇有造诣。

这时的李善兰，生活并不如意。蒋仁荣《师经室诗存》卷下《庚戌秋怀诗

（壬叔）》："中郎一任演琵琶，薄视科名气自华。不信鸳湖甘落魄，忽随举子踏槐花。"中郎，指蔡邕，官中郎将，把李善兰比作《琵琶记》中早年贫寒后来富贵的蔡中郎。但这时的李善兰，生活虽是落魄，在数学研究上却达到了一个高峰，《则古昔斋算学》中的几部重要著作，就是在这时完成的。

疑义相与析（上）

江浙一带向有精研天文历算的传统。晚明引入西方科学的"三巨头"中，徐光启是上海人（当时属于江苏），其余两人即李之藻、杨廷筠都是浙江人。在清初，就有精通平面三角术、著《勾股术》二卷附《开方发明》一卷的海宁人陈訏，著《开方捷法》《弧矢割圆》《勾股演法》的陈訏之子陈世佶，专门研究垛积算术、著有《少庵补遗》的陈訏之侄陈世仁，著有《中星谱》的仁和胡亶，著《测量全义新书》的钱塘袁士龙，著《天元历理》的嘉兴徐发，著《定历玉衡》的秀水张雍敬，著有《勾股衍》的嘉兴王元启等，都是一时名家。

浙江数学的辉煌时期，是在阮元为官浙江之后。阮元于乾隆六十年至嘉庆三年（1795—1798）视学两浙、嘉庆五年至十年（1800—1805）任浙江巡抚，嘉庆十二年至十四年（1807—1809）再抚浙江。他在浙江期间，以提倡光大算学为己任。数学史专家钱宝琮总结说，阮元对浙江算学界的贡献表现在三个方面："博访逸书以广学术之传布一也，编纂《畴人传》以明算学之源流二也，以算学课诸生使知实学之足尚三也。于是两浙学人研治天算之风气为之大开。"[①]在阮元的大力倡导下，浙江在这几十年中涌现了一大批天文算学专家。举其著名者有：开化戴敦元，秀水朱鸿、盛百二，海宁张豸冠、李善兰、陈其晋，嘉兴钱仪吉、王元启、缪秋澄，乌程陈杰、徐有壬、张鉴、汪曰桢、张福僖、杨兆鋆，归安丁兆庆，吴兴章鸿钊，金华张作楠，钱塘谢家禾、戴煦、夏鸾翔、诸可宝、厉之锷、范景福，仁和项名达、丁谦，德清许宗彦、徐养原，临海董毓奇、周治平、李镠，鄞县周毓英、李炳章、徐世伦，於潜方克猷，桐乡劳乃

① 钱宝琮：《浙江畴人著述记》，《李俨钱宝琮科学史全集》第9卷，第282页。

宣、沈粒民，嵊县支雯甫，嘉善陈仲周，余姚黄炳垕等。可谓“咸（丰）同（治）之际，人才辈出，著述如林。算学之盛，遂冠各省”。诸可宝在《畴人传三编》自序说：“讫今甲申（1884），垂五十年，聪明才智，我有人焉。茗香四元，梅侣勾股，壮愍椭圆，戴顾对数，宫簿神解，致曲洞方。征君妙用，绘画测量。秋纫集成，必则古昔。驾乎泰西，我书彼译”。这里，诸可宝举出了咸丰、同治年间最著名的八大数学家，而其中浙江籍的就有五家，即项名达（梅侣）、徐有壬（壮愍）、戴煦、夏鸾翔（宫簿）、李善兰（秋纫）。

有学者统计过，在《畴人传》《续畴人传》和《畴人传三编》三书收录的明末万历年间（1573—1620）到清光绪十二年（1886）中国科技人物中，“籍贯确切可考者201名，其中浙江籍的达44名，占总数的22%，这个比例仅低于江苏，而高于任何其他省份”①。

从上面的罗列中还可以看出，当时浙江的数学家基本上集中在经济发达的杭嘉湖一带，嘉兴也可算是一个数学重镇了。李善兰的数学成就集中于嘉兴完成，当不是偶然。

当时，与李善兰一起切磋学问的算学家，主要有顾观光、张文虎、戴煦、汪曰桢等人。《清史稿·畴人传》：“（李善兰与）并时明算如钱塘戴煦，南汇张文虎，乌程徐有壬、汪曰桢，归安张福僖，皆相友善。”席淦《残稿》也称：（李善兰）“道光乙巳年，馆嘉兴陆费家，交当时江浙名士如张啸山、孙次山、顾尚之等”。他们与李善兰或座谈探讨，或书信往来，奇书共欣赏，疑义相与析，李善兰的数学造诣也在与算友们的相互砥砺中更为成熟。通过这些算友们的生平事迹和与李善兰的交往，可以从多个侧面对这一时期的李善兰有了更深入的了解。

顾观光（1799—1862）字宾王，一字漱泉，号尚之，又号武陵山人。江苏金山县（今属上海市）人，世医出身。初为太学生，博通经史百家、天文历算，屡试不第，遂弃儒业承家学。致力于本草学研究，搜采散见各书中之《本草经》佚文，重辑《神农本草经》，对整理和继承古代本草学有一定贡献。顾观光在行

① 熊月之：《汤寿潜与浙江人文传统》，《同济大学学报》1994年第12期。

医之余，致力于天文学和数学的研究。在数学上的著作有《算剩初编》《算剩续编》《算剩余稿》《九数外录》（内容包括对数、割圆、八线、平三角、弧三角、各等面体圆锥三曲线、静重学、动重学、流质重学、天重学共10篇）、《九数存古》（内容包括堆垛、大衍、四元、旁要、重差、夕桀、割圆、弧矢等各种方法）、《开方余义》《对数衍》等。诸可宝《畴人传三编》："上舍（顾观光）之于古今中西诸算术，无所祖，而皆有所发明，可谓能澈中边者已。"《清史稿》说他"于学实事求是，无门户之见，故析理甚精，而谈算为最云"。伟烈亚力对顾观光也甚为推重："微分积分为中土算书所未有，然观当代天算家如董方立氏、项梅侣氏、徐君青氏、戴鄂士氏、顾尚之氏、李君秋纫所著各书，其理有甚近微分者。"[①]把顾观光与李善兰、徐有壬、戴煦、项名达、董方立等一流数学家相提并论，可见顾观光在学界地位之高。

顾观光是李善兰一生最亲密的朋友之一。这可能跟两人数学思想接近有关。顾观光在研究中国传统天文历算的同时，"凡近时新译西术"都加以认真研究，对每种数学新法加以验证，"抉其所以然，而摘其不尽然"。这与李善兰不断向西方数学汲取营养的做法十分相似。李善兰曾把自己的著作《四元解》出示给顾观光，听取这位比他大12岁、成名已久的兄长的意见。顾观光对李善兰的数学才能十分欣赏，尤其对他"师古而不泥古"，博采众家之长，熔中西法于一炉的数学思想更为赞赏。他以一个成名学者的身份为《四元解》作序，在对《四元解》推崇之余，还在序中指出了李善兰在论述数理方面的一些不足。

道光二十六年（1846），李善兰撰成《对数探源》，又请顾观光为之作序。顾观光在序中对李善兰独创的"尖锥术"，也作了一些修正补充。他认为，以尖锥术来处理对数计算，虽然十分便捷，但计算的布式过程较为烦琐，而且只能造表不能直接求出。他写信给李善兰说："西人未言其立表之根"，只求得了对数的结果，而未必贯通其原理，尖锥术虽然"精微玄妙"，但如果能用诸乘方差的办法来直接求对数，则更为简便。应该说，顾观光对李善兰著作的商榷，属

---

① ［英］伟烈亚力：《中国科学札记：数学》，转引自杜石然等《中国科学技术史稿》下册，科学出版社1982年版，第254页。

于补充完善一类，并无太多精辟的见解，但从中也可看出顾观光在学术界的地位和他与李善兰的关系之密切。

李善兰到了上海后，与顾观光仍保持着学术上的密切联系。《畴人传三编》称："凡近时新译西术，如代数、微分、诸重学，皆有所纠正类此。同县钱教谕熙辅刊《重学》，娄县韩舍人应陛刊《几何原本》后九卷，皆与参订。"李善兰的《重学》由钱熙辅刊印，《几何原本》由李善兰的挚友韩应陛刊印，顾观光都以知名学者和李善兰算友的身份参与了校订。有意思的是，顾观光在对《重学》的校核过程中，对经典力学产生了极大的兴趣，对之进行了深入的研究，在不长的时间内，编著了《静重力学》《动重力学》《流质重学记》等力学论文。接着，他又通过对李善兰译著《谈天》的研读，撰写了《天重学记》一文，这四篇论文成为中国科学史上由中国人自行编著的第一批系统的力学著作。顾氏的力学著作，其成就显然不如李善兰的《重学》，却极好地体现了顾观光勇于并善于接受西方最新科学成果的精神，而这，正是他与李善兰的共通之处。

尤其值得注意的是，顾观光在其力学论文中，还对李善兰《重学》中的某些不准确之处进行了纠正。如关于自由落体运动，《重学》中认为："物于无风气空中下坠，一秒中过一百三十七寸又千分寸之九百五十七。""测物向地心下坠，每一秒必加速二十七尺六寸，此数为地心力之率。"清时一尺为0.32m，按书中所言，重力加速度为$8.83m/s^2$，跟现在的测量值$g=9.81m/s^2$相比，误差约10%。顾观光利用物体在摆线内的运动，来测定"地力"（即重力加速度），他在《动重学记》第三节中说："于一秒中测物下坠凡十六尺又万分尺之六九七，倍之为一秒之地力。"换算得$g=10.28m/s^2$，与现在的测量值误差4.8%，比李善兰更为精确些。此后同文馆总教习丁韪良的《格物入门》中说："若无空气阻碍，则凡物于一秒内可坠一丈四也。"也就是$g=8.96m/s^2$，误差为8.7%，也比顾观光略逊一筹。由此可见顾观光研究之深入。[①]

咸丰十年（1860），太平军席卷上海，顾观光奔走奉贤、南汇间，于1862年去世。李善兰和顾观光的好友张文虎在他的《顾尚之别传》中记载，顾观光

① 详见王夔山：《中国近代力学的先驱顾观光及其力学著作》，《物理》1989年第18卷第1期。

在临死前，把他的长子顾深叫到身边，指着自己所著的书说，这些著作，请你的老师张文虎帮助整理，成书后一定要请李善兰作序。可见他对李善兰的信任与敬佩。

张文虎（1808—1885），字孟彪、啸山，自号天目山樵，别号华谷里民。江苏南汇（今属上海市）人，是李善兰终其一生的好友。

张文虎在当时，是以校勘家、名士而著称于世。张文虎一生博学多才，博洽群籍，王韬称他是“于学无不精造”，“生平喜为校勘之学”。他精通经学、小学、历算、乐律，旁及子史，尤长校勘。甚至他对《儒林外史》的批注，都成为名噪一时的与“卧评”相提并论的“天评”。当然，他最大的贡献还是在校勘古籍善本上。张文虎主持金山钱氏校席三十年，“所校书若《守山阁丛书》《指海》《珠丛别录》，及鼎卿学博（即钱熙辅）续辑《艺海珠尘》壬、癸集，梦华少尹（即钱培名）辑《小万卷楼丛书》，无虑数百种”，一时考据家称为善本，曾国藩也称他是“大江南北，唯此一人”。[①]张文虎在金陵书局与李善兰为同事时所校的《史记》，不主一本，择善而从，兼采诸家意见，金陵书局版《史记》成为校勘的经典之作。

张文虎撰有《周初朔望考》《天算书稿》等天文历算的著作，从成就上来说，还不能称之为数学名家。华世芳《近代畴人著述记》中收录了道光、咸丰到光绪时的算学家“凡三十三人”，张文虎并不在其中。但张文虎作为当代名士，却与顾观光、李善兰、胡培翚、陈奂等广通声气，交情极深，他在数学上的成就更多地体现在对数学著作的出版和综论中西学术以及各数学名家的长短得失上，称他为“历算学术活动家”或“历算评论家”比“数学家”也许更为恰当。诸可宝《畴人传》三编说：“张明经（张文虎）兼精律历，力求实是，综论古今中西诸家得失，颇持其平，读其书可谓中立而不倚者已。”实是说到了点子上。

---

① 〔清〕闵萃祥：《州判衔候选训导张先生行状》，见郑振铎编：《晚清文选》，西苑出版社2003年版，第373页。

张文虎自道光十二年（1832）开始，馆金山钱氏30年，先后为钱熙祚（字锡之，一字雪枝）、钱熙辅（字鼎卿）、钱熙祚之子钱培名校编了《守山阁丛书》《指海》《艺海珠尘》《小万卷楼丛书》等，共刊刻数百种。张文虎作为钱熙祚校书团队的主要人员，先后三次到杭州文澜阁抄书，其《湖楼校书记》中记载了抄书期间与经学家、算学家的交往。道光十九年（1839）八月，张文虎第二次到文澜阁抄书，其间通过经学家胡培翚结识了李善兰的老师陈奂。在与陈奂的来往中，张文虎与陈奂的弟子如李善兰、杨岘、戴望、蒋仁荣、马钊等先后也都成了朋友。

道光二十三年（1843），陈奂至嘉兴讲学，亦欲谋刻《诗毛氏传疏》。不久，张文虎来嘉兴拜访陈奂，但陈奂已于前一日回到了家乡苏州。作为陈奂的弟子，李善兰等人接待了张文虎。此后张文虎时常来到嘉兴，借住于嘉兴城东的幻居庵，与当地名士多有过从。幻居庵最为有名的是藏有明末苏州、松江、嘉兴、湖州四郡名流所书的《大方广佛华严经》。道光二十九年，李善兰与张文虎及几位嘉兴名士一起在幻居庵中观赏这本经书，欣赏谈论，兴会不浅。张文虎在《华严墨海集》记载了此事："道光二十九年夏，与钱君葆堂（熙哲）寓禾郡幻居庵，庵僧出示明贤分写《华严经》八十一卷"。在《舒艺室诗存》卷三中也说："偕钱叔保（熙哲）寓禾城幻居庵，坐雨不得出，李（善兰）、孙（瀜）、杨（韵）、于（源）、何（吕治）、朱大令（绪曾），辄相过话雨，观所藏明季诸贤分写《华严经》墨迹，杂记以诗，用少陵'重过何氏山林'韵。"[①]这里的孙、杨、于、何、朱俱为嘉兴的名流学者。"辄相过话雨"，可见张文虎与李善兰关系十分密切。后来张文虎在上海时，曾邀请李善兰同住，一起谈论学问。[②]也正是因为如此，李善兰的数学著作多被收入张文虎校刻的丛书中，《对数探源》收入于《指海》，《方圆阐幽》《弧矢启秘》收入于《艺海珠尘》。

---

①〔清〕张文虎：《舒艺室诗存》卷三，见浦东新区政协学习和文史委员会等编"周浦历史文献丛刊"（第二辑）清刻本影印，第136、137页。

②〔清〕张文虎：《二熊君兄弟合传》："（1850年）寓郡西郭外，招君（熊其光，诗人）与海宁李善兰同住，青浦席元章亦频来。"席元章曾校李善兰"艺海珠尘"本《弧矢启秘》。见张文虎《舒艺室剩稿》，"周浦历史文献丛刊"（第二辑），第358页。

李善兰于咸丰二年（1852）离开嘉兴到上海，在墨海书馆从事译书。虽与张文虎不再常来常往，但仍经常有书函往返，讨论学术。张文虎在次年致信李善兰：

> 上月望，艾君见访，弟适先五日南游，恨未一晤……江氏《数学》《晓庵新法》《五星行度解》三种，希致艾君。虽在今日以为吐弃之余，然历算之理不厌参详，或可资旁涉。《重学》曾否授梓？《微分法》凡几卷？《中西通书》误字颇多，日过最高距夏至至四十七日，尤为显谬，亟宜改正。绿卿欲觅四五尺长远镜，有否？[①]

这里的“艾君”指著名汉学家、传教士艾约瑟，与李善兰合译《重学》。“绿卿”指韩应陛（字对虞，号绿卿，又作菉卿），出资刊刻《几何原本》后九卷。从信中可以看出，张文虎对李善兰的学术工作十分关注，也较为熟悉。写此信时，李善兰正与艾约瑟、伟烈亚力共译《重学》和《几何原本》后九卷。艾约瑟久闻张文虎之名，数次前往金山造访张文虎，“质疑问难，咸大折服，谓为彼国专家勿能及”[②]。而《重学》初版由钱熙辅出资刻印，张文虎应该起了很大作用的。在《几何原本》后九卷刚刚译竣后，李善兰“即以全稿寄之，顾君尚之、张君啸山任校复核，二年功竣”。出版之时，李善兰在序言中特意谈到了顾观光、张文虎校复之功：“非韩君力任剞劂，嘉惠末学，张、顾二君同心襄力，详加雠勘，则虽译有成书，后或失传。”[③]咸丰九年（1859），李善兰译竣《谈天》，尚未出版，张文虎就手抄了一份，细细加以研究审核。

李善兰于同治初年（1862），应曾国藩之邀，来到安庆大营曾国藩的幕府。第二年，他向曾国藩推荐了“精于算法，兼通经学、小学”的张文虎，一起成

---

① 〔清〕张文虎：《与李壬叔》，见《舒艺室尺牍偶存》，“周浦历史文献丛刊”（第二辑），第48—49页。

② 〔清〕缪荃孙：《张文虎墓志铭》，《李俨钱宝琮科学史全集》，辽宁教育出版社1998年版，第332页。

③ 〔清〕李善兰：《续译〈几何原本〉序》，金陵书局刻本。

为曾国藩的幕客，诗酒唱和，讨论学术。同治三年，李善兰与张文虎又同时到南京，成了金陵书局的同事。李善兰数年后入京，任同文馆算学教习。而张文虎则仍在金陵书局从事校勘出版工作，两人频频书信往来。张文虎于同治十三年告老还乡，后纂修《奉贤县志》、重修《华亭县志》及《南汇县志》，于光绪十一年（1885）去世。

疑义相与析（下）

汪曰桢（1813—1881），字刚木，号谢城，又号薪甫，乌程人。汪曰桢博学多通，精于史学，尤其对天文历法深有研究。因天文历法而兼及数学。汪曰桢最大的成就是对二十四史的月日考。他认为，史学的功能在于为治国之鉴，月日干支，是史学的末中之末。但如果月、日混乱了，那么，史实发生的先后就会弄不清楚，兴衰治乱之间的前因后果，也就可能没法细察。因此，对史书中时间的考证，实是发挥史书资治作用的基础，而编考历法也就成为治史的重要工具。汪曰桢对史书中的朔闰详为钩稽，穷数十年之力撰成《二十四史月日考》五十卷，附《古今推步诸术考》二卷及《甲子纪元表》一卷。《二十四史月日考》上起西周共和元年（前841），下迄清康熙九年（1670），凡2500多年，各就当时行用本法推算，每年详列朔闰月建大小并二十四节气，略如万年历书之式。成为我国第一部历史年代学和历法巨著。

汪曰桢对李善兰极为推重。他曾把自己手抄的元朱世杰《四元玉鉴》三卷给李善兰阅读，实际上是就自己所不理解的一些问题进行请教。李善兰“深思七昼夜，尽通其法，乃解明之”，并因此而著成《四元解》一书，阐述了高次方程组的消元解法。汪曰桢有《以诗代书介心如与李秋纫善兰结交》一诗：“绝学天元一，知君探索精。廉隅通少广，正负借方程。展卷疑思问，悬钟叩则鸣。不须倾盖语，鱼雁证斯盟。”[①]这诗写于与李善兰订交之时，这里的“展卷疑思问，悬钟叩则鸣”或许正是指汪曰桢向李善兰请教《四元玉鉴》一事。从这首

① 〔清〕汪曰桢：《玉鉴堂诗集》卷三，嘉业堂校刊本。

诗中可以看出汪曰桢对李善兰数学才能的钦佩之情，也可见李善兰在当时数学界的地位之高。

汪曰桢与李善兰在天文历算上的切磋，还直接促成了李善兰于1848年著成了《麟德术解》三卷。汪曰桢在撰写《二十四史月日考》时，见《通鉴》目录所存宋朝刘羲叟编著的《刘氏辑术》谓：唐麟德二年（665）闰三月壬申朔（初一日），四月壬寅朔是小满节气，而按照刘羲叟本书推得辛丑日（闰三月三十日）是小满节气，但又疑而不决，遂移书问于李善兰。李善兰就此研究了李淳风作的《麟德历》，阐明了其中所采用的二次差内插法。《麟德术解》卷三“麟德二年闰三月气朔细草”记载了此事：“《通鉴》目录麟德二年闰三月壬申朔，四月壬寅朔小满。本纪云：闰三月癸酉日有食之，癸酉乃二日，故不书朔。余友汪君谢城方撰《二十四史月日考》，以本术推得辛丑小满，疑之，移书问余，余既为步细草如右。”

戴煦（1805—1860），原名邦棣，字鄂士，一字仲乙，号鹤墅。钱塘（今浙江杭州市）人。戴煦10多岁时即对天文历算产生了极大的兴趣，“昼读夜布算，覃思有得，则起秉烛以记”。20岁前，即已写出了《重差图说》（补正李淳风对《九章·重差》的注释）、《四元玉鉴细草》《勾股和校集成》等书。中年以后，在西学东渐的浪潮下，戴煦与当时许多一流的数学家一样，积极接受西方的数学理论，“凡西人所述三角八线之术，皆能通其精蕴”，并能“吐弃庸近之言，求最上乘”。戴煦在数学史上的最大贡献，是对对数及三角函数的研究，被认为是“前人所未曾有”的创造。戴煦认为，以往的对数表造表，“布算极繁，甚至经旬累月而不能竟求一数，故言算者鲜不望之而生畏”，对数表“用之甚便，而求之甚难，非集数十人之力，积数十年之功未易蒇事”。从道光二十五年至咸丰二年（1845—1852），他“八易寒暑”，著下《对数简法》二卷、《续对数简法》一卷、《外切密率》四卷、《假数测圆》二卷，合为《求表捷术》一书，代表了当时中国数学家在对数领域的最高水平。著名数学家项名达序中称：

李君壬叔《对数探源》深明对数较之理，而戴君此书（指《对数简法》），专明假设对数之理，其续编（指《续对数简法》）专明对数根之理。两君皆学有心得，互相发明，洵足为后学津梁，而戴君书尤为明快。

戴煦的著作是否比李善兰的“尤为明快”，姑且不论，但项名达说“两君皆学有心得，互相发明”，倒确是实情。作为当时最有名的两位对数研究专家，李善兰与戴煦可谓惺惺相惜，在交流切磋中“互相发明”。事实上，戴煦的《外切密率》一书，就是在李善兰的鼓励下著成的。这件事，戴煦在咸丰元年（1851）出版的《外切密率》一书的自序中说得十分明白：

去岁获交海昌壬叔李君，以所著《对数探源》《弧矢启秘》见示。其《对数探源》与予《对数简法》后一术，殊途同归。而《弧矢启秘》则用尖锥立算，别开生面。兼有割线诸术，特未及余弧耳。缘出予未竟残稿，请正。而壬叔颇赏予余弧与切割二线互求之术，再四促成。今岁又寄札询及，遂谢绝繁冗，扃户钞录，阅月乃竟。嗟乎！友朋之助，曷可少哉？……兹非壬叔之劝成，则以予之懒散，必至废搁以终其身。[1]

从这段话中，至少可以看出几点，一是两人在学术上的互相发明，李善兰的《对数探源》与戴煦的《对数简法》后一术“殊途同归”。二是两人在学术上相互欣赏，李善兰的尖锥术与戴煦的余弧与切割二线互求之术各有独到之处，可以补对方著作所不及者。三是两人在学术上互相促进，李善兰竭力鼓励戴煦把余弧与切割二线互求之术著书立说，“阅月乃成”。学者间这样的友谊，现在读来，仍是感人。

戴煦还有一件经常为人提及的“逸事”。咸丰四年（1854），英国伦敦会传教士、汉学家艾约瑟，在李善兰处看到戴煦的数学著作后，大为佩服，于是专程来杭州求见戴煦，切磋学术。但戴煦闭门不纳，理由是“中外殊俗异礼”。这件事至少可看出两点。一是戴煦的数学成就已引起了西方数学家的注意。据说

① 〔清〕戴煦：《外切密率》自序，商务印书馆1936年版。

后来艾约瑟还把戴煦的《求表捷术》译成英文，递交英国数学学会。[①]二是当时中国的士大夫对西方仍抱着拒绝的姿态：戴煦作为一流的数学家，肯定知道与西方学者交流的重要性，但在他看来，“礼”是比学问更为重要的东西。这其实也是当时中国知识分子的普遍心态。而此时的李善兰，正在外国人办的上海墨海书馆里埋头翻译国外的最新科技书籍。两相对照，更可看出李善兰的超越时代的见识，而这也正是李善兰成为中国近代科学先驱的一个最为主要的原因。

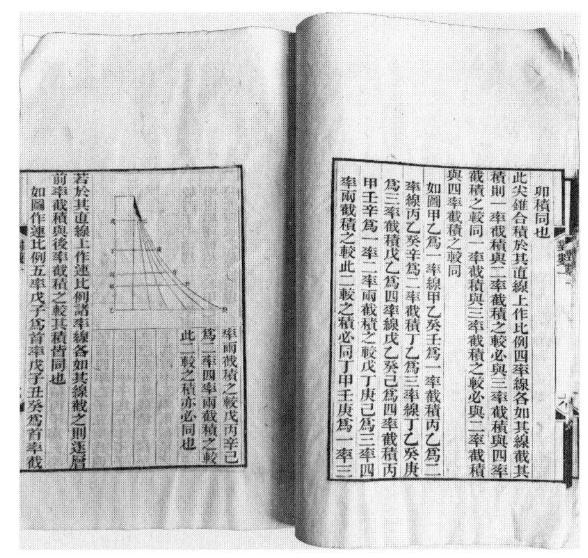
卯積同也
此尖錐合積於其直線上作比例四率線各如其線截其
積則一率截積與二率截積之較必與三率截積與四率
截積之較同一率截積與三率截積之較必與二率截積
與四率截積之較同
如圖甲乙爲一率線甲乙癸壬爲一率截積丙乙爲二
率線丙乙癸辛爲二率截積丁乙爲三率線丁乙癸庚
爲三率截積戊乙爲四率線戊乙癸己爲四率截積丙
甲壬辛爲一率二率兩截積之較戊丁庚己爲三率四
率兩截積之較此二較之積必同丁甲壬庚爲一率三
率兩截積之較戊丙辛己
爲二率四率兩截積之較
此二較之積亦必同也
若於其直線上作連比例諸率線各如其線截之則逐層
前率截積與後率截積之較其積皆同也
如圖作連比例五率戊子爲首率戊子丑癸爲首率截

《对数探源》书影

咸丰十年（1860）3月，太平军攻破杭州，戴煦长兄戴熙自杀，戴煦也于同日投井而死。

李善兰与顾观光、张文虎、戴煦等人的交往，实际上是当时学者尤其是算学家之间人际关系的一个缩影，正如一些学者所指出的：“道咸同时期之算学，相互间多有密切之关系，或为师生，或为学友，往来频繁。”[②]

李善兰及其算友们的活动，有两个方面值得注意。一是从讨论内容看，大多是比较彼此间的得失及与西方数学的长短。他们的研究都是在西方数学开始传入中国的大背景下进行的，因而不自觉地以最为先进的西方近代科学作为参照的坐标。二是讨论的方式，往往是以书信的形式。从上面的叙述中可以看出，

① 这一说法见于诸可宝《畴人传三编》戴煦传：“艾（约瑟）后转译先生书，入彼国算学公会中，可征其倾倒也。”后被《清史稿·忠义传》所采纳。但于中英当时数学水平而言，似无必要将此书译至英国，目前亦未发现艾氏所译之书。

② 王萍：《西方历算学之输入》，台北“中央研究院”近代史研究所专刊1980年第17期，第108页。

李善兰与顾观光、张文虎、汪曰桢、戴煦、徐有壬等算学家之间的切磋，往往是以书信为工具的，这在现在看来不免有点奇怪，却是当时学术界的一种风气。梁启超在论及清代学者的这一特色时，分析道："清儒既不喜效宋明人聚徒讲学，又非如今之欧美有种种学会学校为聚集讲习之所。则其交换智识之机会，自不免缺乏，其赖以补之者，则函札也。后辈之谒先辈，率以问学书为贽——著述者则媵以著述——先辈视其可教育，必报书，释其疑滞而奖进之。平辈亦然，每得一义，辄驰书其共学之以商榷，答者未尝不尽其词。凡著一书成，必经挚友数辈严勘得失，乃以问世，而其勘也皆以函札。此类函札，皆精心结撰，其实即著述也。此种风气，他时代亦间有之，而清代为独盛。"①

发明尖锥术

这时期李善兰在数学上的最大成就，是他独创的尖锥术。②

"尖锥术"是李善兰创造的一种确定面积（或体积）的普遍算法，进而用以解决诸如级数展开、对数计算之类的重要问题，李善兰称之为"尖锥求积术"。他所谓的"尖锥"，是一类几何图形，在平面情形，乃指两边下凹的曲边三角形（包括三角形），在空间情形，则指四个侧面背凹的方底锥体（包括方锥）。尖锥术的基本思想，是将待求积的图形分成无限多个特定的尖锥，然后计算各尖锥积的总和。尖锥术是在中国传统数学的垛积术和极限思想基础上产生的积分法，实质上就是近代数学中的幂函数的定积分公式和逐项积分法则。

李善兰尖锥术的思想，主要体现在《方圆阐幽》中的十条"当知"中。

一、当知西人所谓点、线、面皆不能无体；

---

①〔清〕梁启超：《清代学术概论》，见《梁启超全集》（第10集），中国人民大学出版社2018年版，第258页。

② 本节中有关尖锥术的阐述，综合了钱宝琮《中国数学史》（《李俨钱宝琮科学史全集》第5卷）、李兆华《李善兰垛积术与尖锥术略论》（《西北大学学报》自然科学版1986年第4期）、王渝生《李善兰的尖锥术》（《自然科学史研究》1983年第3期）等有关研究成果。

二、当知体可变为面，面可变为线；

三、当知诸乘方有线、面、体循环之理；

四、当知诸乘方皆可变为面，并皆可变为线；

五、当知平、立尖锥之形；

六、当知诸乘方皆有尖锥；

七、当知诸尖锥有积叠之理；

八、当知诸尖锥之算法；

九、当知二乘以上尖锥其所叠之面皆可变为线；

十、当知诸尖锥既为平面则可并为一尖锥。

从这十条“当知”中可以看出，李善兰实际上已有了微积分的意识。他在第一条“当知西人所谓点、线、面皆不能无体”下解释说，天地间只要有色存在，就不可能无形，只要有形存在，就不可能无体。因为色是依附在形上的，而形是凭借体来呈现的。比如纸上有一细点墨色，哪怕它再小，也不是凭空来的，而是由墨所形成的。墨，就是这一墨点的体。所以，“点者，体之小而微者也；线者，体之长而细者也；面者，体之阔而薄者也”。也就是说，点、线、面、体皆有实体，只是形状和大小的不同而已，小而微就是点，长而细就是线，阔而薄就是面。他还给出了这样的示意图：

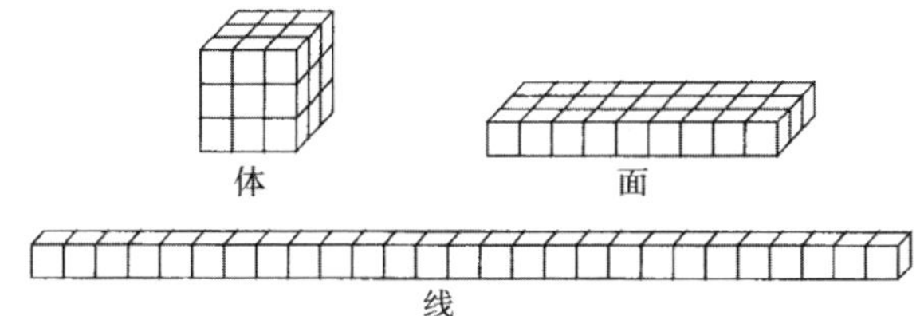

接着，在第二条、第三条、第四条“当知”中，他进而指出，“体可变为面，面可变为线”，“线、面、体”之间可以互相循环变换。所谓体、线、面的变换，实际上是通过将作为几何单元的点按不同方式排列而实现的。所以，李善兰以点、线、面作为构成几何图形的元素，其中点（“体之小而微者”）是最基本的。由点形成“细而长”的线，由线形成“阔而薄”的面，进而由面形成体。李善兰打了个比方来说明这个道理。他说，面就像是一张薄而又薄的纸，一张张纸叠上去，就可以形成一本厚厚的书；线就像一根细而长的丝，一根根丝积起来，就形成了一匹绢。“为面便可如纸之薄，为线便可如丝之细。故盈尺之书由叠纸而得，盈丈之绢由积丝而成也。”反过来，如果把一本盈尺的书不断地分开，就成了一张张的纸，把一匹绢不断地裁开，就成了一根根的丝。“方而因之则长，长而因之则匾，匾而因之则复方，此理之自然也。”

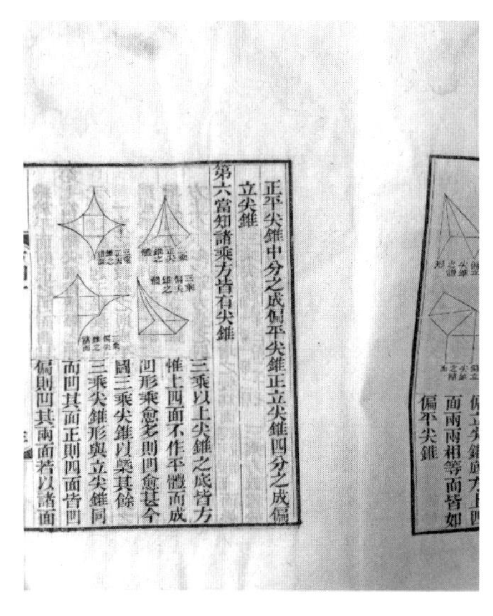
正平尖錐中分之成偏平尖錐正立尖錐四分之成偏
立尖錐
第六當知諸乘方皆有尖錐
三乘以上尖錐之底皆方
惟上四面不作平體而成
凹形乘愈多則凹愈甚今
圖三乘尖錐以槩其餘
三乘尖錐形與立尖錐同
而凹其面正則四面皆凹
偏則凹其兩面若以諸面

尖锥体图形

从这里可以看出，李善兰的尖锥术，显然是从中国古代的极限理论发展而来的。《墨子》中就有“靳半进前取也，前则中无为半，犹端也。前后取则端中也。靳必半，毋与非半，不可靳也”的说法。“靳”是分割的意思。钱宝琮对这一条的解释是：“譬如取一物，平分为两个一半，又将前面的一半平分为两个一半，这样继续分割下去，势必分到一个无可再分的‘端’。如果弃掉前后的部分而保留中间的一半，那么，这个不可分割的‘端’也将留在中间。提出这个论题的人虽然没有明说，这个被分割的东西究竟有多少‘端’，但我们根据经说，可以体会，不可分割的‘端’应当是有穷的。”[①]《庄子·天下篇》中也说：“一尺之棰，日取其半，万世不竭。”一根一尺长的木棍，每天截下一半，千秋万代也截不完。如果翻阅一下微积分的发展历史，就会发现，从本质上讲，李善兰的尖锥术已十分接近于微积分的思想。尤其跟已提出“不可分量方法”而闻名的意大利数学家卡瓦列利（B. Cavalieri）十分相似。卡瓦列利的“不可分量方法”其基本思想是：线是有无穷

① 钱宝琮：《中国数学史》，《李俨钱宝琮科学史全集》第5卷，辽宁教育出版社1998年版，第21页。

多个点构成的，面是由无穷多条线构成的，立体是由无穷多个平面构成的。点、线、面分别就是线、面、体的不可分量。在《几何学》[①]中，卡瓦列利通过比较两个平面或立体图形的不可分量之间的关系来获得这两个平面或立体图形的面积或体积之间的关系，这就是著名的“卡瓦列利定理”。

“卡瓦列利定理”跟李善兰的思想可说殊途同归。有趣的是，卡瓦列利用来说明这一定理所举的例子跟李善兰的也是一样。他说，面积由不可分量组成，就像一根项链由珠子串成，一块布由线织成，一本书由许多页组成。值得注意的是，卡瓦列利这里组成珠子、布和书的却是没有精细、厚薄的线段与平面，这样，他就无法解释没有粗细厚薄的元素怎样能构成一个有限物体的。而李善兰认为“点、线、面皆不能无体”，不过其大小、粗细、厚薄极为微小而已。这一点，李善兰与微积分的另两个先驱者开普勒（J. Kepler）和罗贝瓦尔（Roberval）倒是不约而同。开普勒在他的《测量酒桶的新立体几何》（*Nova stereometria doliorum vinariorum*，1615）一书中，把球看成是由无穷多个无穷小棱锥组成的，每个无穷小棱锥的顶点都在球心，底面在球的表面上，高等于球的半径，从而得出球的体积是半径与球表面积乘积的三分之一。也就是把一个立体划分成无穷多个无穷小的部分，即立体的“不可分量”，其大小和形状都便于求解给定的问题。而在罗贝瓦尔的不可分量方法中，线段被看成是由无限多个以点为代表的小线段组成，平面图形是由无限多个以线段为代表的细小块面组成，立体则是由无限多个以面积为代表的细小个体所组成。

卡瓦列利、开普勒、罗贝瓦尔的理论导致了西方微积分的产生，从这个意义上讲，李善兰的尖锥术，实际上已可视作是微积分的雏形了。事实上，现在数学家完全可以把《方圆阐幽》中的原理用现代微积分表达出来。钱宝琮指出：第四条“当知诸乘方皆可变为面，并皆可变为线”，用现在的数学术语来说明是：n为任何正整数，x为任何正数，x^n的数值可以用一个平面积来表示，亦可以用一条直线段来表示。第六条“当知诸乘方皆有尖锥”，第七条“当知诸尖

---

① 《用新方法促进的连续量的不可分量的几何学》（*Geometria indiisibibus continuorum nova quadam ratione promota*，Bologna，1635），一般简称《几何学》。

锥有积迭之理”，说明当x在$0\leqslant x\leqslant h$区间内变动，表示x^n的平面积积叠成一个尖锥体。第八条“当知诸尖锥的算法”指出，由平面积ax^n积叠起来的尖锥体，高为h，底面积为ah^n，它的体积是$\frac{ax^n \times h}{n+1}$，这个命题相当于定积分$\int_0^h ax^n dx=\frac{ah^{n+1}}{n+1}$。①

李善兰以尖锥术为利器，用在数学研究中，获得了不少在当时处于领先水平的成果。这主要体现在三个方面：一是求圆面积从而求圆周率的无穷级数表达式。计算圆周率和圆面积的方法，我国传统的是“割圆术”。三国时期的著名数学家刘徽在《九章算术·方田章》的注文中指出：“割之弥细，所失弥小，割之又割，以至于不可割，则与圆周合体而无所失矣。”刘徽认为，当圆内接正多边形数无限增加时，其周长即愈益逼近圆周长。就是说，用圆内接正多边形来近似代替圆。圆内接正多边形数无限多时，其周长的极限即为圆周长，面积的极限即为圆面积。明清时的数学家明安图、董祐诚、项名达则用“割圆连比例法”来求圆周率和圆面积，就是把任意弧n等分，根据等腰相似三角形对应边成比例的关系，得出一系列比例关系式，求出相应折线的长度，然后用折线逼近圆弧，从折线与弦矢的关系导出弧与弧矢的关系。而李善兰的尖锥术，采用了“分离元数”的方法，归纳出一个二项平方根展开式，然后在四分之一单位圆内应用尖锥术就可以计算出一个方内圆外尖锥的合积，从而获得圆周率π的无穷级数值，以此来逼近方圆之较的面积，成为在“割圆术”和“割圆连比例法”之外又一别开生面的方法。

二是求解三角函数和反三角函数的幂级数展开式。采用方内圆外的“截积”与尖锥合积的关系得到“正弦求弧背”，也就是反正弦的幂级数展开式。然后用直除、还原等方法得到其他很多的三角函数和反三角函数的幂级数展开式，特别是正切、正割、反正切、反正割的幂级数展开式是在中国首次独立地得到的。现代学者认为：“李善兰用自创的尖锥术这种解析的方法，配合还原、商除等代

① 钱宝琮：《戴煦李善兰等的数学研究》，《中国数学史》第18章，《李俨钱宝琮科学史全集》第5卷，辽宁教育出版社1998年版，第354页。

数运算方法，卓有成效地展开了各种三角函数，把自明安图以来对三角函数幂级数展开式的研究工作大大提高了一步。”[①]伟烈亚力在当时就评价说：“他（指李善兰）给出了推演八线互求的新方法，特别是从正割求弧长和从弧长求正割的方法，则是在任何先前本国的工作中尚未给出过的。”[②]

三是对数幂级数的展开式。李善兰在《对数探源》一书中列出了10条命题，从各个方面描述对数合尖锥曲线的性质，然后，根据这些性质就可以得出对数的幂级数展开式。对此，李善兰也十分自负，称他“用诸尖锥递加递除得”的求对数方法，“以视旧术之正数屡次相乘开平方，对数屡次相加折半至开方数十次而得者，其简易何啻倍蓰也”。

李善兰的尖锥术理论及其应用，主要体现在他的《方圆阐幽》《弧矢启秘》《对数探源》三书中。《对数探源》最早见于道光二十六年（1846）刊刻的《指海》丛书第十九集，《方圆阐幽》《弧矢启秘》最早见于道光三十年（1850）钱熙辅增辑的《艺海珠尘》壬集（即第九集）。李善兰直到咸丰九年（1859）在上海墨海书馆时，才开始研究微积分，并与伟烈亚力一起译出了《代微积拾级》，因此，他在创造“尖锥术”的时候还没有接触微积分，但事实上，李善兰已经得出了有关定积分公式。伟烈亚力就认为李善兰所著书中，“其理有甚近微分者”。李善兰的这一成就表明，即使没有西方传入微积分，中国数学也会通过自己特殊的途径，运用我国传统的思维方式达到微积分，基本上完成由初等数学到高等数学的转变。

---

① 王渝生：《李善兰的尖锥术》，《自然科学史研究》1983年第3期。

② A.Wylie，*Notes on Chinese Literature*，London（1867）.

第三章　海上异民

只身游沪渎

清咸丰二年（1852）的五月[①]，李善兰作出了一个在现在看来几乎可称作有着历史意义的决定：离开嘉兴，来到上海。

咸丰初年的李善兰，随着《方圆阐幽》《弧矢启秘》《对数探源》等著作的刊印，“尖锥术”的发明，已无可争议地成了第一流的算学家。如果他仍在嘉兴，在江浙一带浓厚的学术氛围中，以李善兰的勤奋和天才，他将成为像他的前辈李锐、梅文鼎这样的传统历算大家——这正是许多算学家梦寐以求的地位。然而，李善兰在其算学研究到达一个高峰的时候，却离开了他熟悉的学术环境，来到了一个对绝大多数中国人来说很陌生的地方——墨海书馆，做起了一件他从未做过的工作——译书。

傅兰雅（John Fryer）的《江南制造局翻译西书事略》记载：

> 李君（李善兰）系浙江海宁人，幼有算学才能，于一千八百四十五年初印其算学新著。一日，到上海墨海书馆礼拜堂，将其书予麦先生展阅，

① 〔清〕王韬《瀛壖杂志》：“海昌李壬叔茂才，名善兰，一字秋纫。精畴人家言，为吴门陈硕甫先生高足弟子。咸丰壬子夏五月来沪，侨居大境杰阁。”上海古籍出版社1989年版，第76页。

问泰西有此学否。其时有住于墨海书馆之西士伟烈亚力，见之甚悦，因请之译西国深奥算学并天文等书。①

这一段记载是很值得玩味的。

这里的“麦先生”是指墨海书馆的英国老板麦都思，这里的“其书”，据说是李善兰的得意之作、代表当时中国数学界对数研究最高水平的《对数探源》。李善兰专门在礼拜堂前等候麦都思，可见对西方的生活习俗进行了一定的了解。据郭嵩焘的记载，墨海书馆前面就是一个礼拜堂，则李善兰在礼拜堂前结识麦都思，完全是有备而来。李善兰把《对数探源》展示给麦都思，显然有毛遂自荐之意，但他问出来的话却是：你们西方也有这门学问吗？又像有几分炫耀。李善兰一面有求于麦都思，希望他能赏识自己，一面却又放不下知识分子的架子，以表面上的自傲来掩饰内心的渴望。李善兰的这种委曲细致、面面俱到的做法，正是典型的江南文人的做派。

这实际上也是李善兰当时的处境和心态的反映。李善兰的“独游沪渎”，既有主动的追求，也有被迫的无奈。

作为中国顶尖的数学家，李善兰清楚地知道，中国数学与西方数学的差距有多大。即就李善兰的尖锥术而言，当时无疑是国内最为领先的，但也就相当于卡瓦列利的时代。显然，一个一流的数学家要在学术上有进一步的突破，就必须进入数学研究的前沿，融入世界数学发展的潮流中，而这，在嘉兴这样一个小城中是难以办到的。从西学传播的历史来看，鸦片战争后，欧美传教士将活动基地从南洋的马六甲、新加坡、巴达维亚等渐渐转移到广州、福州、厦门、宁波、上海等东南沿海的通商口岸。而当时的上海，借着地处中国经济最富庶、文化最发达的江浙地区的优势，自道光二十三年（1843）开埠以来，外国人日益聚居，著名的传教士如麦都思、雒魏林、文惠廉、伟烈亚力、美魏茶、艾约瑟、合信、施敦力约翰、叔未士、贾本德、慕维廉、高第丕、哥伯播义、杨格

① ［英］傅兰雅：《江南制造局翻译西书事略》，见黎难秋等编《中国科学翻译史料》，中国科学技术大学出版社1996年版，第416页。

非等，络绎而来。他们在上海传播宗教、开设学堂、开办医院、出版报刊，上海逐渐成为全国西学传播的中心。有学者统计，从道光二十三年至咸丰十年（1843—1860），香港、广州、福州、宁波、上海五个城市中，共出版天文、地理、数学、医学、历史、经济等方面的书籍105种，其中香港23种，广州13种，福州16种，宁波20种，上海33种，上海出版的科学书籍数量名列第一。至于墨海书馆，在麦都思、伟烈亚力、艾约瑟等人的主持下，隐然成了中西文人、中西文化交流的一个基地，更是西方知识分子传播现代科技的一个窗口，与宁波的华花圣经书房一起成为当时最大的两个西书出版机构。

李善兰清醒地认识到，要在学术上求得突破，就必须深入接触和研究西方当代数学成果，从这个意义而言，他来到墨海书馆是出于主动的追求。后来李善兰在京师同文馆的同事，著名汉学家丁韪良在谈到此事时说：

> 听说上海来了外国人，他（指李善兰）前往寻求知识之光。在那里他遇见了伦敦传教会的伟烈亚力先生，并帮他汉译侯失勒的《谈天》（天文学）、棣么甘的《代数学》、欧几里得的《几何原本》（利玛窦译过第一部分）、罗密士的《圆锥曲线说》与《代微积拾级》。艾约瑟博士翻译胡威立的《重学》（力学）时也得到了李的帮助。这些书对李是一系列的启示录，他欣喜地发现自己置身于光明的世界，不再在黑暗中摸索。①

“欣喜地发现自己置身于光明的世界，不再在黑暗中摸索”，用来形容李善兰在学术研究上发现了一个新天地，可说是十分贴切的。

事实上，李善兰来到上海，还有谋生这一层意义在。他在嘉兴的生活状况并不如意，这从蒋仁荣给他的诗中可以看出。当时与李善兰齐名的大数学家，如顾观光是名医世家，戴煦出身官僚大家庭，夏鸾翔做过詹事府主簿的小官，项名达家里是盐商，中过进士，做过国子监学正。徐有壬本身就官至巡抚，即

① ［美］丁韪良：《花甲忆记：一位美国传教士眼中的晚清帝国》，沈弘等译，广西师范大学出版社2004年版，第250页。

使如张文虎一介书生，也有固定的可以一做30年的“校席”。而李善兰孤身一人在嘉兴，做着坐馆一类的活。从家谱看，他家里也无人做官或从商，他的两个弟弟心梅和心葵也在早年就去世了，生活之窘迫可想而知。李善兰需要一份固定的同时待遇也不错的工作，来支持他专心地从事学术研究工作。

简单地说，李善兰这时迫切的愿望无非两个：一是能接触到最新的科学研究成果；二是能让他衣食无忧，全身心地投入学术研究中去。而墨海书馆，正是这样一个能同时满足他这两个愿望的理想所在。

墨海书馆的这些优势，肯定不是李善兰一个人看到了，但为何绝大多数知识分子没有做出像李善兰这样的选择呢？这显然是跟当时知识分子对外国人的认识有关。

鸦片战争以后，清政府于道光二十二年（1842）与英国签订了中英《南京条约》，道光二十三年英国政府又强迫清政府订立了《五口通商章程》和《五口通商附粘善后条款》（《虎门条约》）作为《南京条约》的附约。道光二十四年七月、十月，美国和法国趁火打劫，先后与清政府签订了中美《望厦条约》和中法《黄埔条约》。从道光二十五年起，比利时、瑞典等国家也都胁迫清政府签订了类似条约，中国的主权遭到进一步破坏。鸦片战争的失败和《南京条约》等一系列不平等条约的签订，使中国社会发生了根本性的变化。政治上独立自主的中国，战后由于领土主权遭到破坏，自给自足的自然经济解体，逐渐成为世界资本主义的商品市场和原料供给地，中国开始沦为半殖民地半封建社会。这是一直以来以“天朝大国”“礼仪之邦”自居的清朝士大夫所不能接受的。战争与赔款，“夷”与“夏”的先进与落后，生存与灭亡，这些尖锐对立的现实问题，无情地摆在他们面前。空前的民族危机，使知识分子深深地体会到，只有知己知彼方能百战不殆。许多有识之士开始睁眼看世界，了解国际形势，研究外国史地，总结失败经验教训，发出了学习西方科学技术、图强御侮的呼声，形成了“师夷之长技以制夷”的思想意识。但同时，绝大多数传统的士大夫对仗着炮利船坚肆意欺凌中国的英美各国，还是视之为不开化的“蛮夷”，从心底里是瞧不起他们的，所谓“闻洋人之长便怒、闻洋人之短则喜”。即使迫不得已要向洋人学习“强兵富国之术”“尚学兴艺之方”，但内心还是十分抵触，脑子里还是“吾闻用夏变夷者，未闻变于夷者也”等“天朝”旧观念，甚至视之为是一种有失大国身份的屈辱。

李善兰在墨海书馆的同事王韬就是一个典型。王韬于道光二十九年（1849）就来到墨海书馆，协助艾约瑟等传教士翻译《圣经》，其思想远比同时代的知识分子先进，也是最早认识到学习西方科学技术是中国强盛的必由之路。然而，即使开通如王韬，当年也是极为鄙视为外国人工作的。他的一位朋友因家道中落，被迫到上海外国洋行去谋职。王韬听说后，大为激愤，立即写信劝友人辞职归来。他在信上说：“足下寄迹瀛壖，虽苏涸辙，而处身之道未得焉”，即使不得志于科举，也应该“茹蔬饮水，藉泉石以自晦，何必干时挟策，为非分之求耶？”王韬并说：“裹足不入者保身之哲也，决心舍去者果断之士也，事机犹可转圜，昔非何必不今是，翩然辞去，鼓棹而西，弹长铗以归来，谢知音于海上，尚不失为佳士耳。”[①]

在这样的气氛下，士大夫出身的李善兰只身一人来到外国人办的书馆里，给外国人打工，与外国人一起翻译书籍，真可谓是冒天下之大不韪。更何况，李善兰此时正处于学术的成熟期，在士林中也有了较高的声望，成为一个人所尊崇的大学者应该是很自然的事。放弃看得见的前程而走上“歪门邪道”，这是要下大决心的。大概也因为这个原因吧，李善兰到墨海书馆后不久，就数次找王韬长谈，希望从这位当年极力排斥佣工西人，后来却在墨海书馆工作得甚为愉快的学者身上，找到自己投身翻译西书的自信。

王韬的日记《瀛壖杂记》中，咸丰二年（1852）六月四日下记：“晨，李壬叔来舍。壬叔名善兰，海昌诸生，精天文，善算学，能诗。”从语气看，这大概是李善兰初次到王韬家里长谈。李善兰来到外国人开设的墨海书馆，肯定迫切需要了解情况，也需要有一个性情相近的朋友互相帮衬，王韬显然是最合适的人选。两天后，王韬记：“壬叔来舍，以《镜说》一篇相视，词甚简峭，颇似柳柳州笔意。……晚间壬叔来舍，剧谈竟晷。”“剧谈”之内容虽不得而知，从常理推测，很可能是王韬向李善兰介绍墨海书馆的种种情形。

① 〔清〕王韬：《弢园尺牍・与友人》，清光绪六年（1880）香港重刊本，第19页。

王韬向李善兰说了些什么，不得而知，但不管怎样，最后李善兰是决然来到了墨海书馆，可见他对现代西方科技知识的渴望，更可见他的世界眼光与开放进取的文化意识，而这正是李善兰高出同时代知识分子的地方，也是他最终能成为中国近代科学先驱的思想基础。十多年后，身为广东巡抚的郭嵩焘推荐李善兰到同文馆任教，或许正是觉得与李善兰同气相投的缘故。

麦都思在教堂门口接过李善兰的《对数探源》后，对这本代表着当时中国对数研究最高水平的著作，他不大看得懂，因为他毕竟不是一个数学家，但作为长期在中国生活、浸淫汉学多年的出版家，他深知此书的价值。于是，他约定李善兰第二天到他的家中详谈，还专门叫来了在墨海书馆负责印刷事务的伟烈亚力。伟烈亚力对中国数学颇有研究，他看了《对数探源》，又与李善兰进行了深入的交谈，对李善兰的数学才能十分钦佩。于是，麦都思就聘李善兰进墨海书馆译书。伟烈亚力对《对数探源》一书的印象十分深刻，他在《北华捷报》陆续刊出的著名论文《中国科学札记：数学》中，特别介绍了李善兰和《对数探源》：

> 有一位李善兰……现住在上海。他最近出版了一部名叫《对数探源》的小著作，书中以几何公式为基础，详细论述了全新的对数计算方法。他在前言中说，他的方法“较西人简易万倍”，还说“欧罗巴造表之人仅能得其数，未能知其理也”。这种细微的自满迹象就这样一个人而言是完全可以得到宽容的：他顶多只得到《律历渊源》所提供的帮助，经过四年的思索，他在书中给出了一个定理，这个定理如果是在布里格斯和纳皮尔时代，足以使他闻名于世。①

就这样，李善兰来到墨海书馆，打开了他生命中新的一页。

① ［英］伟烈亚力：《中国科学札记：数学》，转引自汪晓勤《中西科学交流的功臣——伟烈亚力》，科学出版社2000年版，第7页。

墨海书馆

李善兰在墨海书馆的时间并不长，从咸丰二年（1852）入馆到咸丰十年离去，前后不过8年时间，然而，这却是李善兰一生中最重要的一站，他作为中国近代科学先驱的地位也是在这时期确立的。因此，了解一下墨海书馆及其创始人麦都思，有助于充分理解李善兰在这一时期的思想轨迹。

墨海书馆（London Missionary Society Press），创立于1843年，其经费由基督教伦敦会提供，受伦敦会管辖。墨海书馆是上海自1843年开埠以后建立的最早的新式出版机构。

墨海书馆的创始人是英国传教士麦都思（Walter Henry Medhurst）。麦都思1796年4月29日出生于伦敦，14岁时，在格老塞斯跟一位名叫伍德的印刷工人学印刷技术。当伦敦会在马六甲设立印刷所时，麦都思申请前往传教。1816年6月12日，年仅20岁的麦都思抵达马六甲，开始在华人中进行传教，同时努力钻研印刷业务，辗转活动于槟榔屿（马来西亚西北部的一个小岛）、巴达维亚（今印度尼西亚首都雅加达）等地，成为著名传教士米怜（William Milne）最重要的助手。1819年4月27日麦都思被任命为牧师，并于第二年单独赴巴达维亚传教。在巴达维亚，他设立教会学校，并于1823年开办巴达维亚印刷所，逐渐使之与马六甲印刷所、新加坡印刷所三足鼎立，成为1842年以前传教士在南洋建立的三大印刷基地之一。在这期间，他独立编写、发表中文书刊达30多种。1842年第一次鸦片战争后，麦都思把活动重点从巴达维亚移往上海。麦都思于1843年12月中旬抵达上海，他和雒魏林是最早来到上海的传教士。12月23日，在上海县城北门外的大境杰阁附近租赁了一间简陋的民屋，定居下来，并将巴达维亚印刷所迁到上海，改名为“墨海书馆”。之所以命名为“墨海”，一方面自是取其书墨瀚海之意，另一方面，也是“墨海”的读音与“Medhurst”发音相近的缘故。1846年8月，墨海书馆迁往山东路，这地方附近皆是农田，视野开阔，空气清新，因麦都思的关系，这块地方被人们称为“麦家圈”。“麦家圈”恰好位于由英法租界构成的方块中心，东至外滩、西至泥城浜、南至县城、北至苏州河的距离都差不多。因而在开埠初期的上海，墨海书馆自然而然成了英租界上海英侨重要的文化与社会活动场所。

墨海书馆开始时，仍和在南洋一样，印刷《圣经》和一些宗教小册子。书馆所用的印刷设备，是由麦都思从南洋所带来，使用中文活字。有大小英文铅字7种、中文铅字2种（等于2号、4号大小），拥有铁制印刷机3台。当时一般所用的凸版印刷机是手扳架，日印刷不过数百张。后来发展为用手摇轮转机，印速虽增至每小时数百张，但仍不够理想，而且颇费人力。墨海书馆的印刷机开始也是用手摇，后来为了适应大批印刷《圣经》的需要，改用机械印刷，以牛拉代替蒸汽动力，印刷速度大为提高，一天可印50000个双面页，十分惊人。墨海书馆首先用牛拖拉机器以代替人力，成为当时的一大奇观。王韬曾在墨海书馆工作多年，他对墨海书馆及其印刷过程作过具体的描述。

在《漫游随录》里，王韬记述了戊申（1848）正月初到墨海书馆的见闻：

> 上海自与泰西通商，时局一变。丁未仲夏，先君子饥驱作客，小住沪北。戊申正月，余以省亲来游。一入黄歇浦中，气象顿异。从舟中遥望之，烟水苍茫，帆樯历乱，浦滨一带，率皆西人舍宇，楼阁峥嵘，缥缈云外，飞甍画栋，碧槛朱帘。此中有人，呼之欲出，然几如海外三神山，可望而不可即也。
>
> 时西士麦都思主持墨海书馆，以活字版机器印书，竟谓创见。余特往访之。竹篱花架，菊圃兰畦，颇有野外风趣。入其室中，缥缃插架，满目琳琅。麦君有二女，长曰玛梨，幼曰娅瓓，皆出相见。坐甫定，即以晶杯注葡萄酒殷勤相劝，味甘色红，不啻公瑾醇醪也。又为鼓瑟一曲，抗坠抑扬，咸中音节。虽曰异方之乐，殊令人之意也消。后导观印书，车床以牛曳之，车轴旋转如飞，云一日可印数千番①，诚巧而捷矣。书楼俱以玻黎作窗牖，光明无纤翳，洵属琉璃世界。字架东西排列，位置悉依字典，不容

---

① 这里所说的“数千番”，是指一天可以印约5000印张，每印张包括10个中国页（线装书中双面合成的一面），相当于一天可印约50000个双面页，下文引《瀛壖杂志》所说的“一日可印四万余纸”，即指此。

> 紊乱分毫。与麦君同在一处者，曰美魏茶，曰雒颉，曰慕维廉，曰艾约瑟，咸识中国语言文字。①

在《瀛壖杂志》中，王韬详述了墨海书馆的印刷机：

> 西人设有印书局数处。墨海，其最著者。以铁制印书车床，长一丈数尺，广三尺许。旁置有齿重轮二，一旁以二人司理印事，用牛旋转，推送出入。悬大空轴二，以皮条之为经，用于递纸，每转一过，则两面皆印，甚简而速，一日可印四万余纸。字用活板，以铅浇制。墨用明胶、煤油合搅煎成。印床两头有墨槽，以铁轴转之，运墨于平板，旁则联以数墨轴，相间排列，又揩平板之墨，运于字板，自无浓淡之异。墨匀则字迹清楚，乃非麻沙之本。印书床，重约一牛之力。其所以用牛者，乃以代水、火二气之用耳。②

墨海书馆的印刷机，当时称之为"印书车"，属于时髦之物，自是引人注目。李善兰的挚友徐有壬在家乡湖州丁忧时，专门于咸丰七年（1857）四月来墨海书馆观摩印书车，而王韬也一本正经地把这事记到日记中。王韬在日记中还记述了嘉定县知县王寿迈（佛云）于咸丰十年四月来墨海书馆，"观印书车良久，叹其奇妙，罕与之比"。可见这印书机实是非同小可。李善兰在嘉兴时的诗友孙瀜，这时也到了上海。一次，他在王韬的带领下参观了墨海书馆的"印书机"后，"叹其机轮巧妙"。接着又来到一家制衣作坊，是一美国女子"秦娘"所开，有一件西国缝衣奇器，"见其缝衣之器，轮轴圆转，运针若飞"。他把这两件稀罕物相提并论，写下了两首绝句：

> 车翻墨海转抡圆，百种奇编宇内传。

---

①〔清〕王韬：《漫游随录》，见《漫游随录·扶桑游记》，湖南人民出版社1982年版，第50、51页。

②〔清〕王韬：《瀛壖杂志》卷六，上海古籍出版社1989年版，第118、119页。

忙杀老牛浑未解，不耕禾陇种书田。

鹊口衔丝双穗开，铜盘乍转铁轮回。
纤纤顷刻成千缕，亲见针神手制来。①

李善兰来到墨海书馆后，立即成为一位引人注目的人物。在当时对墨海书馆的记载中，多次提到了李善兰。近代诗人黄燮清咸丰八年（1858）游览上海，写了一组专门咏新奇事物的诗，叫作《海上蜃楼词》30首，其中有一首即是《咏墨海馆》，其诗云：

榜题墨海起高楼，（王韬注：西人印书馆。）
供奉神仙李邺侯。（王韬注：谓壬叔。）
多恐秘书人未见，
文昌光焰借牵牛。（王韬注：谓印书车以牛曳。）②

这里的"李邺侯"即是指李善兰。唐代李泌以布衣身份而为帝皇师，屡建奇功，被封为邺侯。李泌藏书很多，后来称书架为"邺架"。黄燮清把李善兰比作李泌，显然是赞赏他学问淹博。

郭嵩焘咸丰六年（1856）二月初九，参观了墨海书馆，他在当天的日记中写道：

至墨海书馆。有麦都事（即麦都思——笔者注）者，西洋传教人也，自号墨海老人。所居前为礼拜祠，后厅置书甚多。东西窗下各设一球，右为天球，左为地球。麦君著书甚勤。其间相与校订者，一为海盐李任叔，一为苏州王兰卿。李君淹博，习勾股之学。王君语言豪迈，亦方雅士也。

① 〔清〕王韬：《瀛壖杂志》卷六，上海古籍出版社1989年版，第119页。
② 〔清〕王韬：《瀛壖杂志》卷六，上海古籍出版社1989年版，第119页。

为觅《数学启蒙》一书，为伟烈亚力所撰。伟君状貌无他奇，而专工数学。又有艾君，学问尤粹然，麦都事所请管理书籍者也。外赠《遐迩贯珍》数部，前格物理一二事，而后录中外各处钞报，即所谓新闻报也。王君挈眷寓此，所居室联云："短衣匹马随李广，纸阁芦帘对孟光。"亦有意致。询其所事，则每日出坐书厅一二时，彼所著书，不甚谙习文理，为之疏通句法而已。①

这里郭嵩焘称李善兰为"海盐李任叔"，误"壬"为"任"，可见郭是第一次与李善兰见面。值得注意的是，郭嵩焘在"即所谓新闻报也"一句，旁注道："刷书用牛车，范钟为轮，大小八九事。书板置车厢平处，而出入以机推动之。其车前外方小轮，则机之所从发也，以皮条套之。而屋后一柱转于旁设机架。牛拽之以行，则皮条自转，小轮随之以动，以激转大轮。纸片随轮递转，则全板刷印无遗矣。皮条从墙隙中拽出，安车处不见牛也。西人举动，务为巧妙如此。"连见多识广的郭嵩焘也在其日记中专门记载墨海书馆的印书机，可见其在当时确属于先进科技之列了，也可见墨海书馆影响之大。

墨海书馆自1860年以后便不再出版新书，其西学出版基地的地位为从宁波迁来上海的美华书馆所替代。据熊月之《西学东渐与晚清社会》一书的统计，1844—1860年，墨海书馆共出版各种书刊171种，属于基督教义、教史、教诗、教礼等宗教内容的138种，占总数的80.7%；属于数学、物理、天文、地理、历史等科学知识方面的33种，占总数的19.3%。值得注意的是，墨海书馆出版的科学书籍基本上全在1852年李善兰来到墨海书馆以后。虽然不能说，是李善兰的到来使墨海书馆开始大量出版科学知识书籍，但毫无疑问，墨海书馆之所以能成为当时最有影响的西学传播中心，李善兰是起了极其重要的作用的。

---

①〔清〕郭嵩焘：《郭嵩焘日记》（第一卷），湖南人民出版社1981年版，第33页。

诗酒徜徉

李善兰来到墨海书馆后，住在大境杰阁。大境杰阁位于上海县城北门，是墨海书馆的旧址，1843年墨海书馆设立时就是在这里的，后来才搬到“麦家圈”。

大境杰阁是上海的一处名胜。明代中叶，为抵御倭寇袭击和骚扰，上海的士民构筑了城墙，并在城北筑了4座大箭台，以供瞭望御敌之用，分别取名为“万军”“制胜”“振武”和“大境”。后来，随着倭寇平靖，箭台也渐渐废弃不用。人们在箭台上分别建造了丹凤楼、观音阁、真武庙和关帝庙，其中关帝庙就建在大境台上，成为登高远眺、拈香膜拜和休闲娱乐的好去处。清嘉庆二十年（1815），又在大境箭台及城墙上建造了一座三层抱厦式的庙宇楼阁，飞檐翘角，危栏曲槛，金碧辉煌，被誉为“三层杰阁”。当时，大境三层杰阁在上海古城内可以算是一座很高的建筑了，又附庸城墙、箭台，背靠城厢，“其下槿篱茅屋，古树丛篁。时于缺处望见危栏曲槛，而即之则小涧平桥，纡回始达。旷土数亩，间植桃柳，暮春花开，朱碧相映，时当祓禊，士女如云。比日夭桃零落，仅数十株着花矣，然踏青者犹接迹也”①。平民百姓在此休闲游览，达官贵人则是在三层杰阁上饮酒、赋诗、作画，以为风雅。

李善兰选择在大境杰阁居住，可能因为这里是墨海书馆的旧址，麦都思在这里有空闲的房屋。而大境杰阁开阔的视野，优美的风光，闹中取静的环境，也很合李善兰的性情。正如王韬所言：“大境阁甚高，窗极四达，清风徐来，尽堪逭署。”李善兰刚住大境杰阁时，王韬时常去看他，在阁上“纳凉玩月，煮酒纵谈”。王韬看到大境杰阁的四壁上写满了游客的“恶诗”，大呼恶俗，就请人叫来泥水匠，把阁壁粉刷一新。一次两人登上阁顶，李善兰纵声长啸，四周松林竹园为之答响，王韬说，李善兰是三国时的大名士陈元龙一流的人物，真该高卧此百尺楼上。据史载，大境杰阁在咸丰三年至十年间（1853—1860）曾两

① 〔清〕王韬：《瀛壖杂志》卷二，上海古籍出版社1989年版，第41页。

次毁于清军与太平军的战火。李善兰一生对太平军抱着仇视的态度，跟他亲历其境有着很大的关系。

自进入墨海书馆后，李善兰的世界打开了一扇新的大门，他从相对封闭的嘉兴来到全国最为得风气之先的上海，生活的空间一下子扩大了许多，他的人生立即变得丰富多彩起来，旺盛的生命力在上海找到了一个释放口，无论是著书立说还是社交生活，墨海书馆的8年都是李善兰一生中最为多姿多彩的一段。

在墨海书馆时，李善兰的朋友圈子大致可分为两类。一个朋友圈是墨海书馆里的外国同事，如伟烈亚力、艾约瑟、慕维廉等。他们共同译书，一起工作，相互之间不可谓不熟悉，关系不可谓不密切，但从个人感情上说，始终隔了一层。这除了风俗习惯的因素，更主要的还在于“华夷之防”，士大夫出身的李善兰，即使他在观念上能理解认同，从感情上是不可能与一个外国人成为真正的知己朋友的。退一步说，即使李善兰在感情上能够认同，当时的社会环境也很难认可这种华夷之间的友谊。而对于伟烈亚力等人而言，可能会由衷佩服李善兰的数学才能，并视作工作上的好伙伴，但他们的生活圈子还是会本能地拒绝中国人的融入。这种情形一直到20多年后在京师同文馆仍是如此。另一个朋友圈子是江浙一带寄寓在上海的诗人、画家等文人墨客、社会名流，如姚燮、胡公寿、周腾虎、龚孝拱、郭友松、黄燮清、张鸿卓、江弢叔、杨醒逋、张熊等。他们几乎天天在一起吟诗作赋、饮酒作乐、征逐声色，完全是传统文人的那一套。即使是墨海书馆里的中国同事，如王韬、管嗣复、蒋敦复等，形成他们同气相投的，也因为是文人而不是因为同事。李善兰这两个朋友圈子的形成及其相互间的关系，是很值得回味的。

李善兰似乎是一个把工作和生活截然分开的人。他在墨海书馆的七八年间，翻译了七八本西方科学著作，领域涉及数学、物理学、天文学、植物学等，他甚至还翻译过一本《照影法》，每一本都是精品力作，此外还出版了《火器真诀》一书，工作之紧张可想而知。然而，从墨海书馆出来回到大境杰阁，他又变得放浪形骸，似乎成了一个“才子狂生”。他与王韬、蒋敦复经常“同至酒楼轰饮”[①]，

---

① 〔清〕王韬：《淞滨琐话》，重庆出版社2005年版，第99页。

“以诗酒徜徉于海上，时人目为三异民”[①]。

“异民”之“异”，从下面这个故事中可见一斑。有一次姚燮作了一幅《忏绮图》。这是他的名作之一，描绘的是在家中的生活情景。画中姚燮端坐于蒲团上，怡然微笑若有所悟。身边侍姬环绕，或解书囊，或铺帛纸，或轻声对语，或倚树观望，或正结伴赶来，神态各异，栩栩如生。空中一轮明月，夜色如水，桃林烟弥雾漫，竹林枝叶萧萧，构成一幅清逸出尘的画面。姚燮画成后，十分得意，邀请朋友同赏，其中便有李善兰、王韬、胡公寿等人。姚燮请胡公寿为《忏绮图》题诗。胡公寿作画是行家，但作诗未必在行，思之良久，感觉无法措辞，就请李善兰代作。李善兰说，代作可以，但必须让蔡韵卿为我捧砚。蔡韵卿是上海名妓，以“工弈道”出名，与陈玉卿、张若涛人称“青楼三姝”，为胡公寿所悦，轻易不让她与人相见，但这次为了让李善兰代诗，只得答应。李善兰就先与蔡韵卿下了一局围棋，弈罢，又让蔡韵卿捧来冰桃雪藕，说是“聊以涤诗肠也”。蔡韵卿为李善兰磨墨铺纸，说：“请偿诗债。”李善兰于是一挥而就，题了两首七绝。诗曰：“难了茫茫兰絮因，剧怜清净儿女身。尽教红粉归香界，大向花丛展法轮。”“忏绮何如不忏便，绮情深处即真禅。阿难不入摩登席，那得楞严第一篇。”

诗人、画家、名妓，这可谓是典型的文人娱乐。“忏绮何如不忏便，绮情深处即真禅。”说是悟禅也罢，说是自嘲也罢，李善兰此语，正是其此时心理的真实写照。

像这样的场景，可说是此时李善兰生活中的日常。在王韬的《瀛壖杂记》（收入王韬咸丰二年六月到咸丰十年的日记）中，随处可见这样的记载：

> （咸丰二年六月七日）夏日薄暮，予偕壬叔散步城闉，见垂杨影里斜露双扉，有一女子亭亭玉立，淡妆素抹，神韵不可一世。旁侍小婢，年齿稍长，见余至即掩扉而入。板桥一曲，竹篱四围，无从觅其踪迹。于麂眼中

---

① 〔清〕黄式权：《淞南梦影录》，见《沪游杂记、淞南梦影录、沪游梦影》，上海古籍出版社1989年版，第130页。

窥之，只见罗裙窣地，隐约可辨而已。予戏效表圣诗品，口占四句以纪其事曰："清飙飒至，晚蝉微鸣；美人一笑，小桥前横。"壬叔闻之，亟称其妙。

（咸丰二年六月十四日）薄暮，遍唔正参小集茶寮，蔼堂、长卿、子卿咸在，闲话良久。顷之圆月已上，色甚皎洁。同正参至大境往访壬叔，与之剧谈。壬叔徘徊月下，曰："万里无云，上下一色，如此良夜，何以消遣？"予曰："有此明月，对此良景，绝无杯酒，其何以堪？"壬叔大笑。乃命小童沽酒对酌，出诗文与正参阅之。

（咸丰二年六月二十三日）薄暮，至大境阁赴壬叔宴，同席钱石叶、胡小桥、春帆鍊师以及筱峰、约轩、循甫，异馔佳肴，胪列几案。壬叔饮甚豪，期作酒国之王，春帆鍊师已颓然醉矣！是日立秋，筱峰为作《贺新凉》一阕以纪其事。壬叔于梦中得句云："落花湖畔曾经过，经过何人问落花。"

（咸丰二年七月十四日）既夕，以酒券取醇醪一石，薄具祭肉祀品数簋，招诸友小饮于西窗。期而不至者，蔼堂、梅苑，不速自来者，杏圃一人。萤烛已剪，宾朋未集，乃折简召壬叔至，以破寂寞。壬叔将至西泠，即借此筵以为祖饯。是夕正参辩论锋起，壬叔、长卿与之力争，余亦抵掌和之。旁人见之尽诧为迂，而此中人不自觉也。

（咸丰二年十二月十三日）裳卿来舍，至四牌访壬叔，约轩、小坡出"乞诗图"，与余阅之。顷之，蒋剑人亦至，共诣黄垆轰饮，座中联句多不成篇：著屐踏残雪，买醉黄公垆。相逢酒贤圣，载庚诗唐虞。时清束高阁，吾辈犹江湖。岁暮归未得，痛哭聊狂呼。联至此，兴尽不能再属。乃往蔬馆中啖饭。剑人期嗜片芥，即至勾栏院中。

（咸丰八年九月九日）重阳，晴，是日购螯一篓，小如蟛蜞。夜间沽烧春一卮，特邀壬叔、小异，持螯为乐，聊应佳节。

（咸丰九年四月十五日）薄暮，同壬叔往访公寿，与之纵谈书画，约往酒楼小饮，所煮鲥鱼极肥美。酒罢饭饱，同公寿供养烟云，亦是一乐。[①]

呼朋唤友，诗酒流连。奇文共欣赏，艳迹同寻访，吟诗、作画，互相间开一些“谑而不虐”的玩笑甚至恶作剧，喝酒是“轰饮”，聊天是“剧谈”，辩论是“力争”，李善兰的生活似乎总是很热闹。他一回到朋友中间，就不再是一个严谨的学者，倒像是一个放浪形骸的狂生了。

有意思的是，这时期的李善兰还经常和王韬等一班文人朋友一起“访艳”。王韬说：“沪城青楼之盛，不输扬州。二分明月，十里珠帘，舞榭歌台，连甍接栋。每重城向夕，虹桥左侧曲巷中，灯火辉耀，笙歌沸腾，无不争妍取怜，弄姿逞媚，门外钿车骈溢，飞尘散香。裙屐少年，洋舶大贾，辄坠鞭留宴。……酒地花天，别一世界，女闾成市，脂夜为妖，风俗淫靡，可谓极矣。”[②]在当时的社会环境中，李善兰和他的朋友们一起访艳，都认为是无伤大雅，所以，王韬在日记中多次津津乐道地记载了他与李善兰一起冶游的经过。

（咸丰八年十月八日）饭罢，与次公、壬叔往诣新关，访孙澄之……乃迂道往清桂堂，忽晤邱谦六亦来，同登楼上，见金珠校书，颇可人意。……复往双庆堂访艳，有爱卿校书，容虽中人，而谈吐诙谐，妙解人意，亦颇不俗。壬叔遂与定情，缠绵久之而别。

在晚清时的上海，校书一般是指书寓、长三这两类高级妓女，她们往往“工吟咏，擅书画”，身边都有着一个或几个文人朋友，如上面讲到的蔡韵卿之于胡公寿，还有像胡宝儿之于王韬等，而李善兰，则与一名叫“薛银涛”的

① 〔清〕王韬：《王韬日记》，中华书局2015年版，第22、24、27、31、58、191、295页。

② 〔清〕王韬：《瀛壖杂志》，上海古籍出版社1989年版，第11页。

相好。

王韬在日记中多次记述李善兰访艳之事：

（咸丰十年三月八日）暮，壬叔来，同入城中访艳，得见桂馥校书。洁白肥泽，不殊顾大肉屏风也。鸨母供片芥，坐良久，乃与壬叔别去。

（咸丰十年二月十二日）薄暮，壬叔来，同入城往游北里。有薛银涛者，眉目娟秀，丰致苗条，为此中翘楚。壬叔极所属意。两情方浓，殆溺不肯出矣。

（咸丰十年三月二十五日）酒罢，同梅坞访艳，迄无所遇。闻壬叔在褚桂生家，即乘兴闯入。桂生为吴门名妓，艳噪一时。兹年大色衰，而俊骨珊珊，尚可为此中翘楚也。所蓄雏鬟二三，善解人意。薛银涛亦在，壬叔左拥右抱，意颇得。甚恐一入迷香洞中，不能复出，待至金尽裘敝，浩然思归，则晚矣。

（咸丰十年闰三月六日）薄暮，入城访壬叔，不值，至褚桂生校书家访得之。同往薛银涛小舍，银烛乍燃，鸨母前请肴馔，设宴于外舍，斗室精洁，卮馔皆有序。①

在咸丰十年（1860）三月八日至闰三月六日的短短个把月里，在日记中就记下了四次。而在此期间，王韬在日记中还记下了与李善兰以外的朋友的多次冶游经历，可想而知，李善兰单独或与王韬以外的其他朋友一道访艳的应该也还有。名士龚孝拱是龚自珍之子，也以纵情声色出名。咸丰十年，他看到王韬自著的一册《海陬冶游录》，这是王韬描绘上海青楼的冶游笔记，就问王韬："今日可能按图索骥否？"王韬半是炫耀半是辛酸地说："自逾乱离之后，风流云

①〔清〕王韬：《王韬日记》，中华书局2015年版，第212、329、333、336、338页。

散，芳讯顿杳，此编只可当作白头宫人谈开宝繁华耳。”访艳而竟至编出一书，当年王韬等人冶游之频，可见一斑。

李善兰和一帮朋友在访艳时，还糊里糊涂地惹上了一场无妄之灾。一个冬天的晚上，李善兰、王韬、蒋敦复、雷葆廉等一起“联诗击节，饮酒高歌”，然后醉醺醺地同至勾栏院中。兴致正浓时，有一妓女对蒋敦复出言不逊，蒋敦复“怒而出”，一口气无处发泄，借着酒劲，把别的客人轿子上的玻璃打破了。在那个时候，玻璃还是很稀罕的东西，这也算是“治安事件”了。众人趁着酒意，一哄而走，李善兰走在最后，被妓院里的人抓住了。众人等了一宿，也不见他回来。到县衙里去打听消息，也是没有着落。一直到第二天午后，李善兰才被释而归，身上的羊裘、头上的帽子都被剥去了，披头散发，十分狼狈。后来大家请在官府的朋友帮忙，这事才算了结。李善兰在上海时生活之放浪，于此可见。

浪迹叹飘零

李善兰虽然放浪不羁，却倘就此认为他是一醉生梦死之辈，则未免皮相。事实上，在狂放的生活中，李善兰也时刻在关注着时局，内心渴望着能有一用武之地，为国家的中兴出力。

鸦片战争后的清王朝，内忧外患日益严重。一面是英美列强咄咄逼人，倚仗炮利船坚，一步步想把中国变成殖民地。一面是太平天国起义声势浩大，席卷了大半个中国，内乱不已。上海是五口通商的城市之一，李善兰又身处于外国租界内，而同时，上海又是太平军与清军交战的前沿。李善兰在墨海书馆期间，太平军在江浙沪一带连年大战，咸丰三年（1853），刘丽川领导的小刀会更是在上海起事，抓获了上海道台吴健彰。可以说，李善兰对于内忧外患有着最切身也最感性的认识。因而，朋友之间聚会，他们经常热烈讨论，发表对时局的意见，抨击社会弊端。在《王韬日记》中，多次记载李善兰与朋友之间“剧谈”“雄辩”：

雷约轩葆廉、李壬叔善兰、陈循父来访。同至茶寮，登楼啜茗，剧谈竟日。

午后同壬叔至玉泉轩啜茗，纵谭天下大计。

往访壬叔不值，夜饭后再遄大境与壬叔剧谈。

薄暮，偕壬叔至玉泉轩啜茗，剧谈轶事。

午后，往福泉城，往茶寮小啜，得见次公、近泉、小异、壬叔皆在，纵谈一切。

夜，煮酒翦灯，与壬叔纵谈一切，宵深始睡。

既夕，同莲溪、壬叔、昼三至馨美楼啖牛脯。高谈雄辩，四座皆惊。

“剧谈”的具体内容虽没有记载，但从“纵谭天下大计”“纵谈一切”“四座皆惊”等推测，不外是评时事、斥当局、发牢骚、言志向之类，而谈论得最多的，是列强对中国的入侵和太平天国起义。如一次李善兰的一位朋友来信劝李善兰应试，信中谈及“跳梁小寇事”（当是指太平军），深可扼腕。李善兰与王韬一边喝酒一边剧谈，“酒酣耳热之余，徒呼负负”。咸丰三年（1853）三月九日，李善兰与王韬喝茶时，深为国事担忧，两人议论来议论去，竟认为“天下之坏，始于林少穆（林则徐）焚烟之举”。因为虎门销烟，“启衅边疆，而又不能临事决断，奋翦逆氛，以安海内。迨乎王师败绩，舆尸启羞，而天下始知中国之无人，外邦亦窥朝廷之虚弱。此粤西贼匪所以阴蓄异谋，肆然无忌也”。把外侮与内乱的起因推到了林则徐禁烟上。这实际上也是当时士大夫阶层对时局的一种看法，其观点当然是不正确的，但可知李善兰一直在思考中国失败落后的原因。

李善兰也仇视太平天国。李善兰出身于士大夫家庭，从小受到的是“君君臣臣”、忠于朝廷的正统教育，把太平天国视为“反贼”，这是可以理解的。同时，李善兰在嘉兴、上海之际，正是太平天国如火如荼之时。咸丰三年（1853）太平军占领南京后，对浙江、江苏、上海一带影响强烈，几年中社会激烈动荡，曾国藩的湘军在江苏、上海一带与太平军反复较量，战火连天，生灵涂炭，百姓流离失所，民不聊生，有的地区“男女逃避，烟火断绝”。对经济社会造成了极大的破坏，李善兰目睹这一切，自然而然地把这一切归之于太平天国之乱。而太平天国不少错误的做法，如战败逃跑途中的烧杀抢掠，如反对儒家伦理，“诗书典籍，扫地荡尽”，使知识分子闻风而逃，这是在租界里学习西方科学技术的李善兰所不能接受的。李善兰的一些朋友，如徐有壬、张福僖、韩应陛、顾观光等，或直接或间接地死于太平军起义，则更加深了李善兰对太平天国的敌对情绪。有一件事颇可说明问题，《荡寇志》刚刚刻印，李善兰就想方设法找到一部，放在家里。《荡寇志》又名《结水浒》，是一部宣扬镇压农民起义的小说，于咸丰三年初版，为《荡寇志》作序的正是李善兰的老师陈奂。咸丰三年，太平军攻下南京，清政府官员们逃至苏州，竟把《荡寇志》雕版版片也带去，在苏州大量印行。李善兰爱看这本政治意义明显的小说，其立场是很清楚的。王韬在向李善兰借阅此书时就说：“《荡寇志》，暗指今杨秀清而言。”

咸丰三年（1853）太平军攻克南京时，在南京寓居的著名画家、官员汤贻汾（字若仪，号雨生），带着全家投荷池以殉国。李善兰在上海听说汤贻汾之死，十分悲伤，当场就写了一首诗以挽之：

欃枪扫空乾坤黑，猰貐百万饮人血。

炮车般城飞霹雳，熊罴惊窜鸾皇泣。（自注：贼令居民男女异居，虽夫妇不得见。）

将军披发见列祖，手握丹心照天赤。

爱妾骄儿含笑随，肌肤琼瑛肝肠铁。

天廷一哭银河翻，倾向人间妖氛熄。[①]

这个时期的李善兰，有了在墨海书馆里固定的工作，应该是衣食无忧了。从他与朋友之间诗酒流连、纵情声色看，好像日子过得还挺潇洒。事实上，李善兰的生活是较为窘迫的。李善兰几年中刻印了七八本译作，这非但没有稿酬一说，而且刊印时还得求人资助，他多次奔走于松江、南汇等地，向热心于西学传播的富绅求助。李善兰这时期的生活，完全是旧式文人的做派，名声不小，成就不小，牢骚更是不小。天天除了翻译写作，就是一帮文人朋友浪迹于酒肆、妓院，动不动就使酒骂座，抨击当局。上午还跟某大员平辈论交谈笑风生，下午就得找朋友借钱买醉，似乎是风光无限，却又是穷得可怜。

李善兰的经济状况似乎从来就没好过。他到墨海书馆的目的之一，就是要摆脱潦倒的困境。事实上，当时来墨海书馆的中国士子，都可说走投无路才出此“下策”的。比如王韬，道光二十九年（1849）江南水灾，王韬的父亲又因病逝世，家境难以维持，一时又找不到合适的出路。想起上一年在墨海书馆参观时，麦都思对他的才能十分欣赏，就来墨海书馆做了麦都思的中文助手。管嗣复是江苏南京人，咸丰三年（1853）太平军攻克南京，他从俘虏队伍中伺机逃出，后被艾约瑟带到墨海书馆。蒋敦复是江苏宝山人，秀才出身，五赴省试不售。太平军起，相传他曾上策东王杨秀清，不用。转而又多次向朝廷献策，又不用，不得已，来到墨海书馆翻译西书为生。可见他们之所以来墨海书馆，都不同程度地有点无可奈何的意思。

平心而论，在墨海书馆中工作，待遇也不见得很差，但李善兰等总是在说穷。这里有文人喜欢哭穷的习性，也是相当部分的事实。此外，李善兰是家里的长子，父亲死后，家庭的重担就落到了他的身上，家计负担重，这是一。李善兰几乎天天要和一帮朋友喝酒、饮茶、冶游，开销也很大，这是二。更重要的是，李善兰是第一流的数学家，在学术界有着相当高的地位和名声。像中国

① 〔清〕李善兰：《题汤雨生将军绝命词后》，《听雪轩诗存》，海宁市政协、文史资料委员会1991年编印，第6页。

大多数文人一样，潜意识里总以为自己有着经天纬地之才，一有机会便可治国平天下的。以李善兰的自负，墨海书馆只以翻译西书的薪水来雇用他，无论如何是感到委屈的。

李善兰此时生活的窘迫，这可从跟他状况相同的王韬来参照。咸丰八年（1858）年底，王韬曾两次写信向上海道台吴健彰求助。先是送上西书六种和他自己的一本著作，"以书换羊"。此后又致一信，说时到年底，"酌邻款客，非空厨之可延；折券偿逋，必障簏之始举"，并隐约透露出如不满足，"有挟与求"。但吴健彰对王韬这位大名士并不大买账，"书去，仍得杳然。要求无术，竿牍徒劳"。王韬不免有点恼羞成怒，一面大骂吴健彰，"沪人憾之次骨，将来邑志中载其秽迹，定不曲笔相宥"。一面却又反省自己"贬节以谋利，吾诚过矣"。可见确是无可奈何之下才想到要打秋风的。总算到了年关，一个郁姓朋友送来六枚吕宋银饼，"以为卒岁之需"，王韬以此买了一些鸡鱼肉脯，感慨地说："可以度残腊矣。"[①]可见生计真成问题。李善兰当时住在大境杰阁，想搬到城内跟王韬做邻居。但两人看了好几处屋子，不是低湿逼仄、幽暗古旧不合心意，就是索价昂贵无法承受，"贫士力不能赁"，最后只好不了了之，"卜居之举，竟踌躇未敢决也"。连好一点的房子都租不起，李善兰之贫寒可想而知。但李善兰穷归穷，对朋友仍很慷慨，遇到有比他更穷的文人朋友找上门来，他总是尽其所能以救燃眉之急。周白山，字双庚，号四雪，余姚人，是姚燮的弟子。他的文章"光怪陆离，沉郁顿挫，别创一格"，所作古诗，"直抉韩孟之精"。后来"卖文来沪，迄无所遇"，穷困潦倒之下"丐食沪滨"，在街上摆摊卖卦。李善兰一次与王韬"偶与之谈，叹为异才"，与王韬一起"招之下榻城外，供其饮食，得以昕夕聚首"，并介绍给墨海书馆的慕维廉做助手。但周白山做了一个多月就不做了，李善兰和王韬就"赠以资斧，令作归计"[②]。

身为中国的知识分子，而为外国人做事，这在当时是为社会所不屑甚至所

① 〔清〕王韬：《王韬日记》，中华书局2015年版，第243页。

② 〔清〕王韬：《王韬日记》，中华书局2015年版，第175页。

排斥的，“佣书觅食”，“遭人姗笑丑诋”，这也使李善兰感到压抑和愤懑。王韬在他30岁生日时就说：“堕地以来，寒暑三十易。精神渐耗，志气渐颓，而学问无所成，事业无所就。徒跼天蹐地于西人之舍，仰其鼻息，真堪愧死，思之可为一大哭。”[①]到了“愧死”“大哭”的地步，虽不免夸张，但仰人鼻息之感终究是难受的。当时的墨海书馆，规定中国职员也要和外国人一起参与做礼拜等活动。中国职员如果是住在外国人的机构内，“不能祭神祀先，并送灶禳鬼诸俗例亦无之”，这是传统士大夫所难以接受的。王韬说他自己，“饮食耆欲，固不相通，动作语言，尤所当慎。每日辨色以兴，竟晷而散，几于劳同负贩，贱等赁舂”。这样的牢骚或有其事实依据，但更主要还是心里的感受。这种压抑郁结胸中，所以李善兰要在“新凉之夕，珠露既零，桂月如昼”之时，在大境杰阁“凭栏长啸，林籁振荡，行云不流”，所谓“此皆不得志于时，聊一发声以宣郁积耳”。[②]

咸丰八年（1858）十月十二日，孙次公从嘉兴来到上海，约了李善兰和王韬、秦次游、李静宣（名涵，字静宣，嘉兴监生，工诗）等人在挹清楼喝茶。剧谈之际，李静宣口吟一诗，抒发其“颇有感慨无聊、侘傺不平之概”：“何时江上息干戈，空向秋风唤奈何。绮岁自伤为客早，穷途转觉受恩多。飘零身世哀鸿似，迅速光阴野马过。来日大难悉不寐，挑灯试咏五噫歌。”“五噫歌”是汉梁鸿所作，全诗仅五句：“陟彼北芒兮，噫！顾瞻帝京兮，噫！宫阙崔巍兮，噫！民之劬劳兮，噫！辽辽未央兮，噫！”乃是一首讽刺时政之作。李善兰为李静宣的诗所触动，说自己也有一首诗，跟李静宣此诗相仿佛，于是在茶楼上朗声吟道：

海上干戈感乍停，当筵重话泪星星。
酒杯欲吸寒潮尽，诗句犹余战血腥。
合座名山夸著述，有人浪迹叹飘零。

---

①〔清〕王韬：《王韬日记》，中华书局2015年版，第202页。

②〔清〕王韬：《瀛壖杂志》，上海古籍出版社1989年版，第77页。

明朝风顺扬帆去，回首云山几点青。[①]

“合座名山夸著述，有人浪迹叹飘零。”自负中有自怜，牢骚中有自嘲，正是李善兰这一时期心情之写照。

① 〔清〕李善兰：《海上》，《听雪轩诗存》，第58页。

第四章　墨海译事

西译中述之模式

李善兰到了墨海书馆后，其在数学上的精深造诣得到了麦都思、伟烈亚力等人的赞赏。墨海书馆的译书工作十分紧张，正如李善兰所说，是“朝译《几何》，暮译《重学》”。从咸丰二年（1852）到咸丰九年（1859），李善兰在短短几年时间里，分别与伟烈亚力、艾约瑟、韦廉臣、傅兰雅等合译了《几何原本》后9卷、《代数学》13卷、《代微积拾级》18卷、《谈天》18卷、《重学》20卷附《圆锥曲线说》3卷、《植物学》8卷、《奈端数理》（未完成）、《照影法》（已佚）等，成果极为丰硕。

翻译外国的科技书籍，早在明代的第一次西学东渐高潮中，就有人进行过这方面的工作了，最著名的是利玛窦与徐光启合译的《几何原本》前6卷，但总体上来说，明代翻译外国科技图书的种类还很少，并未形成潮流。并且从那时到晚清的第二次西学东渐高潮，中间隔了200多年，不少翻译过来的外国科学技术书籍，也没有得到完好的保存。在19世纪初，传教士在南洋、广州、宁波等地所出的西书中，间或也有一些涉及自然科学，如道光二十九年（1849）合信（Benjamin Hobson）在广州出版的《天文略论》，同年哈巴安德（Andrew Patton Happer）在宁波出版的《天文问答》，虽没有署中国“笔受”者的名字，应该有中国文人参与其中。但这些零星的翻译还不足以形成气候。从这个意义上完全可以说，在中国历史上，比较全面、系统地翻译和刊印、传播外国科技知识，李善兰是第一人。

李善兰从小接受的是中国的传统教育，不可能学习英语。一个对外语一窍不通的人竟来翻译科技著作，在今天看来是不可思议的事，在那个时候却是一件很正常的事，或者说，翻译的事本来就是这样的。在晚清的大部分时间里，“西译中述”是西书中译的基本模式。

所谓“西译中述”的模式，其程序大致是这样的。先是西方学者把所要翻译的书细细研读一遍，对于书的主要内容、基本原理大致了解清楚，然后就可以与中国学者共同翻译了。翻译的时候，西方学者把书里的话，一句句用中文口译出来，中国学者则把它笔录下来。西方学者如果觉得某个地方较难表达的，就停下来，把意思详细解释一番，与中国学者斟酌怎样翻译才简明而到位。如果中国学者听不明白西方学者所说，则又停下来，由西方学者把书中的意思反复讲清楚。全书翻译完毕后，中国学者再把书稿通读一遍，改正润色，去掉硬译的痕迹，使之合乎中国人的阅读习惯。

这样的翻译，说起来简单，做起来却不容易。外国语与汉语各有固有的表达方式，有时很难恰如其分地对译，即使是精通英语如严复者，也要“一名之立，旬月踟蹰”，更何况不谙外语者。晚清时另一位西书翻译名家华蘅芳在记述他与玛高温（Daniel Jerome Macgowan）合作翻译时感慨地说：

> 惟余于西国文字未能通晓，玛君于中土之学又不甚周知，而书中名目之繁、头绪之多，其所记之事迹每离奇恍惚，迥出于寻常意计之外，而文理辞句又颠倒重复而不易明，往往观其面色、视其手势，而欲以笔墨达之，岂不难哉！①

试想，通过观察西方学者的脸部表情，看他打的手势，来理解、判断离奇恍惚、出于寻常想象之外的东西，再用文字把它准确地表达出来，真正是“岂

①〔清〕华蘅芳：《地学浅释·序》，江南制造局本。

不难哉”！

这种“西译中述”的模式，在今天看来是极为可笑也很不科学的。一个不懂外文的人，即使有外国人“口述”，但如何能保证他有无“口述”错误？如何能保证自己不理解错误？这些都很成问题。更何况，在晚清这样一个科学十分落后的国度，西方先进科学技术中的大多数术语，在现有的汉语中根本就找不到对应的词，也很难用现有的语言来表述。而且，西方科学体系中的思想、原理，不是读“四书”“五经”的士大夫所能理解的。用“夏虫不可以语冰”来比拟或许有点绝对，但晚清普通民众甚至知识分子对西方科学的隔膜确是十分的严重。在这种情形下，翻译著作的粗糙甚至词不达意就是一件无法避免的事。事实上，晚清学者就对当时的翻译提出了批评。《马氏文通》的作者、精通法文的马建忠说：“今之译者，大抵于外国之语言，或稍涉其藩篱，而其文字之微辞奥旨，与夫各国之古文词者，率茫然而未识其名称；或仅通外国文字语言，而汉文则粗陋鄙俚，未窥门径；使之从事翻译，阅者展卷未终，俗恶之气，触人欲呕。又或转请西人之稍通华语者为之口述，而旁听者乃为仿佛摹写其词中所欲表达之意，其未能达者，则又参己意而武断其间。盖通洋文者不达汉文，通汉文者又不达洋文，亦何怪夫所译之书皆驳杂迂讹，为天下识者所鄙夷而讪笑也。”①

应该说，马建忠的批评并不算太过分，在很大程度是当时翻译界的实情。但同时也要看到，中国的科技翻译毕竟要经历这么一个过程，这时期的“粗制滥造”正是“后出转精”的前提和基础。而李善兰的翻译，却是这个“粗制滥造”时期的极为少见的精品，这就是李善兰的贡献所在，这也是李善兰译作数量不多但影响极大的原因所在。

李善兰之所以在不懂外语的情况下翻译得如此精当，显然跟他及其合作者的科学素养有着很大的关系。李善兰的合作者如伟烈亚力、艾约瑟、韦廉臣等，本身就是在某一方面术业有专攻，可说是半个科学家，这就保证他们能准确地理解和把握原著。而李善兰更是当时第一流的数学家、历算家，这就使得他从

① 〔清〕马建忠：《拟设翻译书院议》，见《马建忠集》，中华书局2013年版，第92页。

合作者半生不熟的汉语口译中，迅速找到对方所要真正表达的意思，对术语的理解也极为到位、准确。

美魏茶（William Charles Milne）回忆墨海书馆当时译书的情景说：

> 我们的日常工作是：开始是读一段圣经，然后祈祷，从上午10点到下午2点半。翻译程序……是逐句逐字推敲，使每人都有机会提出他认为最满意的辞句以供选择。代表中一些成员都有自己的当地教师陪同……提供了最有价值的帮助。①

伟烈亚力在谈到他与李善兰合译续《几何原本》时说：

> 余愧谫陋，虽生长泰西，而此术未深，不敢妄为勘定。会海宁李君秋纫，来游沪垒，君固精于算学，于几何之术，心领神悟，能言其故。于是相与翻译，余口之，君笔之，删芜正伪，反复详审，使其无有疵病，则李君之力居多，余得以藉手告成而已。②

“精于算学，于几何之术，心领神悟，能言其故”，这就是李善兰比其他翻译者高出一筹的地方，否则就无法“删芜正伪，反复详审，使其无有疵病”。同时，李善兰多年吟诗作赋所训练出来的娴熟的汉语技巧，也使得所译西书更能为中国知识分子所接受。

李善兰的翻译工作具体是怎么进行的？李善兰在其译书序言中对此语焉不详，但应该和上面引用的华蘅芳、伟烈亚力的做法大同小异。至于译书一些具体的细节，我们可以从华蘅芳的一些记载中了解。华蘅芳年轻时，曾专门到墨海书馆拜访过李善兰，亲眼看到了李善兰与伟烈亚力译书的过程，并向他们请教了译书之法。因而，华蘅芳译书方法是跟李善兰一脉相承的。从华蘅芳《论

① ［英］伟烈亚力：《圣经在中国》，转引自［美］保罗·柯文《在传统与现代性之间——王韬与晚清改革》，江苏人民出版社2003年版，第23页。

② ［英］伟烈亚力：《续几何原本·序》，同治四年金陵书局刻本。

翻译算学之书》一文中的译书细节来推测李善兰的译法，“虽不中亦不远矣”。

华蘅芳和傅兰雅在译书时，“翻译之先，豫作一种工夫”，那就是列一张字母、符号、术语的中西文对照表：

> 将应译之干支、列宿、天地、人物及算学中各种名目，如弧角、八线等名列为一表，左书西文，右用华字，则阅此表者可从西文检得应用之华字，故笔述之时，凡遇图及算式，可不必一一细译其字，但于译稿之上记明某图某式，至誊清之时，可自看西法，从表间得其字，以作图上及算式中之字，所以必须如此者，因可比口中一一译出者较为便捷，且不致错误也。①

有了这张表，碰到一些口译无法说得清楚的如算式、数表等，就好办得多了。译书过程中碰到数学算式，就先画上一圈以作标记。口译的西方学者看到算式，就在原著的算式上画一圈，口里说“圈”。笔述的中国学者就口中应一声“圈”，随手在译稿上画上一个〇。算式有大有小，有长有短，口译者就相应地叫作大圈、小圈、长圈、短圈，笔述的也就画上一个个长、短、大、小的〇。如果遇到两算式相乘得一算式，或两算式相加得一算式，则口译的西方学者就说，圈乘圈得圈，或圈加圈得圈，笔述者就写作〇乘〇得〇，或〇加〇得〇。至于一长串的数目字，也是照此办理，画上一〇。如有图表，则口译者说“图”或者“表”，笔述者就在译稿上写上一个“图”字或“表”字，等到誊清时，细细按照原著，用中西文对照表把算式、数字、图表等翻译出来。

这样的做法，在今天看来近乎儿戏，但细细一想，在当时的情况下，这还真不失为多快好省的方法。

华蘅芳还特别强调了对原著的忠实，“务得原书之面目，使之惟妙惟肖”。他说：

---

①〔清〕华蘅芳：《学算笔谈》卷十二，见王扬宗编校：《近代科学在中国的传播（上）——文献与史料选编》，山东教育出版社2009年版，第323—324页。

笔述之时须将口译之字一一写出，不可少有脱漏，亦不可稍有增损改易也。至誊出清本之时，则须酌改其文理字句，然所致之字句必须与口译之意极其切当，不可因欲求古雅致，致与西书之意不合也。所译之书若能字字确切，则将华文再译西文，仍可十得八九。所以译书之人务得原书之面目，使之惟妙惟肖，而不可略参私意也。[①]

那么，如果在译书过程中发现原著有错误，能不能直接改正呢？华蘅芳认为："原书本有谬误，自己确有见解，则可作小注以明之，不可改动正文。"

李善兰在墨海书馆里的译书，大抵就是这样的一种做法。

续《几何原本》

李善兰到墨海书馆后所做的第一件事，就是与伟烈亚力合作续译世界数学名著《几何原本》。

李善兰续译《几何原本》，可说是晚清中西文化交流史上的一件大事，对近代数学的发展更有着举足轻重的作用。《几何原本》原名《原本》，是古希腊著名数学家欧几里得的杰作。《几何原本》所创造的公理化演绎方法，成功地将零散的数学理论编织成一个从基本假定到最复杂结论的严密的网络，被认为是数学书写形式与思维训练的经典著作，在欧洲各国长期作为标准的教科书。《原本》对西方思想有深刻的影响，曾被大哲学家罗素视为"古往今来最伟大的著作之一，是希腊理智最完美的纪念碑之一"，以致有人认为，在西方文明的所有典籍中，只有《圣经》才能够与《原本》相媲美。

《几何原本》的基本结构是选取少量原始概念和不需证明的几何命题，作为定义、公理和公设，使之成为全部几何学的出发点和逻辑依据，然后运用逻辑推理证明其余的命题，从而得到一系列的几何定理。《几何原本》共13卷。第1

① 〔清〕华蘅芳：《学算笔谈》卷十二，见王扬宗编校：《近代科学在中国的传播（上）——文献与史料选编》，山东教育出版社2009年版，第323—324页。

卷讨论关于直线和由直线构成的平面图形的几何学；第2卷建立了代数恒等式；第3、4卷讨论圆的性质、某些圆内接和圆外切的直线图形等圆的几何学；第5、6卷是比例论及关于比例的一般理论在平面图形中的应用；第7、8、9卷讨论算术（数论）以及连比例；第10卷讨论无理数；第11至13卷专门讨论立体几何。

《几何原本》在明万历三十五年（1607）被引入中国，它是由著名科学家徐光启和意大利传教士利玛窦合作翻译的第一本西方数学著作。16世纪末，利玛窦来到中国传教，为了取得朝廷和知识分子的信任，他还带来了一些科学书籍，其中就有他在罗马学院学习用的课本《几何原本》。它是由利玛窦的老师、当时欧洲著名的数学家克拉维乌斯（Christoph Clavius）神父根据欧几里得的《几何原本》整理编纂的。本来欧几里得的《几何原本》为13卷，克拉维乌斯神父在后面又增添了两卷注释，这样总共15卷。从万历三十四年秋天开始，徐光启与利玛窦在北京开始合作翻译《原本》。徐光启请利玛窦“口授，自以笔受焉，反复展转，求合本书之意，以中夏之文，重复订政，凡三易稿”，终于在万历三十五年春，译出了《原本》的前6卷，并在北京刊印。徐、利的译作，把《原本》定名为《几何原本》。“几何”的原文是“geometria”，徐光启和利玛窦在翻译时，取“geo”的音为“几何”，而“几何”二字又是中文的固有词汇，意为“衡量大小”的意思，用“几何”译“geometria”，可谓音义兼顾。

《几何原本》是我国第一部自拉丁文译来的数学著作。梁启超在《中国近三百年学术史》中誉为“字字精金美玉，是千古不朽之作”。《几何原本》问世后，对数学发展产生了极大的影响。在《几何原本》中，徐光启和利玛窦创造了许多数学概念，如点、线、面、平面、曲线、曲面、直角、钝角、锐角、垂线、平行线、对角线、三角形、四边形、多边形、圆、圆心、平边三角形（等边三角形）、斜方形（菱形）、相似、外切等，许多译名都十分恰当，不但在我国一直沿用至今，并且还影响了日本、朝鲜各国。更重要的是，《几何原本》一改我国古代数学书籍编写方式，引入了公理化的数学理论结构，形成了一个严密的演绎体系，给了人们一套科学的思想和方法，而这正是我国传统数学所缺乏的。因而，《几何原本》所体现出来的那种逻辑推理的说服力和科学结构的严谨性，直接影响了一大批学者。正如梁启超所言：“自明之末叶，利玛窦等输入当时所谓西学者于中国，而学问研究方法上，生一种外来的变化，其初惟治天算者宗之，后则渐应用于他学。”①

前6卷翻译完成之后，徐光启曾要求继续翻译，将后面的9卷也翻译出来，但利玛窦不同意，说“请先传此，使同志者习之，果以为用也，而后徐计其余”。利玛窦拒绝的原因，有多种说法。或说是利玛窦根本不想翻译，其根本的目的是在中国传教而非科学传播，翻译完了前6卷，便已感到没必要再继续下去了。或说是后面的9卷涉及立体几何和数论等知识，利玛窦不懂立体几何，知难而退。或说是利玛窦想停一下，先看看出版之后的效果如何，然后再翻译后面的。或说是因徐光启丧父，急着回去料理家事，就耽搁下来了。但《几何原本》没有完整地翻译过来，无论如何都是件很遗憾的事，徐光启本人也在《几何原本》的跋中急切地说：

> 续成大业，未知何日？未知何人？书以俟焉。

这一“俟”，就是250年。在徐光启、利玛窦合译《几何原本》前6卷之后，不断有学者对《几何原本》进行整理、研究，但都没有人对后9卷进行翻译，一直到咸丰二年（1852）的李善兰。

李善兰与《几何原本》有着不解之缘。他15岁就开始研读《几何原本》前6卷，“通其义”，“时有心得”。《几何原本》对李善兰的影响是深刻而深远的，这不仅表现在他的数学思想上，如他的解析几何和微积分的思想，应该是受到了《几何原本》的启发。这也表现在他的著作方式上，就是逻辑演绎体系的推进。在他翻译《几何原本》前的数学著作中，就明显地打上了《几何原本》的印记，尽管可能他自己都没有意识到。例如在他的数学代表作《方圆阐幽》中，先列出“尖锥术”的基本理论即十条“当知”，这十条“当知”就相当于《几何原本》中的公理，在此十条“当知”下，应用尖锥术解决各种数学问题。这样

① 〔清〕梁启超：《清代学术概论》，《梁启超全集》（第10集），中国人民大学出版社2018年版，第235页。

的先罗列公理和基本命题，从而推出新的结论，这种逻辑演绎的体系，在当时的数学著作中并不常见，这显然是从《几何原本》中来的。

《几何原本》对李善兰的影响是如此之深，以致他深为徐光启、利玛窦未尽译全书而遗憾。他常常揣想，后9卷必定是更为精微，但“欲见而不可得”，非常渴望有朝一日“好事者”从海外带回来并翻译出来，如他所说的：“中国天算家愿见全书久矣。”他当时可能没有想到，几十年后，他自己就成了这个“好事者”。

李善兰在墨海书馆的合作者伟烈亚力，也是个对《几何原本》很感兴趣的学者，他在中学时就学过《几何原本》，印象很深，因而对《几何原本》没有中文全译本也十分遗憾，说：“学问之道，天下公器，奚可秘而不宣？”到中国后，他一直有意要续译《几何原本》，这一方面是“继利氏之志”，消除200多年来学者的遗憾。同时，也有意通过后9卷的翻译，达成中国人和西方人的沟通，有利于传教事业之发展，因而他特意从英国买来了从拉丁文译成英文的15卷本《几何原本》。但伟烈亚力在数学方面的造诣并不十分精深，他需要一位精通数学、熟悉《几何原本》的中国学者来合作，而李善兰正是这样一个最为合适的人选。于是两人一拍即合，李善兰来到墨海书馆后不久，咸丰二年（1852）的六月上旬，就开始了续译《几何原本》的工作。

李善兰对于自己能担当续译《几何原本》这样的历史重任，十分感慨。他认识到这不仅是一本学术著作的翻译，更体现了西学东渐的时代潮流。他在续译《几何原本》序中写道：“道光壬寅，国家许息兵，与泰西各国定约，此后西士愿习中国经史、中士愿习西国天文算法者听，闻之心窃喜。”又说：“非国家推恩，中外一视同仁，则惧于禁纲不敢译……后之读者勿以是书全本入中国为等闲事也。”能够翻译此书，“其欣喜当何如耶……实千载一时难得之会”。这真切地反映了李善兰对近代科学的渴求，反映了《几何原本》在李善兰心目中至高无上的地位。200多年前徐光启、利玛窦合译的《几何原本》后，掀起了一股西学东渐的热潮，但随着雍正之后的文化专制政策，闭关锁国长达100多年。“京师诸君即素号为通人者，无不望之反走，否则掩卷而不谈，或谈之亦茫然而不得其解。”[①]一直到鸦片战争后，清王朝才在洋枪洋炮下被迫打开国门，开始了西学东渐的第二次高潮。其间的曲折，正显示了中国知识分子向西方寻求科学和真理的艰难历程。《几何原本》得以续译，真非“等闲事”也。李善兰翻译此书时的心境，肯定是十分复杂的吧。

续译《几何原本》所用的底本，据伟烈亚力说：“顾我西国此书，外间所习或六卷或八卷，俱非足本，自来海上，留心搜访，实鲜完善，仍购之故乡，始得是本，乃依希腊本翻我国语者。我国近未重刊，此为旧版。”据学者考证，伟烈亚力这里所说的“旧版”，极有可能是英国17世纪数学家、牛顿的业师伊萨克·巴罗（Isaac Barrow）的英译本*Euclid's Elements: The Whole Fifteen Books*。巴罗精通希腊文，他于1655年先从希腊文译成拉丁文，又于1660年译成英文，此书在英国较有影响，直到1751年还被再版。[②]

李善兰与伟烈亚力合译的方式，是当时流行的一人口译一人笔述。由于英文旧版“校勘未精，语伪字误，毫厘千里，所失非轻”，同时“各国言语文字不同，传录译述，既难免差错”，因而译书的进度并不快，每天只译一题。《几何原本》的后9卷涉及数论、立体几何等方面的问题，非专家不能准确理解和传达，加上底本又非校勘精良的善本，因此，李善兰笔受的过程，实际上是一次对底本的整理和加工。他自己也说“当笔受时，辄以意匡补”。又说：“异日西士欲求是书善本，当反访诸中国矣。”有一个细节可说明李善兰在“匡补”上的用力之巨。王韬在日记中记载，李善兰曾请他给上海藏书家郁泰峰（名松年，字万枝，号泰峰）写一信，他拿着这信去找郁泰峰，求借其所刊刻的《九章算术》《数学九章》两书。王韬在信中说，这两书“搜奇采轶，集秘罗珍，继《周髀》之古经，采泰西之巧法，诚足以绍述绝学矣”。李善兰“见译《几何原

① 〔清〕李子金：《数学钥》序，转引自刘钝《从徐光启到李善兰——以〈几何原本〉之完璧透视明清文化》，《自然辩证法通讯》1989年第3期，第55页。

② 梅荣照、王渝生、刘钝：《欧几里得〈原本〉的传入和对我国明清数学的影响》，《明清数学史论文集》，江苏教育出版社1990年版，第59页。又学者徐义保认为1570年出版的比林斯利的英译本*The Elements*是李、伟译本的底本，此书的主要来源是1558年拉丁文版本*Euclidis Megarensis Mathmatici Clarissimi Elementorum Geometricorum Libri XV*，参见Yibao Xu，“The First Chinese Translation of the Last Nine Books of Euclid's Elements and Its Source”，*Historia Mathematica*，2005（4）。

本》……急欲得此二书一览，吾丈处倘有零印本，祈以见赐”[1]。

李善兰这里所说的“匡补”，除了修订、补正，更值得注意的是他在《几何原本》原著上所加的“按语”。在“按语”中，他对《几何原本》作了一些补充、阐述和发挥，这些“按语”，据学者统计，共有近20条。如在卷10第117题“凡正方形之边，与对角线无等”（“等”指最大公约数，“无等”即无公度）下，李善兰按曰：

> 凡求得无等二线，如甲乙，必得其外无等诸面。如以丙线为甲乙连比例中率，则甲与乙比若甲丙线上二相似等势形比，形无论或方，或矩形，或以二线为径而作圆，凡两圆相比，如径线上二正方相比，故求得无等二线，必可得无等诸面。

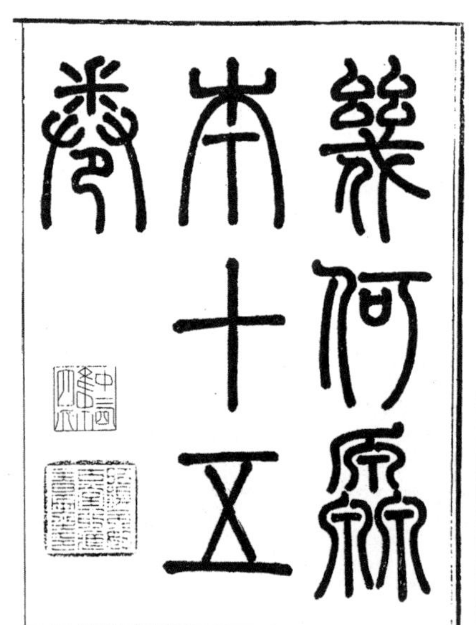

《几何原本》书影

研究者认为，在这条按语中，李善兰把无公度的线段推广到无公度的面积进行讨论，这种涉及无理数的问题在中国数学史上还是第一次。[2]

续译《几何原本》的进展不快，还有一个很重要的原因，是在译此书的同时，李善兰还与艾约瑟译《重学》，所谓“朝译《几何》，暮译《重学》”。更由于太平军与清军在上海一带打仗，李善兰数次避兵，中间还参加过一次科举考试，因此译译停停，“屡作屡辍，凡四历寒暑，始卒业”，一直到咸丰六年（1856）才告成功。译完之后，李善兰又请他的挚友顾观光、

① 〔清〕王韬：《与郁丈泰峰》，见《弢园尺牍》，中华书局1959年版，第15页。

② 梅荣照、王渝生、刘钝：《欧几里得〈原本〉的传入和对我国明清数学的影响》，《明清数学史论文集》，江苏教育出版社1990年版，第77页。

张文虎任校复，细细核校，这样，直到咸丰八年（1858）[①]，才由其朋友松江人韩应陛出资木刻印行。这样，经过整整250年，《几何原本》才算有了第一个完整的中译本。

然而好事多磨。《续几何原本》初刊之时，太平军与清军在苏沪激战正酣，松江首当其冲，续译《几何原本》没刊刻多少，雕版就毁于兵火[②]，存世者极少。几年之后，李善兰在金陵面见两江总督曾国藩，极言此书学术价值，谓"此算学家不可少之书，失今不刻，行复绝矣"，曾国藩于同治四年（1865）取徐光启、利玛窦合译的《几何原本》前6卷与李善兰、伟烈亚力合译的后9卷并为一书，重校付梓。这是我国的第一部《几何原本》的足本。

《几何原本》全译本问世后，即受到中国知识界的欢迎。王韬得书以后，视若拱璧，挑灯展阅，并转赠友人，予以推荐。他在致郁泰峰的信中说："几何之学，素重于泰西。自利玛窦入中国，与徐文定公译成此书，其学乃大明，然原

---

① 续译《几何原本》初刊的时间，一种认为是在1857年，根据是李善兰、伟烈亚力的序和韩应陛的跋，持此说者有王渝生、刘钝、熊月之等，见《李善兰研究》《欧几里得〈原本〉的传入和对我国明清数学的影响》《东学西渐与晚清社会》等。一种认为是1858年，根据是李善兰《代微积拾级》序，持此说者有李俨的《李善兰年谱》。按：李善兰在《几何原本》序中说："岁壬子来上海，与西士伟烈亚力约，续徐、利二公未完之业。""壬子"即是1852年。又云："凡四历寒暑，始卒业。"则完成翻译当在1856年。《几何原本》序又云："甫脱稿，韩君莱卿（即韩应陛）寓书称捐资上版，以广流传。即以全稿寄之。顾君尚之（即顾观光）、张君啸山（即张文虎）任校复，阅二年功竣，韩君复乞序之。"在1856年译完后不久，韩应陛写信来称出资刊印，但可能从译作质量考虑，又请顾观光和张文虎校复了两年，也就是说，到1858年才"功竣"。韩应陛在刻印前，又请李善兰自序。而在李、伟、韩等作序、跋后因种种原因并未付印。又：《王韬日记》咸丰八年十二月二十二日下记："云间韩莱卿应陛来访，以所刊《几何原本》相赠，得之如获拱璧。……《几何原本》八卷，系伟列君与壬叔所译，而莱卿以其特探秘钥，西法大明，特出资授梓，今已蒇事，因携一册来饷予，殊可感也。夜挑灯将此书略展一过。"咸丰八年即1858年。韩应陛与王韬、李善兰均是极为熟悉的朋友，时相过从，如果韩应陛在1857年就已刊刻了《几何原本》后九卷，绝无可能到咸丰八年的年底（已是1859年1月了）才送给王韬。从"今已蒇事，因携一册来饷予，殊可感也"的语气上看，应该是刊刻后不久即赠王韬，所以才会"殊可感也"。王韬当夜挑灯夜读，说明从未见过此书。如果在一年前即已刊刻，以王韬和李善兰的关系（他们几乎天天工作在一起，吃喝玩乐在一起），王韬又岂有无从寓目之理？所以，《几何原本》后九卷的初刊日期，应为1858年的年底。

② 上海图书馆藏韩应陛刻《几何原本》（为顾观光之子顾深所藏）扉页上有两行红色小字，"第一次刷印六十七部""每部纹银肆两"。又，李善兰同治四年（1865）再版《重学》序："韩君莱卿既任刻《几何》，钱君鼎卿亦请以《重学》付手民，同时上板，皆印行无几，同毁于兵。"

书十有四卷，所译仅得六卷，有未全之憾。定九梅氏谓精奥处皆在后八卷，前数卷略备轨法耳。匿其所长而不以告人，犹有管而无钥也。今西士伟烈与海宁李君，不惮其难而续成之，功当不在徐、利下。"[①]曾国藩署名的《几何原本》序则认为，中国的传统算学，"以九章分目，皆因事而立名，各为一法"，因此，学者往往拘泥于具体的算术，而没有对理论的归纳和升华，即使是毕生习算，也只能是"知其论而不知其所以然"，而"《几何原本》不言法而言理，括一切有形而概之曰点、线、面、体……彻乎《九章》立法之原，而凡《九章》所未及者无不赅也"。《几何原本》全译本以一种非常简洁的演绎方法，道出了自然的和谐和合理的法则之所以然，给中国学术界带来一种全新的理念和方法。

《几何原本》后9卷译全后，近代的数学家纷纷参与研究，顾观光有《几何原本六和六较线解》（1883），吴庆澄有《几何释义》与《几何浅释》（1896），潘应祺有《几何赘说》（1906），吴起潜有《无比例线新解》（1906），周达有《几何求作》《几何原点论》，宗森保有《几何原本例题》等。这从另一个侧面说明了续译《几何原本》在当时的影响之大。

《重学》

在与伟烈亚力合作续译《几何原本》的同时，李善兰与墨海书馆另一位传教士艾约瑟合译了《重学》一书。

重学，就是现在所说的力学。最早从西方较为系统地译介力学的中国学者，应是明末著名的发明家和翻译家王徵。天启七年（1627），由瑞士传教士邓玉函（Johann Schreck）口授，王徵译绘的《远西奇器图说》，是我国第一部介绍近代欧洲机械工程学、物理学方面的专著。《远西奇器图说》卷一中说："其术能以小力运大，故名曰重，又谓之力艺，大旨谓天地生物有数、有度、有重，数为算法，度为测量，重则即此力艺之学。"但此后并无专门的介绍力学方面的著作。因此，力学对于晚清时的中国学术界来说还是十分的陌生，被认为是西学

① 〔清〕王韬：《王韬日记》，中华书局2015年版，第240、241页。

中最深奥的学科。

李善兰翻译《重学》的起因似乎有些偶然，源于他与艾约瑟的一次闲谈。

艾约瑟（Edkins Joseph）是英国人，毕业于伦敦大学。1848年，被基督教伦敦布道会派来中国，是伦敦会驻沪代理人。艾约瑟先是在墨海书馆协助麦都思工作，1856年麦都思离任回国后，他继任监理，主持墨海书馆的编辑出版工作。在墨海书馆期间，他编译《中西通书》（原名《华洋和合通书》，类似年鉴），年出一册（其中有三年由庞应台、伟烈亚力编）。与王韬、李善兰、张福僖等合译了《格致西学提要》《光论》《重学》等书。艾约瑟的一桩惊人之举，是在1860年与杨笃信（Griffith John，又作杨格非）等5名传教士应太平天国李秀成之邀，去苏州见忠王李秀成、干王洪仁玕。此后，他又赴天京（南京）上书洪秀全，被驳。1872年，在北京与丁韪良创办《中西闻见录》月刊。1905年在上海逝世。艾约瑟是英国传教士中著名的中国通，著有介绍中国经济、政治、语言、宗教的著作多种。曾与王韬合译《格致新学提纲》等书，其中以《重学》为最著名。

艾约瑟在科学上颇有造诣。在李善兰到墨海书馆后不久，一日，艾约瑟问李善兰，你知道什么是“重学”吗？对于刚开始接触西方近代科学的李善兰来说，“重学”是一个陌生的名词，遂问：“何谓重学？”艾约瑟就说：“几何者，度量之学也；重学者，权衡之学也。昔我西国以权衡之学制器，以度量之学考天，今则制器、考天皆用重学矣，故重学不可不知也。”接着，艾约瑟又告诉李善兰说，西方有关重学的书可谓是汗牛充栋，其中胡威立所著的《重学》，简明扼要，条理清晰，是最好的版本。他问李善兰，你是否愿意一起翻译此书。李善兰大喜过望，一口答应，于是，“朝译几何，暮译重学”，同时开始了两本科学名著的译介。

李善兰与艾约瑟所用的底本，是被艾约瑟称为“最善”的胡威立的《初等力学教程》（*An Elementary Treatise on Mechanics*）。胡威立（William Whewell，现译作休厄尔或惠威尔）是英国的著名物理学家、科学与哲学史家，曾任英国皇家学会会员，剑桥大学伦理学教授，三一学院院长、副校长等职，其著作除了《初等力学教程》（即《重学》）外，还有《质点自由运动，万有引力》（1832）、

《有约束或有阻力的运动及刚体的运动》（1836）、《归纳科学史》（1837）、《归纳科学原理》（1840）、《科学思想史》（1858）、《发现的原理》（1860）等。《初等力学教程》是胡威立的代表作之一，初版于1819年，1833年再版。梁启超在《读西学书法》中说："李壬叔所译《重学》甚精。然闻西人原书本分三编。其前编极浅，以教孩孺。其后编极深，一切重学致用之理在焉。李译者仅其中编耳。"①如果此说可信，则应是李善兰在选择翻译内容时，同时充分考虑了当时中国知识界的接受水平。

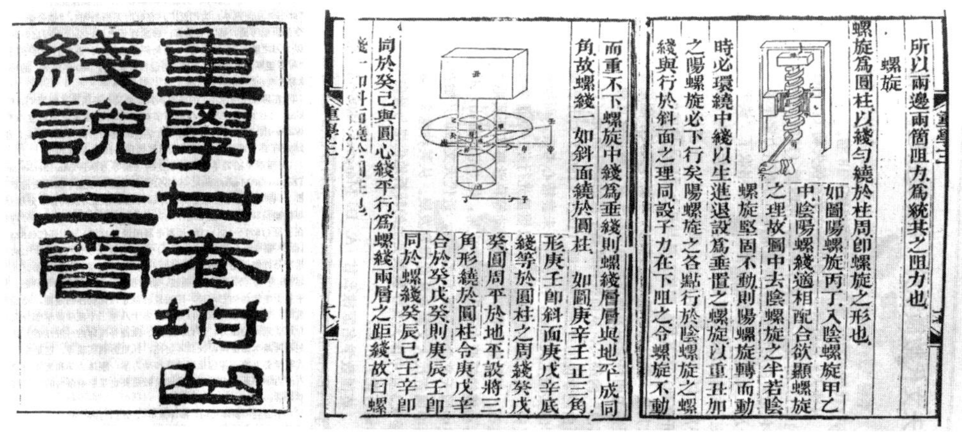

重學廿卷坿曲
綫說三卷

所以兩邊兩箇阻力爲統共之阻力也
螺旋
螺旋爲圓柱以綫勻繞於柱周即螺旋之形也
如圖陽螺旋丙丁入陰螺旋甲乙
中陰陽螺綫適相配合欲顯螺旋
之理故圖中去陰螺旋之半若陰
螺旋堅固不動則陽螺旋轉而動
時必環繞中綫以生進退設爲垂置之螺旋以重丑加
之陽螺旋必下行矣陽螺旋之各點行於陰螺旋之螺
綫與行於斜面之理同設子力在下阻之令螺旋不動

而重不下螺旋中綫爲垂綫則螺綫層層與地平成同
角故螺綫一如斜面繞於圓柱　如圖庚辛壬正三角
形庚壬即斜面庚戊辛底
綫等於圓柱之周綫癸戊
癸圓周平於地平設將三
角形繞於圓柱令庚戊辛
合於癸戊癸則庚辰壬即
同於螺綫癸辰巳壬辛即
同於癸巳與圓心綫平行爲螺綫兩層之距綫故曰螺

《重学》书影

《重学》全书分静重学、动重学和流质重学三部分。卷一至卷七静重学部分详细讨论了有关力及其合成分解，简单机械及其原理，重心与平衡、静摩擦等静力学问题。卷八至卷十七动重学部分详细讨论物体的运动，包括加速运动、抛物运动、曲线运动、平动、转动等，碰撞、动摩擦，功和能等动力学问题。其中关于牛顿运动三大定律，用动量的概念讨论物体的碰撞、功能原理等，在我国是首次介绍。卷十八至卷二十流质重学部分简介了流体的压力、浮力、阻

① 梁启超于此说未详论，不知其所据，"然闻"云云，或是道听途说。据学者聂馥玲《〈重学〉底本考》（《自然科学史研究》，2010第2期）的研究，认为《重学》所用的底本是*An Elementary Treatise on Mechanics*出版于1836年的第五版。《重学》翻译了原著前言、导论、注释之外的所有内容，除了第三卷和第四卷是将原著第五版内容拆分成两卷之外，其他内容均按原著第五版的章节内容、顺序翻译。

力、流速等流体的一般性质，其中包括阿基米德定律、波义耳定律、托里拆利实验等。胡威立在此书中，较为广泛地采用了微积分作为分析的工具，这可能是引起李善兰翻译兴趣的因素之一。

值得注意的是，《重学》中虽没有提到牛顿的名字，但明确地介绍了牛顿的力学三大定律（书中称为动理）：

> 动理第一例：凡动，无他力加之，则方向必直，迟速必平；无他力加之，则无变方向及变迟速之根源故也。
>
> 动理第二例：有力加于动物上，动物必生新方向及新速度，新方向即力方向，新速与力之大小率，比例恒同。
>
> 动理第三例：凡抵力正加生动，动力与抵力比例恒同，此抵力对力相等之理也。

这是牛顿力学三大定律第一次介绍到中国。

《重学》自咸丰二年（1852）开始翻译，李善兰一边学习一边翻译，在翻译的过程中，对力学知识也有了较为全面的掌握。他在《重学》自序中就简明地阐述了力学的基本原理和主要作用：

> 重学分二科，一曰静重学。凡以小重测大重，如衡之类，静重学也；凡以小力引大重，如盘车、辘轳之类，静重学也。一曰动重学。推其暂，如飞炮击敌，动重学也；推其久，如五星绕太阳，月绕地，动重学也。静重学之器，凡七：杆也，轮轴也，齿轮也，滑车也，斜面也，螺旋也，劈也。而其理唯二：轮轴、齿轮、滑车，皆杆理也；螺旋、劈，皆斜面理也。动重学之率凡三，曰力、曰质、曰速。力同则质小者速大，质大者速小；质同则力小者速小，力大者速大。静重学所推者力相定，或二力方向同定于一线，或二力方向异定于一点。动重学所推者力生速，凡物不能自动，力加之而动，若动后不复加力，则以平速动，若动后恒加力，则以渐加速动。而其理之最要者有二：曰分力并力，曰重心，则静动二学之所共者也。

凡二力加于一体，令之静，必定于并力线，令之动，必行于并力线。且物之定，必定于重心，物之动，必行于重心线。并力线必经过重心也。又凡物旋动必环重心，地动是也。二物相连而相绕，必环公重心，月地相摄而动是也。故分力并力及重心为重学最要之理也。胡氏所著凡十七卷，益以流质重学三卷，都为二十卷，制器考天之理皆寓于其中矣。

寥寥数百言，把力学的基本知识说得如此透彻而扼要，在当时，李善兰应该是第一人，此后对重学的描述，基本上也就是李善兰的这几句话。[①]

几年后，在金陵书局重印《重学》时，李善兰在序言中直言了他翻译此书的主旨之所在：

呜呼！今欧罗巴各国日益强盛，为中国边患。推原其故，制器精也；推原制器之精，算学明也。曾、李二公有见于此，亟以此付梓。上好之，下必有甚焉者。异日人人习算，制器日精，以威海外各国，令震慑，奉朝贡。

这几句话，作为李善兰最为著名的言论，被广为传播。科学救国，这也正是当时许多进步知识分子的心声。

在翻译《重学》的过程中，李善兰与艾约瑟相互合作，甚为相得。咸丰四年（1854）秋，[②]他们两人甚至相约共游西湖。当时杭州从未见过外国人在大庭

---

① 如1889年格致书院的考课问："泰西格致之学与近刻翻译诸书详略得失何者为最要论。"考生孙维新在答题中说："盖重学者，权衡之学也；几何者，度量之学也。昔西人以权衡之学制器，以度量之学考天，今则制器、考天，皆重学矣。"考生钟天纬在同题答辩中写道："力有动静，动者遇力而静，静者遇力而动，两力相抵而止，两力相并而前。西人机捩之学，胥本乎此。……爰考其制，则分为七类，一为杠杆，二为轮轴、三为辘轳、四为斜面、五为螺丝、六为齿轮、七为尖劈，凡造钟表之摆锤，器具之机簧，无不藉此七种而为之。"（《格致书院课艺》，春季超等第一名己丑上，光绪丁酉上海书局石印本。）无论是基本概念还是语言表述，显然是从《重学》序中而来的，可见《重学》在当时之影响，更可见李善兰对重学介绍的简明和恰当。

② 据王韬咸丰四年九月二十九日记："是日艾君归自西泠，壬叔未回，云为浙抚羁留，殊可诧也。"

广众中游览，引起了轰动。仁和县令大为紧张，立即把艾约瑟驱逐回上海，把李善兰发回海宁州。李善兰就写了一首诗呈给州守。诗曰："游山不合约波臣，奉遣还乡判牍新。刺史风流公案难，递回湖上一诗人。"这州守大概也是个风雅之士，见诗大喜，立即放了李善兰，还赠送了他一些金银。

《重学》大概在咸丰三年（1853）就已初步译毕。张文虎在这一年致李善兰的信中问："《重学》曾否授梓，《微分法》凡几卷?"估计是李善兰在给张文虎的信中提到翻译《重学》的事，张文虎才有此一问。从《重学》自序中"朝译几何，暮译重学，阅二年（据李俨考证，"阅二年"为"阅四年"之误），同卒业"之言推断，则在咸丰五年（1855）肯定已译毕。《重学》至咸丰九年（1859）由钱熙辅在松江刊印，顾观光、张文虎校。钱熙辅在作于咸丰己未冬十一月的序中说："书中多以代数之说，中土虽无其术，而西人《代微积拾级》一书，上海已有刊本，且与中法天元大略相似，不复详释。"则《重学》刊印在《代微积拾级》之后。

《重学》刊刻后，"印行无几"，房屋被烧，雕板被毁。同治五年（1866）再版的《重学》中，附录了艾约瑟口译、李善兰笔受的《圆锥曲线说》三卷，书名为《重学廿卷附曲线说三卷》。《圆锥曲线说》翻译的具体日期已不可考。华蘅芳在光绪十八年（1892）跋《抛物线说》中说："忆余二十余岁时阅《代微积拾级》，粗知抛物线之梗概，而《重学》中，《圆锥曲线说》尚未译出也。李君秋纫以所著《火器真诀》见示。"则可知《圆锥曲线说》是在李善兰出版《代微积拾级》稍后，也就是在咸丰九年（1859）至同治五年（1866）之间。

《重学》一出版，就获得了极高的评价。钱熙辅在序中称此书："可以补算术之阙文，导步天之先路，而用定质、流质，为生动之力，以人巧补天工，尤为宇宙有用之学。"王韬也说此书"制器运物，意精理妙，能开无穷之悟"。张文虎在《送壬叔以算学征入同文馆》一诗中称："律度量衡事本连，谁从墨翟溯遗篇。成书细译胡威立，机器无如《重学》先。"梁启超在《读西学书法》中称《重学》所译"甚精"，徐维则《东西学书录·重学第十三》亦盛赞此书"以算法推论诸理，深加著明，实在善本。"几十年后，《重学》还被认为"论格致理兼明算学法，不惟有用于制器，并有裨于考天。"

《重学》在当时产生了极大的影响，因而，不少人把它作为我国译介的第一部西方力学专著。其实，在《重学》出版的前一年，伟烈亚力与王韬就合译了一本仅有14页的小册子，叫作《重学浅说》，于1858年由墨海书馆出版。《重学浅说》所据的底本是一本英文的普通力学书。[①]它首先介绍了力学之由来，力学的分类，诸如动力学、静力学、流体力学、气体力学等，然后依次介绍重学总论、杠杆、轮轴、滑车、斜面、劈、螺旋，最后总论重学之理，说明重学与地球、重学与摄力（即万有引力）的关系，研究和掌握重学原理的意义。当时被认为是"意简词明，最省便览"。当然，细究起来，李善兰咸丰九年（1859）出版的《重学》，始译于咸丰二年（1852），至迟于咸丰五年（1855）就已译成，而仅14页的《重学浅说》应该是在出版的当年即咸丰八年（1858）译成的，因而，把《重学》说成是第一部译介的西方力学著作也不能说错。而在学术的系统性、对社会的影响力上，《重学》更是非《重学浅说》所能比。

《代数学》

在译毕《几何原本》后9卷后，李善兰又和伟烈亚力一起翻译了我国第一部符号代数学的译作《代数学》。

中国古代在初等代数学方面，有着光辉的成就。初等代数学中的正负数加减运算和求联立一次方程组与正系数的二次方程的数值解，是中国古代数学家的发明创造，且早就见之于《九章算术》和魏晋刘徽的《九章算术》注，求正系数的二次方程的数值解，在唐初王孝通《缉古算经》中已经出现。中国古代代数学在11—13世纪宋、元间达到了发展的高峰。初等代数学在清初即由欧洲传入中国，当时，中国数学家称为"阿尔巴朱尔""阿而热八达""阿而热八拉"，其中以数学家梅瑴成（梅文鼎之孙）的译名"阿尔热巴拉"最为通行，"阿尔热巴拉"即英语algebra的音译，所以，伟烈亚力在《代数学》序中称：

① 《重学浅说》所据的底本，据日本学者八耳俊文《在自然神学与自然科学之间——〈六合丛谈〉的科学传道》一文的研究，是1849年版苏格兰乔姆贝斯兄弟的《乔姆贝斯国民百科》"机械—机械装置"的条目。

“代数术略与中土天元之理同，而法则异，其原始即借根方，西国名阿尔热巴拉，系天方语，言补足相消也，昔人译作‘东来法’者非。”

李善兰与伟烈亚力合译《代数学》的时间，从《北华捷报》（*North China Herald*）发表的一名中国官员的信中可以推测。1857年1月24日的《北华捷报》上说：“我听说《几何原本》后九卷刚刚译成。我还听说力学、代数学和微积分著作已译成。当他们出版时，我将感到十分高兴。只是苦无机会先睹为快。”从这里可知，《代数学》的翻译至少在1856年即已开始，可能是与《重学》（就是信中所说的“力学”）和《代微积拾级》（就是信中所说的“微积分”）同时进行。其实，早在几年前，伟烈亚力即有翻译《代数学》的打算。他在写于1853年的《数学启蒙》序中说：“爰述一书曰《数学启蒙》，凡二卷，举以授塾中学徒，由浅及深，则其知之也易。譬诸小儿，始而匍匐，继而扶墙，后乃能疾走。兹书之成，姑教之匍匐耳，扶墙徐行耳。若能疾走，则有代数、微积分诸书在，余将续梓之。”可见这时，伟烈亚力已有了《代数学》的底本，准备在出版《数学启蒙》后“续梓之”，但可能一时找不到合适的合作者。直到与李善兰合译《几何原本》后，对李善兰的才华有了充分的认识，才开始与之合译《代数学》。

《代数学》所用的底本，是英国数学家棣么甘（Augustus de Morgan，现通译为德摩根）著于1835年的《代数初步》（*Elements of algebra*）一书。棣么甘是英国著名的数学家、逻辑学家，伦敦大学教授，伦敦数学会第一任会长，在分析学、代数学、数学史及逻辑学等方面作出重要的贡献。对19世纪的数学具有相当大的影响力。主要著作有《微积分学》及《形式逻辑》等，著名的“德摩根定理”（De Morgan’s laws，是关于命题逻辑规律的一对法则）即是由他所建立。

《代数学》一书，主要论述初等代数以及指数函数、对数函数和幂级数展开式。中译本除卷首外，共分13卷，卷首纲领。一论一次方程，二论代数与数和数学之记号不同，三论多元一次方程，四论指数及代数式渐变之理，五论一次二次式之义及二次方程之数学解，六论限及变数，七论代数式之诸类并约法，八论级数及未定之系数，九论代数与数学之相等不同，十论纪函数法，十一论合名法，十二论指数对数之级数，十三论用对数为算术之捷法。

中译本《代数学》，对于当时的中国数学界来说，有着不少的新内容。如第一次讲到虚数（卷四）。认为“今号无意，且不合理，而其所解、所用，或俱合理，盖非一处用之，大概可用也，已有人立如是之法，今未暇论及。”书中还讨论了数列的极限，对于无理数也有所论及。还讨论了无穷级数及收敛性问题（卷八）、函数和记法（卷十）以及二项式定理（卷十一）等。

尤其值得一提的是，是李善兰在翻译《代数学》的过程中，创立了许多新概念、新名词、新符号。这些新概念、新名词、新符号源自西文原本，经李善兰的再创造，成为现今通用的词汇。创立的新名词有代数学、系数、根、方、方程式、函数、微分、积分、几何学、横轴、纵轴、无穷、极大、极小等。这些新名词创设得十分贴切，一直流传了下来。像把algebra从音译的“阿尔热巴拉”改译为“代数学”，更能表达出这门学科的特点。还有像“函数”。函数（function）一词，是德国数学家莱布尼兹在1692年首先采用的，李善兰在《代数学》一书中，将“function”译作“函数”。李善兰的解释是：“凡此变数中函彼变数，则此为彼之函数”，这里“函”是包含的意思，与欧洲当时之概念十分相近。再比如“方程”一词，本是《九章算术》中的九数之一，相当于现在的线性方程组。而李善兰在《代数学》中把“Equation”（相当于中国古代的开方式或天元开方式）第一次译作“方程”。此后，华蘅芳与傅兰雅合译华里司（J. Wallis）的《代数术》中，按照李善兰的译法，译作“方程式”。以后一直沿袭下来，改变了中国传统数学术语“方程”的含义。1934年数学名词委员会确定用“方程（式）”表示“Equation”。

至于《代数学》中的数学符号，李善兰更是别出心裁加以创译。中国古代数学中较少使用符号，而《代数学》中的许多数学符号是中国人从来没有接触过的，这显然是翻译中的一个难题。对此，李善兰采用了两个办法。一是直接引入西方数学符号，如×、÷、()、＜、＞、∴、∵、∞等，这样的直接引入，使运算式更为简便实用，一目了然。但李善兰也很清楚，在当时的知识背景下，全部换用外来符号系统固然有益于代数学的引进与发展，却有点不切实际，除了极少数精通西学的专家，绝大多数知识分子对着满纸符号将不知所云无从下手。同时，从当时士大夫的感情上说，也不能接受这样的“全盘西化”。于是，李善兰就根据数学符号的意义，结合汉字的特点，创译了一套“改良”的数学符号，以符合中国人的阅读习惯。如阿拉伯数字1、2、3、4、5、6、7、8、9、10用中国记数符号一、二、三、四、五、六、七、八、九、十来代替（为了避免混淆，加号和减号则用篆文的上即“丄”、下即“丅”来表示），26个代数字母a、b、c、d到z等，依次用十天干（甲、乙、丙、丁等）加十二地支（子、丑、寅、卯等）再加天、地、人、物四字来代表，大写字母A、B、C、D到Z，则在天干、地支和天、地、人、物上加一“口”旁，如“呷”、“叮”等。希腊字母用二十八星宿（角、亢、氐、房等）来代表。其中“π”因为代表着圆周率，故用一“周”来表示。此外，函数符号“f”写作“函”，积分符号“∫”用“积”字的“禾”旁表示，微分符号“d”用“微”字的“彳”旁来表示，对数符号“e”用“讷”字表示，取自对数的发明者苏格兰数学家纳皮尔（Napier），等等。如下表：

天干地支对应英文字母

甲	a	辛	h	辰	o	亥	v	呷	A	啐	H	唇	O	咳	V
乙	b	壬	i	巳	p	物	w	吃	B	旺	I	吧	P	吻	W
丙	c	癸	j	午	q	天	x	哂	C	喽	J	咋	Q	吠	X
丁	d	子	k	未	r	地	y	叮	D	吁	K	味	R	哋	Y
戊	e	丑	l	申	s	人	z	哦	E	吜	L	呻	S	仈	Z
己	f	寅	m	酉	t			叱	F	嗔	M	哂	T		
庚	g	卯	n	戌	u			咦	G	咿	N	咸	U		

比如：

$$\text{禾天}^{\text{寅}}\text{彳天}=\frac{\text{寅丄}-}{\text{天}^{\text{寅}}\text{丄}-}\text{丄丙} \qquad \int x^{m}\partial x=\frac{x^{m+1}}{m+1}+c$$

$$\text{禾甲乙天}=\text{彳天}=\text{甲乙禾天彳天} \qquad \int abx^{2}\partial x=ab\int x\partial x$$

$$\text{禾}\frac{\text{天}}{\text{天彳天}}=\text{甲天对丄丙} \qquad \int\frac{x\partial x}{x}=a\mathrm{N}\log x+c$$

这样的翻译，在现在看来可说是不中不西、不伦不类，但在当时，却是最为合适的既照顾原著体例又适合中国人阅读方式的变通方法。当时的学者对李善兰的这一套方法颇为推崇，认为起到了化繁为简的功能，李善兰的挚友张文虎在与朋友的信中说：

> 四元位置已繁，而天、物、地、人相乘，寄位夹缝，尤易淆乱，毫厘之差，非一一演算，未由周知也。明静庵《割圜密率捷术》周叠借诸根，暗合四元之法，但一根又一根，称名易混。李壬叔以意创为置太极于一隅，而以四元如积诸廉，依次分别旁行衺上，纵横相遇，较旧法为明显，且免剔消之繁。近西人新译代数，只用记号，似亦便捷，苟会而通之，不直为四元别开生面，且立元可不限于四也。①

这封信写于咸丰九年（1859），正是《代数学》出版的当年，因而这里所说的“西人新译代数”，当是指李善兰翻译的《代数学》。

正因为李善兰创译的这套数学符号比中国传统数学中的表达更为便捷，因而在此后相当长的一段时间里，翻译数学著作基本上是采用李善兰创译的这一套数学符号。如华蘅芳和英国传教士傅兰雅译海麻士《三角数理》、译华里士《代数术》，赵元益与傅兰雅译棣么甘《数学理》；贾步纬编译《弦切对数表》《八线对数简表》，顾澄译哈迪《四原原理》等。直到光绪十六年（1890）狄考文与邹立文所译《代数备旨》中，仍用“天”“地”等字来代表未知数，用“甲”“乙”等字来代表已知数或者几何点。

《代数学》于咸丰九年（1859）冬刊刻，深受知识界欢迎，销路颇好，以至有人感叹“其书固详备矣，惜以活字摆印无多，久已告罄，今无从觅矣”。②40年后，华蘅芳的弟子程英又重刻此书，称《代数学》“其言立款、辨数、演式、求证、合名诸法，莫不穷究奥窔、推阐靡遗，触类旁通，心从矩应，启造化之秘藏，导畸人以捷轮，诚算学家不可少之书也”。《代数学》一书还由日本高杉

---

①〔清〕张文虎：《与马远林书》，《舒艺室杂著甲编》卷上。“周浦历史文献丛刊”（第二辑），第52页。

②〔清〕王韬编：《格致书院课艺》，春季超等第一名己丑上，光绪丁酉（1897）上海书局印本。

晋作、中牟田仓之助译介入日本，1872年《代数学》在日本翻刻出版后，不少代数学名词在日本广泛流传。

《代微积拾级》

《代微积拾级》是李善兰最为重要、影响最大的译著之一，是中国第一本微积分教材。《代微积拾级》的翻译出版，标志着西方高等数学在中国的传入。

《代微积拾级》翻译的时间，至少在咸丰六年（1856）时已经开始，至咸丰七年（1857）时基本完成，很可能是与《代数学》同时进行的。这一点，可从上一节所引《北华捷报》发表一名中国官员的信函可知。在信中，这位官员在咸丰七年的一月听说李善兰与伟烈亚力合译的“微积分著作”已译成。这里的“微积分著作”，显然就是指《代微积拾级》。这位官员的“听说”虽未必完全可靠，但至少在咸丰六年（1856），《代微积拾级》即已开始翻译，而至少在咸丰八年（1858），《代微积拾级》已经完稿。慕维廉（William Muirhead）在《中国与福音》（*China and the Gospel*）中说：

> 1848年或日，有一中国算家携其四年来所研究之《微积学》，来见麦都思博士及墨海教士，谓曾从伟力亚力受《代数》、《几何》后九卷、三角、微积等科，且尝译侯失勒《谈天》、胡威立《重学》，又着意从事奈端《数理》。当时从事此学之人虽少，而此君尝介绍数人于教士。其一人为江苏显宦，惜其信佛之心过于信耶耳。①

据李俨先生考证，这里的“中国算学家”即李善兰，“1848”为“1858”之误，“江苏显宦”指的是李善兰的算友徐有壬。从这段记载可以看出，至1858年时，李善兰已译出续《几何原本》《代数学》《谈天》《重学》和《代微积拾

---

① 转引自李俨：《李善兰年谱》，《李俨钱宝琮科学史全集》第8卷，辽宁教育出版社1998年版，第333页。

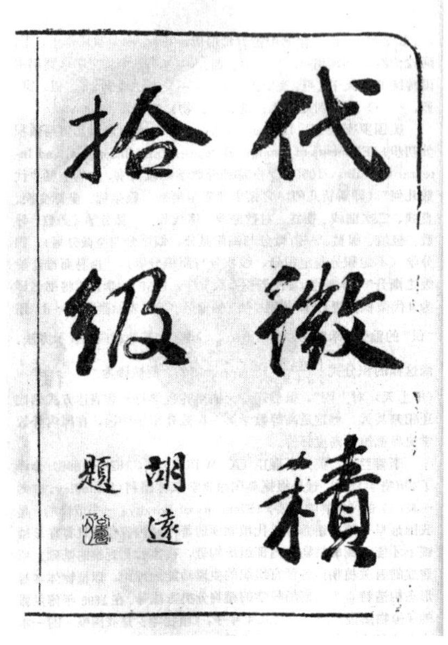

《代微积拾级》书影

级》等重要著作，并正着手翻译奈端《数理》（即牛顿的《自然哲学的数学原理》）。从“四年来所研究之《微积学》”一句推测，则很可能《代微积拾级》的翻译工作1854年即已开始。至于为什么墨海书馆要在一年以后的1859年才出版《代微积拾级》，不外乎两个原因，一是墨海书馆以出版基督教书籍为主业，出版科学书籍的动机只是为了吸引更多的中国人对基督教的兴趣，因此在安排出版计划时，科学书籍只能是服从于基督教书籍，李善兰与伟烈亚力等翻译的书籍一时排不上队。二是出版经费不足，李善兰翻译的科学书籍，因并不完全切合墨海书馆的出版宗旨，需自筹经费出版。在王韬日记中，数次可见李善兰为出版经费多次奔走于南汇、金山等当地富豪士绅家的有关记载。①筹集不到经费，出版时间只能一推再推。所以《代数学》《谈天》《重学》和《代微积拾级》等著作，虽非同时完成，却都是在1859年出版。

《代微积拾级》所用的底本，是美国数学家爱里亚斯·罗密士（Elias Loomis）的《解析几何与微积分初步》（*Elements of Analytical Geometry and of the Differential and Integral Calculus*）。从这个底本的选择上，可见李善兰与伟烈亚力的识见。

罗密士1811年8月7日出生于美国康涅狄格州的威灵顿，1889年8月15日卒于康涅狄格州的纽海文。罗密士除了研究数学外，对气象学、实用天文学也颇有研究。他1830年毕业于耶鲁学院，后去法国留学。1844—1860年，任纽约市立大学的数学与自然哲学教授，1860年到耶鲁大学任教授，直至去世。《代

① 如咸丰十年（1860）二月朔日：“壬叔将往南汇访顾金圃祖金广文。金圃居南汇之二团镇，富有田产，去年曾一游此，与予有杯酒之欢。颇嗜历学，能算日月交食、五星躔度。著有《庚申年七政四余考》。欲从壬叔授西法，许为出百金刻书。壬叔故有此行。”见《王韬日记》，中华书局2015年版，第313页。

微积拾级》著于他在纽约市立大学任教期间，1851年由美国纽约的哈普兄弟出版公司出版发行。全书分为18章，其中解析几何部分9章，微分学7章，积分学2章，最后附有杂题及解答。罗密士其他被译为中文的数学著作有：《代数备旨》（*Elements of Algebra*）、《形学备旨》（*Elements of Geometry*）、《八线备旨》（*Trigonomenty*）和《代形合参》（*Elements of Analytical Geometry*）等，在中国多次印刷，广为流传。

《代微积拾级》并非数学研究专著，而是一本大学教材。罗密士在1851年版的前言中写道："本书不是为数学家而写，也不是专为有数学天赋或数学爱好的学生做准备的，而是面向中等能力的多数大学生们。""我在本书中采用的处理方法，比我所知的一切方法更为初等，我没有任何蓝本，除了伦敦大学里奇教授的一本小册子以外"，"本书的每一个原理都用实际例子加以解释，书的末尾附有许多应用杂题，可按教师和学生的情况自由选用"，由于内容通俗易懂，在编写方式上重视学生的接受能力和接受心理，因此在美国学校广受欢迎，从1851年初版到1874年重新修订时，累计发行25000册，这在当时的美国是一个相当大的数字。美国牧师J.麦克林托克曾评价罗密士的教科书是"简明、准确和适合学生实际需要的典范"，尼柯尔则推崇这些教科书是"用英文写成的这类著作中最好的一本"，"对美国和欧洲和各种科学出版领域都是一项贡献。"[①]

这样一部在美国声名鹊起的微积分教材，不能不引起伟烈亚力的重视，作为一个决心要向中国传播西方现代科学的学者，伟烈亚力曾立志要翻译一套西方的数学教材，让中国人循序渐进地学习。在1853年，他就用中文写作了一本数学的入门书《数学启蒙》，在这期间，他也注意到了罗密士的《代微积拾级》。李善兰《代微积拾级》序中的一段话可为佐证：

罗君密士，合众之天算名家也。取代数、微分、积分三术，合为一书，分款设题，较若列眉，嘉惠后学之功甚大。伟烈君亚力闻而善之，亟购求

① *The National Cyclopaedia of American Biography*， vol. Ⅻ（1897），p.233，转引自张奠宙：《〈代微积拾级〉的原书和原作者》，《中国科技史料》1992年第2期。

其书，请余共事，译行中国。伟列君之功，岂在罗君下哉？

伟烈亚力“闻而善之”，所看重者显然是《代微积拾级》面向大众、适合初学者的特点。当时中国学者对微积分尚是闻所未闻，伟烈亚力从普及的角度选取这样一本浅显易懂的教材，可谓是用心良苦。但即使是这样一本初级微积分教材，也被众多的中国知识分子称为难懂，这大概是伟烈亚力和李善兰所始料未及的。

《代微积拾级》于1859年夏由墨海书馆出版，题为“米利坚罗密士撰，英国伟烈亚力口译，海宁李善兰笔述”。全书共18卷，1—9卷是解析几何，10—16卷是微分，17、18两卷为积分。之所以名为《代微积拾级》，李善兰在序言中解释说：“是书先代数，次微分，次积分，由易而难，若阶级之渐升。译既竣，即名之曰《代微积拾级》”。先易后难，像台阶一级级攀升，期望读者拾级而上，所以名为“拾级”。应该说明的是，这里的“代数”，实际上指的是解析几何，《代微积拾级》之“代”，是“代数几何”的省略（Algebraic geometry）。①

《代微积拾级》出版后，作为中国的第一本微积分教材，立即在知识界引起了巨大的反响，迅速流传，好评如潮。华蘅芳说：“咸丰间，曾有海宁李壬叔与西士伟烈亚力译出《拾级》一书，流布海内。”上海著名文人沈毓桂称：“近代唯《代微积数学》《谈天》等书，西儒究心译出，悉本《几何原本》详言立法，最为精深。”广东学者朱宪章称：“自海宁李氏、金匮华氏等译出西人代数、微积诸术，而于是算学又别辟一境。其立术之精妙，迥非向之所谓天元、借根及一切中法所能企及，盖算学至斯登峰造极，蔑以复加焉。”华蘅芳之弟、数学家华世芳的评价更高：“自李壬叔续徐、利之业而几何、曲线、重学、代数、微分、积分之学备，算学之至今日，古义既明，新法日出，斯诚极古今未有之奇

---

① 有的学者因这一“代”字，认为《代微积拾级》是从Augustus de Morgan的*Elements of Algebra*和*Elements of Analytical Geometry and of the Differential and Integral Calculus*两书翻译而来，见David Eugene Smith and Yoshio Mikami，*A History of Japanese Mathematics*，p. 274，转引自李俨《李善兰年谱》，《李俨钱宝琮科学史全集》第8卷，辽宁教育出版社1998年版，第334页。但实际上，《代微积拾级》跟*Elements of Algebra*并无关系。

萃，中外一家之盛矣！"

把李善兰的译作称为"极古今未有之奇萃，中外一家之盛"，或许稍有溢美，但也可见对中国数学发展影响之大。事实上，即使是作为译者的李善兰和伟烈亚力，对《代微积拾级》一书的成就也相当自负，于微积分对中国数学的影响也有着充分估量。李善兰在《代微积拾级》的序中说：

> 由此，一切曲线、曲线所函面、曲面、曲面所函体，昔之所谓无法者，今皆有法；一切八线求弧背、弧背求八线、真数求对数、对数求真数，昔之视为至难者，今皆至易。呜呼！算术至此观止矣，蔑以加矣。

得意之情溢于言表。用"算术至此观止矣，蔑以加矣"这样的话来形容自己的著作，这在李善兰是很少见的。伟烈亚力的得意比之李善兰也不遑多让。他说："异时中国算学日上，未必非此书实基之也。"把中国数学的此后的发展，归功于微积分的引入，作为译者，这样的自我评价或会招致狂妄之讥，但平心而论，也还不是太言过其实。

《代微积拾级》是中国第一部引进的微积分教材，对中国科学尤其是数学发展的意义，可说是里程碑式的，所谓"近世算术，以微积分为最深而最难，又为格物科学所不可少"。更由于它注重应用的特色，因此，在出版后的半个多世纪，《代微积拾级》成了晚清书院、学堂里微积分教学最经典甚至可说是唯一的教材。在晚清书院、学堂的算学馆中，其学习的次序是，先学数学，已通数学者学几何，已通几何者学代数，然后依次再学三角函数、对数、各种曲线，到最后是学习微积分。而学习微积分的基础教材，就是《代微积拾级》。晚清时北京同文馆、福州船厂法文学堂、湖南时务学堂、两湖书院、绍兴中西学堂、杭州求是书院、长沙湘学使署等都用《代微积拾级》作为微积分教学的教材。

与此相应的，是对微积分和《代微积拾级》的研究在晚清数学界也形成了一股潮流。由于微积分的引入，一些以前很难或无法解决的问题，如长度、面积、体积、三角函数和对数函数幂级数上的一些难题，都可以用微积分来轻而易举地解决，因此，当时或稍后的数学家如徐有壬、冯桂芬、顾观光、夏鸾翔、华蘅芳、蒋士栋、林传甲、凌步芳、陈志坚等都对《代微积拾级》进行了深入的研究，有的甚至发现了书中的一些错误。其中尤以华蘅芳、夏鸾翔的研究最为深入。华蘅芳可说是中国最早接触微积分的学者之一。在李善兰翻译《代微积拾级》之时，他就在墨海书馆向李善兰请教过微积分的有关问题。华蘅芳在《学算笔谈》中说：

爰从其译稿中录得数条，视之，迨不得其用意之处。又阅数年，其译本先后刊竣，惠我一编。批阅数页外，已不知所语云。何也？盖其格格不相入者，犹之初读《海镜》时也。诘诸李君，则云："此中微妙，非可以言语形容，其法尽在书中，吾无所隐也。多观之，则自解耳。是岂旦夕之工所能通晓者哉！"余信其言，反复展玩不辍，乃得稍有头绪。譬如傍晚之星，初见一点，旋见数点，又见数十点、数百点，以致灿然布满天空。①

经过不断的研习，华蘅芳成了当时中国少数几个精通微积分的数学家，他于同治十三年（1874）跟傅兰雅一起翻译了《微积溯源》一书，该书成为晚清时与《代微积拾级》齐名的微积分名著。即便到了晚年，他对当年研习微积分一事记忆犹新，在光绪十八年（1892）《抛物线说》的序中称："忆余二十余岁时阅《代微积拾级》，粗知抛物线之梗概"，可见影响之深。

而夏鸾翔对微积分的研究，则主要表现在微积分的应用上，"凡一百余术"。他在《万象一源》序中说：

圆出于方，而圆形不一，曲线之名因而万殊焉。昔人所谓有法者，只一平圆，至椭圆曲线，古已遗之。吾师项梅侣先生澄思渺虑，立术以求椭周，继之者鄂士戴氏、君青徐氏各立一术，而椭周乃为有法之形。然只能求椭周、不能截椭弧，且不能求诸曲线之弧与曲面与面积与体积，亦憾事也。自奈端（即牛顿）、来本之（即莱布尼茨）二家作横直二线以驭曲线，

① 〔清〕华蘅芳：《学算笔谈》卷五，光绪二十四年（1898）古今算学丛书本。

创名曰微分、积分，于是昔所谓无法者，今皆有法。形虽万，法则一，诚算学之功臣也，亦人生之快事也。余迩年避乱于吴门、于平湖、于南汇、于铁河，暇则细寻微积分奥窍，疏而演之，凡一百余术，法乃浸备。几何之学至是而无纤芥之憾矣。[①]

在夏鸾翔的《致曲术》和《万象一源》两部著作中，详细推导了这些应用《代微积拾级》的研究成果而取得的“一百余术”。

此外，出版的有关《代微积拾级》的研究著作有：《西算新法直解》（冯桂芬、陈子璠）、《微积阐详》（陈志坚）、《微积通诠》（黄启明）、《微积初津》（华蘅芳）、《微积释马》（蒋士栋）、《微积集证》（林传甲）、《代微积浅释》（林传甲）、《微分详说》（凌步芳）、《积分详说》（凌步芳）、《微积阐详》（张爔）等，这既可见当时知识分子学习微积分的积极性之高，更可见《代微积拾级》的影响之大。

有意思的是，即使并非专门研究数学的一般知识分子，对《代微积拾级》也十分感兴趣。《万国公报》是晚清传播西学最多、影响最大、发行最广的一份周刊，以广泛介绍西方新学而著称。《代微积拾级》出版后，不少读者因书中字迹模糊而写信到《万国公报》，请代为解决。如大沽一名叫殷仲深的数学爱好者在信中说：“所购《代微积拾级》字迹有迷糊处，无从校对，如第十六卷第五页第一行抛物线弧分式……”还有一名自称叫“蹑云客”的天津读者更为认真，他在信中说，《代微积拾级》十二卷四页所列中国对数表根四三四二九四，其对数为九六三七七八四。他觉得有疑问，就按照《代数术》十八卷十三页所载常对数表根四三四二九四四八一九之数推其对数，得九六三七七八四三一一二，特来询问他的方法是不是正确。在信中，“蹑云客”还说，他所购到的《代微积拾级》，第十八卷第五页所列抛物线全积分式字板模糊，又没有其他书可以校对，就按照自己的理解把这个抛物线全积分式写全了，请《万国公报》帮忙看看是否与原书一样。

---

① 〔清〕夏鸾翔：《万象一原》序，光绪二十四年（1898）古今算学丛书本。

更有意思的是，连当时太平天国干王洪仁玕对此书也很感兴趣。艾约瑟曾在1860年去苏州拜访过洪仁玕，进行了充分的会谈。艾约瑟惊奇地看到，在干王府的所有书籍中，洪仁玕“最感兴趣的是伟烈亚力翻译的那本微积分”[①]。艾约瑟是李善兰和伟烈亚力在墨海书馆的同事，他的记载当是十分可靠。

现在也许很难想象一本翻译的数学教材，会在知识分子中和社会上产生如此大的影响，但实际上，《代微积拾级》在当时及此后几十年中影响力远比我们想象的还要大。它的影响甚至远达日本，对微积分知识在日本的传播起了奠基性的作用，直接推动了日本数学的发展。

日本著名数学史家三上义夫指出：“最早传入日本的西方数学书籍，肯定是李善兰和伟烈亚力翻译的由Loomis编写的《代微积拾级》。”在1860年，日本数算家“能读到的最好微积分书籍只有Loomis的微积分中译本”。[②]据学者研究，日本数学家小野友五郎在1860年也就是《代微积拾级》出版后不久，就在日本看到了这本出自中国人之手的微积分著作。[③]小野友五郎看到的《代微积拾级》是如何传到日本去的，现在并不清楚，但至少在1862年就有日本数学家来中国购去《代微积拾级》的明确记载。1862年5月27日，日本使团由“御勘定”（江户幕府直属将军的掌管财政和民政的家臣和武士）根立助七郎，率领51人前往中国上海。这是日本被英美等国打开国门以来第一次大规模到中国来学习考察。随行队伍中有日后日本明治维新的著名政治家和军事家高杉晋作，还有萨摩藩的五代友厚和佐贺藩的中牟田仓之助。他们乘幕府官船“千岁丸”号从长崎出发，于6月2日到达黄浦江，8月1日离开吴淞口，8月8日回到长崎。在

---

① 《传教士艾约瑟等五人赴苏州谒见干王和忠王的经过》，见上海社会科学院历史研究所编译：《太平军在上海——〈北华捷报〉选译》，上海人民出版社1983年版，第6页。

② Yoahio Mikami，*The Development of Mathematics in China and Japan*（2nd ed），见张奠宙：《〈代微积拾级〉的原书和原作者》，《中国科技史料》1992年第2期。

③ 小野友五郎在明治时期的数学杂志《数学报知》第89号（1894年5月）上，发表了一篇名为“珠算的巧用”的演讲稿，其中讲到他从江户时代的安政二年（1855）开始的四五年间学习西洋数学，其中有一本出版于中国人之手的以“代微积”为名的著作，其中包括代数、微分和积分方面的内容。这本著作显然是《代微积拾级》。安政二年下推四五年即是1859年到1860年。见冯立昇：《〈代微积拾级〉在日本的流传和影响》，《自然辩证法通讯》1999年第4期。

上海期间，日本使团购买了许多汉译西方科学书籍。据记载，在高杉晋作的购书单中有伟烈亚力著的《数学启蒙》，李善兰和伟烈亚力合译的《代数学》。在中牟田仓之助所购书中，就有李善兰译的《代微积拾级》《谈天》和王韬的《重学浅说》等[1]。这个使团来上海的目的，就是希望借助与日本文化较接近的中国，来学习西方先进的科学技术，因此，使团回国后，就像《代微积拾级》的出版在中国知识界兴起了一股学习微积分的热潮一样，《代微积拾级》在日本也广泛地流传开来，并出现了多种从中文翻译过去的日文译本，其中有像福田理轩编著的《代微积拾级译解》这样风行一时的名著。由于《代微积拾级》在日本影响深刻，许多李善兰翻译的数学名词，如微分、积分、函数、有理数、无理数、方程式等，也为日本数学家所采用，有不少沿用至今。

《谈天》

清咸丰九年（1859）对李善兰而言，是一个实实在在的丰收年。如果说，刊印《方圆阐幽》《弧矢启秘》《对数探源》并发明尖锥术，是他一生事业的第一个高峰的话，那么，在这一年中连续出版《代数学》《代微积拾级》《重学》《谈天》等多部在当时产生极大影响的西方科技译作，毫无疑问是其事业的第二个高峰。而对中国近代科学发展而言，这第二个高峰的意义更为重大。

《谈天》是李善兰跟“黄金搭档”伟烈亚力的又一次合作。李善兰和伟烈亚力分别作序于咸丰九年“重阳后八日”昆山舟次、咸丰九年“孟冬之月”序《谈天》春申浦上。从《谈天》扉页上题“咸丰己未仲秋墨海活字版印”可知，《谈天》出版于咸丰九年秋。墨海书馆版的《谈天》前有“已著诸书目”，下列：《数学启蒙》二卷、《几何原本》7卷至15卷、《代数学》13卷、《代微积拾级》18卷。这显然是为这几本书做的广告，由此也可知，《谈天》的出版，当在《几何原本》《代数学》《代微积拾级》等书之后。当然，和《代微积拾级》一

① ［日］小仓金之助：《远东数学的国际化与产业革命》，《中国经济》（南京）1935年第3卷第3期。见冯立昇：《〈代微积拾级〉在日本的流传和影响》，《自然辩证法通讯》1999年第4期。

样，《谈天》译成的时间应该更早些。

《谈天》卷首题“英国侯失勒原本，英国伟烈亚力口译，海宁李善兰删述”。这里的“侯失勒”，即英国天文学家约翰·赫歇耳（John Herschel）。约翰·赫歇耳是世界著名观测天文学家威廉·赫歇耳（William Herschel）的儿子，所以当时又称他为“小侯失勒”。约翰·赫歇耳以研究双星和星云而著称，主要成就有发现双星总表，观测南天星云，测定恒星亮度并加以分类等。《谈天》是约翰·赫歇耳的一部天文学名著，原名《天文学纲要》（*Outlines Astronomy*）。李善兰把它译作《谈天》，显然是照顾到了中国人的阅读习惯。“谈天”一词，最早见于《史记·孟子荀卿列传》：“故齐人颂曰：‘谈天衍，雕龙奭’。”裴駰集解引刘向《别录》：“邹衍之所言，五德终始，天地广大，尽言天事，故曰‘谈天’。”故后来即以“谈天”指谈论天文。而“谈天”一词在中文中又有闲谈之意。李善兰以《谈天》来命名约翰·赫歇耳的这部天文学著作，既切合原著，又通俗易懂，可谓是浑然天成的翻译佳作。

约翰·赫歇耳这部《天文学纲要》，是在总结了他与其父威廉·赫歇耳的工作以及当时欧洲天文学主要成果的基础上写成的，其中有不少最新的天文学成果。《天文学纲要》出版于1851年，恰好是哥白尼的巨著《天体运行论》出版300年之际。而这300年，也正是西方近代天文学发展最为迅速、最为重要的时期。在理论上有开普勒三大定律和牛顿万有引力的发现，有经典天体力学理论的建立；在技术上有伽利略以来天文望远镜的使用和改进，天体测量学的迅速发展。许多天文学上的新发现也在这个时期，像1728年的光行差，1835年的恒星视差，1802年的双星绕转，1846年海王星的发现，这些近代天文学的理论和新的发现，都在《天文学纲要》里得到

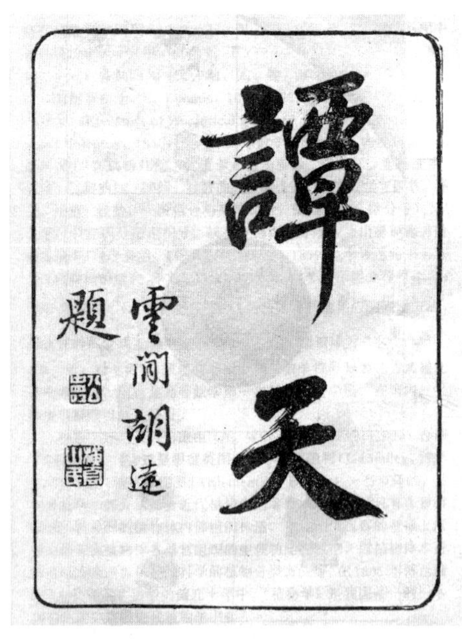

《谭天》书影

了体现。而李善兰所译的《谈天》，又把1851年后西方天文学的最新成就补入了书中。《谈天》的“凡例”称：“此书原本，咸丰元年刊行，其后测天家屡有新得，今一一附入，如小行星最后有咸丰八年所得者，非原书所有也。”而这些增补，应该是李善兰所做的工作，所以在署名上是“海宁李善兰删述”，而不是一般常见的李善兰“笔受”。

李善兰的“删述”还表现在，为了照顾中国读者的阅读习惯，他把原本中的西方时间改成了中国时间。《谈天》凡例说：“凡年、月、日、时，原本皆有西国法，准伦敦经度，今有中国法，准顺天经度译改，以便读者。如十六卷三页六行，本文为耶稣降世一千八百四十六年正月三日零时九分五十三秒，今译改道光二十五年十二月初五日戌初三刻十分五十三秒是也。”但当改动会影响原意时，就照原本上的时间，如十一卷十六页七行，午后三小时六分，如果改为中国时间，那就是在深夜，不可能见到太阳，读者看到下文中“测见其中体距日心”等语，就会莫名其妙，所以这样的时间就不改作中国时间了。

由于《天文学纲要》深入浅出，语言通俗易懂，在西方曾风靡一时，广为流传，曾先后再版12次。墨海书馆出版的《谈天》共有18卷，分4本出版。全书正文之前有李善兰、伟烈亚力序言各一篇，有凡例一篇。[①]各卷名称依次为：论地、命名、测量之理、地学、天图、日躔、月离、动理、诸行星、诸月、彗星、摄动、椭圆诸根之变、逐时经纬度之差、恒星、恒星新理、星林、历法，并有“附表”一卷。“命名”卷专门解释天文学概念，天球上的基本点和基本平面，各种天球坐标系，天文投影原理，球面三角形诸要素等，可以说得上是第一个天文学名词辞典。

《谈天》中较为全面地叙述了太阳系结构和行星行动、太阳系的力学原理和物理状况。太阳系的中心是太阳，八大行星（当时冥王星还没有被发现）以及小行星、彗星、流星群围着太阳运转，行星周围又有卫星环绕，形成了一个小的系统。太阳系内天体互相吸引，每一天体除受中心天体的引力作用之外，还受到摄动，书中用几何学的方法描述了摄动力如何作用于行星轨道。《谈天》还

---

① 在徐建寅的增补本中又有约翰·赫歇耳像一幅和约翰·赫歇耳传一篇。

介绍了一些新的研究成果，如观测金星凌日测太阳视差的方法，太阳黑子的结构，太阳自转轴倾角，太阳自转周期，太阳能的来源，月亮环形山、辐射带，月面重力是地面的六分之一，月亮没有四季变化，彗星轨道理论等都有述及。

《谈天》还介绍了牛顿的万有引力的原理及应用。卷四中说："奈端论摄力云：诸质点非共向一心，乃各点为余诸点所摄，故地摄地面之物，而用地球中各点所生之诸力也……"卷八称："奈端言：天空诸有物质各点，俱互相摄引，其力与质之多少有正比例，而与相距之平方有反比例。"卷九称："盖诸行星本欲以平速行于直线，其行于曲线者，必有力恒加之令曲也，其力方向恒指日心。""奈端论此理甚明，其大略云：凡力恒加于一动体，力之方向恒指一点，则体必行曲线道，历时同，体距点之线所过面积亦同。"这些理论，在当时确是令人耳目一新。

由于《谈天》一书影响极大，因而，一些论著以为《谈天》是近代最早将西方天文学知识介绍进中国的，但事实上，在《谈天》之前，1849年就出版过《天文略论》《天文问答》两书，《谈天》中系统介绍的不少知识，如太阳系、万有引力、彗星等，在这两书中都有所涉及。当然译名并不完全相同，如恒星在《天文略论》中作"经星"，吸引力在《天文问答》中作"相引粘合力"。而哥白尼的"日心说"，在明末即已引入。

《谈天》没有像《代微积拾级》《重学》这样首次引入新的知识体系，并不意味着《谈天》价值的降低。作为一部系统地介绍近代西方天文学知识的译作，《谈天》最为人称道的，是它准确而全面地向知识界引进了哥白尼"日心说"和开普勒行星运动三定律，正如李善兰在序中所说的，《谈天》一书的核心就是哥白尼和开普勒的学说："余与伟烈君所译《谈天》一书，皆主地动及椭圆立说。此二者之故不明，则此书不能读。"回顾一下哥白尼学说在中国的传播过程，更可看出《谈天》的独特作用以及李善兰科学思想在近代知识界的重要地位。

哥白尼学说的传入中国，可说是由来已久。17世纪初，徐光启、李天经和一些传教士编成的《崇祯历书》（至清初改名为《西洋新法历书》）中就含含糊糊地提到了哥白尼和他的计算方法，说，哥白尼认为托勒密的地心体系虽然完备，但"微欠晓明"，于是"别作新图，著书六卷"，但没有阐述这"六卷"的内容，当然也没有提到"日心说"。只是说有人认为日、月、五星的运动是由于地动而不是天动，因为"以地之一行免于天上之多行，以地之小周免于天上之大周"，但"古今诸士以为实非正解"。"日心说"不过是一种不正确的观点而已。此后，在清朝的《历象考成后编》（1742年）虽然采用了开普勒的椭圆形行星轨道，但椭圆的焦点上不是太阳而是地球，可谓似是而非。一直到乾隆二十四年（1759），也就是罗马教廷宣布解除《天体运行论》的禁令的后两年，清朝的《皇朝礼器图式》卷3《仪器》编内，介绍了两个铜制的表演日心地动的仪器，一个叫"浑天合七政仪"，一个叫"七政仪"，"日心说"就是以这样一种方式进入了中国。又过了一年，耶稣会士蒋友仁（Micheal Benoist）向乾隆进献《坤舆全图》，这一事件，通常被认为是"日心说"传入中国的标志。蒋友仁对"日心说"介绍得十分清楚：

> 歌白尼（即哥白尼）置太阳于宇宙中心。太阳最近者水星，次金星，次地，次火星，次木星，次土星。太阴之本轮绕地球。土星旁有五小星绕之，木星旁有四小星绕之，各有本轮，绕本星而行。距斯诸轮最远者为恒星天，常静不动。[①]

他还说，哥白尼以太阳静、地球动为主，欧洲人一开始听到这一理论，都惊为异端邪说，因为他们只相信自己所看到的。而事实上，哥白尼之说，不但推算密合，而且"于理亦属无碍"。后来数学家李锐根据这段文字说明画了19张天文图，开始了中国知识分子接受"日心说"的历程。

在《谈天》出版的前几十年，也不断有报刊书籍引进"日心说"。较为著名的有米怜主办的《察世俗每月统纪传》（*Chinese Monthly Magazine*）和合信的《天文略论》。

《察世俗每月统纪传》是传教士米怜于嘉庆年间在马六甲创办的。米怜是李

① 〔清〕阮元：《畴人传》卷四十六《蒋友仁传》，《畴人传合编校注》，中州古籍出版社2012年版，第415页。

善兰在墨海书馆的同事美魏茶的父亲（美魏茶人称“小米怜”）。《察世俗每月统纪传》中的《天文地理论》《论行星》《论侍星》《论地为行星》《论地周日每年转运一轮》等文章，通俗地介绍了西方近代天文学的一些主要概念，如地球是围绕着太阳转动的，日、月、地球之间的关系，太阳、静星（即恒星）、侍星（即卫星）的特点，日食、月食发生的原因等。在《论地周日每年转运一轮》一文中这样说道：

> 万物之性有二般，贤者所谓引性、向性是也。引性者，各物之中会引扯凡属之之物到己来，如磁石会引扯针到己来然。向性者，各物自本会聚向其中去，如水会共向海去然。盖万物有这二般性，故所存守海之水于其涯之内，所存守各星于其道，所存守各人各物于地面上，不离地去。所存守宇宙，常结构整齐不落于乱者，即引性、向性所使然也。因此，就可知人稳当立地，而不落下之缘故矣。①

以浅近的语言解释了万有引力，以及地球绕着太阳转但地球上的人不会落下去的道理。

合信也是墨海书馆中的传教士，译有多部医学著作。他在1849年出版的《天文略论》，较为系统地介绍西方近代天文学知识，全书分26论，即地球论、昼夜论、行星论、日离地远近论、日体圆转论、仿做地球经纬法论、各国土地人物不同论、四大洲论、万国人民论、地球亦行星论、地球环日成四季论、月轮圆缺论、月轮本体论、月蚀定例论、潮泛随月论、水星论、金星论、火星论、小行星论、木星论、土星论、哷呢拿士星（即天王星）论、彗星论、经星异见论、经星位远论、众星合论。《地球亦行星论》在介绍“日心说”时说：

> 地球之转动有二，一是自转，一是环日。自转成昼夜，环日成四季。人初不明此理，自前明嘉靖二十年，西国有天文师名加利阿者，禀赋聪明，

---

① 载《察世俗每月统纪传》嘉庆丙子年（1816），第20页。

初识地球转动环日之数，著书问世，人皆谓其荒诞不经，有司遂系于狱。后得众天文士参究其理，始知真实不虚，乃释而敬之。自是谈天者悉宗其学。①

这里的“加利阿”即伽利略。这一段文字，把“日心说”讲得十分清楚。

按理说，哥白尼的学说从明末即已引入，到李善兰的时代该是成为常识了，但事实上并非如此。专门记述科学家行状的《畴人传》完成于1799年，一代名儒阮元在为《畴人传》作序时对之全盘否定。阮元的观点实质上代表了当时知识界的主流意识。

这种情况的形成，一方面在于引入“日心说”的传教士们。他们介绍西方近代天文学的目的并不在于知识启蒙，而将之作为传教的载体。因此，总是力图把“日心说”与基督教挂起钩来。正如李约瑟所说的，耶稣会士们“具有一种较高级的投机性质”，“他们对宗教的虔诚同他们带去的科学一般多”。《察世俗每月统纪传》中也是这样，在介绍了“日心说”和万有引力后，紧接着说：“问：万物本来自然有这性，又自会常存之否？答曰：非也。神至上者，原造万物时，即就加赐之以此性。又神之全能常存之于万物之内也。若神一少顷取其全能之手，不承当宇宙，则日必不复发光，天必不复下雨，川必不复流下，地必不复萌芽，四时必不复运，洋海之潮汐必不复来去，人生必不复得其保，又世界必离披，万物必毁乱也。”就这样，把科学与宗教紧密地结合在一起了，科学成了宗教的婢女，这当然会影响科学思想的传播。

另一个更重要的方面，是封建士大夫对西方近代科学的排斥，作为中国知识界的主流，他们的反对直接阻碍了“日心说”的传播。蒋友仁在1760年即已向中国引入了“日心说”，但对这样先进的科学理论，自乾隆以降，根本无人理睬，《坤舆全图》及两件仪器被封入宫内。三四十年后，钱大昕奉命将《坤舆全图》加文字润色并定名为《地球图说》，却仍是“终疑其说，勿用”。而当时执

① ［英］合信：《博物新编二集・地球亦行星论》，见王扬宗编校：《近代科学在中国的传播（上）——文献与史料选编》，山东教育出版社2009年版，第108页。

学界牛耳的阮元虽为《地球图说》作序，却反复陈述地圆之理可信，对于“日心说”，他认为“此所译《地球图说》，侈言外国风土，或不可据”。“学者不必喜其新而宗之，亦不必疑其奇而辟之可也。”因为是为该书作序，他不便直接否定，而是婉转地否定了“日心说”。后来在《畴人传·蒋友仁传》中，阮元就毫不客气了，痛斥“日心说”是“上下易位、动静倒置，则离经畔道，不可为训”。说西人先是主“地圆说”和“地心说”，现在又提出“椭圆说”和“日心说”，是故弄玄虚。一种学说创立才及百年，而其结论屡变，何时是了？还是应该像中国的古人一样，只讲所当然，不讲所以然，这样才是终古无弊。

《谈天》的不同凡响之处，在于极力宣传哥白尼的地动“日心说”、开普勒三大定律和牛顿的万有引力学说的正确性，“定论如山不可移矣”，尖锐地批评当时一些保守的中国学者对哥白尼学说的歪曲和攻击，认为是“拘牵经义，妄生议论”的无谓之论，更提出了追求科学真理应该知其然更知其所以然的“求其故”的学术思想。这些思想，是李善兰领先于时代的杰出之处。这集中体现在他的《谈天》序中：

> 西士言天者曰：“恒星与日不动，地与五星俱绕而行，故一岁者，地球绕日一周也，一昼夜者，地球自转一周也。”议者曰：“以天为静，以地为动，动静倒置，违经畔道，不可信也。”西士又曰：“地与五星及月之道，俱系椭圆，而历时等，则所过面积亦等。”议者曰：“此假象也，以本轮、均轮推之而合，则设其象为本轮、均轮；以椭圆、面积推之而合，则设其象为椭圆、面积；其实不过假以推步，非真有此象也。”
>
> 窃谓议者未精心考察，而拘牵经义，妄生议论，甚无谓也。古今谈天者，莫善于子舆氏“苟求其故”之一语。西士盖善求其故者也。旧法：火、木、土皆有岁轮，而金、水二星则有伏见轮。同为行星，何以行法不同？歌白尼（即哥白尼）求其故，则知地球与五星皆绕日，火、木、土之岁轮因地绕日而生，金、水之伏见轮则其本道也。由是五星之行，皆归一例。然其绕日非平行，古人加一本轮推之，不合，又加一均轮推之，其推月且加至三轮四轮，然犹不能尽合。刻白尔（即开普勒）求其故，则知五星与

月之道皆为椭圆，其行法面积与时恒有比例也。然俱仅知其当然而未知其所以然。奈端（即牛顿）求其故，则以为皆重学之理也。凡二球环行空中，则必共绕其重心，故绕重心即绕日也。凡物直行空中，有他力旁加之，则物即绕力之心而行；而物直行之迟速与旁力之大小适合平圆率，则绕行之道为平圆；稍不合，则恒为椭圆；惟历时等，所过面积亦等，与平圆同也。今地与五星本直行空中，日之摄力加之，其行与力不能适合平圆，故皆行椭圆也。由是定论如山不可移矣。又证以距日立方与周时平方之比例及恒星之光行差，地道半径视差，而地之绕日益信。证以煤坑之坠石，而地之自转益信；证以彗星之轨道、双星之相绕，多合椭圆，而地与五星及月之行椭圆益信。余与伟烈君所译《谈天》一书，皆主地动及椭圆立说，此二者之故不明，则此书不能读，故先详论之。

这里的“西士”指哥白尼、开普勒等，而“议者”即指阮元。阮元是历乾隆、嘉庆、道光三朝的学界领袖，此时离阮元去世不过10年，李善兰即在文中直斥其非，可见其信念之坚定。正是由于《谈天》的出版，使得近代科学的宇宙观得以在中国传播开来，中国传统的盖天说、浑天说、“天圆地方”、“天动地静”等陈腐的天文地理观，来自西方的神化了的地心说等从此退出了学术界，从哥白尼开始到牛顿完成的建立在牛顿经典力学体系之上的近代天文学知识，在中国站稳了脚跟。从这个意义上说，这篇《谈天・序》成为中国人从传统宇宙观向科学宇宙观转变的一个标志。李善兰的功绩，并不仅在于《谈天》中引入的“地圆说”“地动说”“日心说”，更在于他所宣扬的科学精神。如果把伟烈亚力的《谈天・序》与李善兰的序言对照一下，可以更清楚地看出这一点。

伟烈亚力在《谈天・序》中说：

昔多禄某谓地居中心，外包诸天，层层硬壳。传其学者，又创年轮、均轮诸象，法棋繁矣。后代测天之器益精，得数益密，往往与多氏说不合。歌白尼乃更创新法，谓太阳居中心，地与诸行星绕之，第谷虽讥其非，然恒得确证，人多信之。至刻白尔推得三例，而歌氏之说始为定论。然刻氏仅言其当然，至奈端更推其所以然，而其说益不可摇矣。

伟烈亚力娓娓道来，以其对西方文化的系统了解，如数家珍，从托勒密（多禄某）的地心体系，到哥白尼（歌白尼）的“日心说”，到开普勒（刻白尔）的三大定律，把西方天文学说的变化轨迹说得清清楚楚，要言不烦。可以说，伟烈亚力对西方近代天文学的掌握，比之于李善兰，只在其上不在其下。但这样一位科学家，照样是万变不离其宗，仍是把宇宙万物归结为“造物主”的安排：

夫造物主之全智巨力，大至无外，罔不莅临，罔不鉴察。故人虽至微，无时不蒙其恩泽。试观地球上万物莫不备具，人生其间，渴饮饥食，夏葛冬裘，何者非造物主之所赐！窃意一切行星，亦必万物备具，生其间者，休养乐利，如我地上。造物主大仁大慈，必当如是也……余与李君，同译是书，欲令人知造物主之大能，尤欲令人远察天空，因之近察己躬，谨谨焉修身事天，无失秉彝，以上达宏恩，则善矣。

普及天文学知识的目的是“欲令人知造物主之大能”，这与李善兰“求其故”即追求科学真理的精神相比，其高下不可同日而语。当然，伟烈亚力也许只是以一个传教士的身份作例行的说教而已，而李善兰作为一个近代科学先驱的光芒却因之而更为耀眼。

《谈天》译出后，对学术界产生了强烈的冲击，令耳目为之一新。李善兰也极为自负，王韬在日记中有一段很传神的记载：

同壬叔入城，途遇蒋剑人，因偕访筱峰、步洲，邀至酒楼小饮。肴核纷陈，都有真味，酒罄数壶，醺然有醉意。酒间，剑人抵掌雄谈，声惊四座，自言所作诗词骈体，皆已登峰造极，海上寓公无能抗乎。独于古文尚不敢自信。壬叔亦谓：“当今天算名家，非余而谁？近与伟烈君译成数书，现将竣事。此书一出，海内谈天者必将奉为宗师。李尚之、梅定九恐将瞠乎后矣。”①

这里的“李尚之”即那个为蒋友仁的《坤舆全图》画了19张天文图的李锐，是清代著名的数学家，在数学研究上以方程论著称。“梅定九”即梅文鼎，是清初著名天文学家与数学家，字定九，号勿庵，在历法和三角学上有极深的造诣，其学术思想和著作，影响流传了整个清代。李善兰自称《谈天》将被奉为宗师，令李锐、梅文鼎瞠乎其后，不免有点自夸，但就其价值而言，还不算十分的言过其实。

事实上，当时及后代学者对《谈天》的评价也是极高的。《谈天》咸丰九年出版后，于同治十三年（1874）再版，由徐寿之子徐建寅把当时西方天文、物理最新成就（到1871年为止）补充进书中，共约25000字，由江南制造局增订出版。②此后又不断印刷，先后共重印了13次，这在当时是一个了不起的数字，可见此书受欢迎的程度。梁启超也称赞《谈天》一书“精善”，“亦群书中所罕见也”。他认为“人日居天地间，而不知天地何状，是谓大陋”，《谈天》“不可不急读”。③《谈天》的出版，对中国天文学的发展产生了极大的影响，此后出版的许多有关天文学的书籍和杂志，都是在《谈天》的理论框架下展开，并不断补充新的研究成果，如《天学图说》《西国天学源流》《天文启蒙》《天文须知》《天学释名》《西学略述》《格致启蒙》《诸天讲》《天文歌略》等。华蘅芳在《天文须知》中说：“阅者从此推求，再细考《谈天》等书，自可得其详也。”可见《谈天》实际上已成了这一时期天文学的经典著作。光绪年间，作为上海澄衷学堂教材的《天文歌略》中就说：“万球回薄，对地曰天。日体发光，遥摄大千。地与行星，绕日而旋。地体扁圆，亦一行星。绕日轨道，椭圆之形。同绕

① 〔清〕王韬：《王韬日记》，中华书局2015年版，第285页。

② 1879年出版的《谈天》续译本凡例称：“此书原本咸丰元年刊行，其后测天家屡有新得，今一一附入，如小行星最后，有如同治八年所得者，又有太阳等事说，非原书所有，而由重刊之本文新译之也。”

③ 〔清〕梁启超：《梁启超全集》（第1集），中国人民大学出版社2018年版，第168页。

日者，测有八星。各行轨道，分列逐层。天不可度，依地为宗。先明地学，天文始通。吾人所寓，实惟地球。其体圆转，上下四游。一日一夜，自转一周。”可见此时新的天文学知识已从西方科学家的笔下，走到了中国老百姓中，而这，就是肇始于李善兰的《谈天》。

《植物学》

在李善兰的译作中，《植物学》是一部颇有特色的著作。一是全书8卷，只有寥寥35000字，不过是一篇论文的规模，但各种插图有242幅，这在当时是较为少见的。二是这本书国内出版时并没有像续译《几何原本》《谈天》《代微积拾级》这样引起轰动，却在邻国日本产生了大得多的影响，这也是很特别的。三是这本书是李善兰唯一一部跟两位西方传教士合作的作品。当然，跟李善兰的其他译作一样，《植物学》也是一部在科学发展史上具有标志性意义的重要著作。

与李善兰一起翻译《植物学》的，主要是墨海书馆的传教士英国学者韦廉臣。他翻译了前7卷，还差最后一卷尚未译完，就因病回国治疗，由与李善兰同译《重学》的艾约瑟续完第8卷。

韦廉臣（Alexander Williamson）是英国苏格兰人，毕业于格拉斯哥大学。韦廉臣于1855年在他26岁时受基督教伦敦会派遣来到中国，于9月24日来到上海。两年后因病回国。1863年他又作为英国苏格兰国际圣公会的代理人被派到烟台传教，1869年回国。1877年，在华的新教传教士在上海举行第一次大会，议决成立益智书会，负责编写教科书，供全国教会学校使用。韦廉臣被委任为益智书会秘书。韦廉臣最为人称道的，是他联络赫德、林乐知、慕维廉等人，于1887年1月11日在上海创立同文书会（后改名广学会），这是当时中国最大的现代出版机构，除出版宣传基督教义的书刊外，还出版《万国公报》和翻译出版西方政治、科学、史地书籍。韦廉臣的著作，最为有名的即这本与李善兰合译的《植物学》。他还编有《格物探源》一书，有学者认为，汉语中“化学”一词，最早就是出现在这本书中，韦廉臣把英语“Chemistry”一词，意译为中文“化学”，创造了一个新名词[①]。同时代的著名传教士李提摩太称韦廉臣是“无论从体格、智力还是精神方面看，他都是一个巨人”。韦廉臣于1890年在上海逝世。

从韦廉臣在墨海书馆的活动中，可以初步推断《植物学》一书的翻译时间。译作开始肯定不会早于1855年，因为这一年的9月韦廉臣才来到上海。而《植物学》书上有“清咸丰丁巳（1857）季秋墨海书馆开雕”的字样，李善兰在《植物学》序言中说：“咸丰八年，刊既竣”，可见在1857年秋即已译完。李提摩太在他的《亲历晚清四十五年》一书中说：“韦廉臣牧师开始定居在上海。他学习中文的成效非同一般，在十二个月之内，就用中文写了一部植物学方面的书。但他不得不为自己的勤奋付出沉重代价：身体累垮了，只好奉命回国休养。”[②]这里的“植物学方面的书”，显然就是《植物学》。从1857年季秋往前推一年，再加上艾约瑟翻译最后一卷的时间，《植物学》应该是在1856年开始翻译的。

《植物学》所据的底本，一般认为是英国著名植物学家林德利的著作，李善兰和韦廉臣在翻译时作了一定的删节。[③]

---

① ［英］韦廉臣《格物探源》第三卷第一章“论元质”：“读化学一书，可悉其事。故此微渺者，有类于砖石，能建房宇，其大小形体，皆有定式。”此前王韬在咸丰五年二月十四日的日记中也有“化学”一词，但并非指“Chemistry”。

② ［英］李提摩太：《亲历晚清四十五年——李提摩太在华回忆录》，人民出版社2011年版，第17页。

③ 学界一般认为《植物学》的底本是林德利的《植物学纲要》（*Elements of Botany*），如熊月之的《西学东渐与晚清社会》、王渝生的《中国近代科学的先驱李善兰》、汪子春的《李善兰和他的〈植物学〉》等。但此书前后多达6个版本，时间跨度从1830年到1849年，究竟是何时出版的哪一个版本则一直不大清楚。潘吉星认为《植物学》所据的原书应是林德利的《植物学初步原理纲要》（*The Outline of the First Principles of Botany*）第四版，该书于1841年在伦敦出版。沈国威则在比对*The Outline of the First Principles of Botany*原书1841年的第四版、1847年的第五版和1849年的第六版（只比第五版略有订正）后，认为《植物学》的底本应是《植物学初步原理纲要》的第五版《植物学基础》（1847年）以后的版本（即第五版或第六版）。芦笛在《晚清〈植物学〉一书的外文原本问题》（《自然辩证法通讯》2015年第6期）认为：《植物学》卷1的内容大部分来自韦廉臣的《真道实证》之《上帝惟一不能有二》和巴尔弗的《植物神学》（*Phyto-Theology*，1851）；卷2节译自林德利出版于1847年或1849年的《植物学基础》（*The Elements of Botany*）；卷3至卷6的内容节译自林德利的《植物学基础》（1847或1849）和巴尔弗的《植物神学》（1851）；卷7和卷8的内容仍不知所本。此外，李善兰不仅润色了译文，还附入少量自己的文字。

林德利（J. Lindley）以研究植物分类体系而著称，他曾试图建立一个植物自然分类体系，极大地促进了从人为分类体系到自然分类体系的过渡。林德利1823年就任英国园艺学会的助理秘书，1830年为园艺学会在英格兰举办了首次花展。后来，林德利成为伦敦大学第一任植物学教授。林德利出版于1842年的《园艺学原理与实践》，被公认为是论述园艺学的生理学基础的最杰出的著作之一。他在1846年出版的《植物界》一书中，提出了自己的植物自然分类体系，促进自然分类体系在英国的普及。

《植物学》书影

李善兰在序言中介绍《植物学》说："《植物学》八卷……凡为目十四，为图约二百。于内体、外体之精微，内长、外长、上长、通长、寄生之部类，梗概略具。"这几句话简要介绍了《植物学》的内容。《植物学》八卷，分别为：卷一总论，述研究意义、植物与动物异同、植物的地理分布；卷二"论内体"，述植物组织结构；卷三至卷六"论外体"，述植物根、茎、叶、花、果实等器官的构造及其生理功能。卷七卷八述植物分类方法。《植物学》作为我国最早一部近代植物学的译著，主要介绍了当时在实验观察基础上所建立的近代植物学基本理论知识。介绍了植物的地理分布；介绍了只有在显微镜下才能看到的植物体组织结构，诸如细胞结构，根、茎、花、叶、果组织结构；介绍了近代在实验观察基础上建立起来的有关植物体各器官的生理功能的理论，诸如茎的功能是支持和运输，叶的气孔功能、光合作用功能；介绍了以植物体形态构造特点为依据的近代植物分类方法，根据有花、无花，将植物分为有花植物和无花植物，根据植物生长方式将植物分为外长类、内长类、上长类、通长类和寄生类五大项；介绍了各种形状的细胞形态以及一切植物都是由细胞组成的理论。《植物学》一书还介绍了近代西方在实验观察的基础上所建立起来的各种器官组织生理功能的理论，这些理论对当时的中国人来说，可谓是闻所未闻。[1]

从这些内容可以看出，《植物学》的内涵已相当于现在所说的普通植物学。这种在观察与实验基础上建立起来的近代植物学的一般理论，与中国传统植物学偏重实用的宗旨可谓大异其趣。中国古代也有对植物的研究，如《本草纲目》《救荒本草》《花果卉木全芳备祖》等，但这类著作的出发点和目的，主要在于识别植物种类、明其实用价值，属实用性质范畴，这与近代意义上的普通植物学差别很大。正是从这个意义上而言，《植物学》的面世，标志着近代西方普通植物学开始传入中国。而《植物学》中所体现的理论体系，也是中国人了解西方植物学的最好入门书。对此，李善兰本人也认识得极为清楚，他在序言中不无自负地说："中国格致能依法考究，举一反三，异日克致赅备不准焉。"显然当仁不让地把这本书当成指导植物学实践的理论了。值得一提的是，《植物学》的封面上的书名是由李善兰自己题写的，可见他对这本书的重视。

正因为《植物学》阐述的是西方近代普通植物学的科学理论和研究方法，因而书中的大多植物学术语是中文根本没有的，这就意味着在翻译时必须创译一大批新的名词术语。李善兰在这里又一次表现了他的深厚的学术造诣和卓越的语言天赋。除了极少数生长于外国的植物名称只能采用音译外，《植物学》的名词术语大多是李善兰创译的。如植物学、细胞、萼、瓣、心皮、子房、胎座、胚、胚乳等名词，以及分类学上的"科"和伞形科、石榴科、蔷薇科、豆科、唇形科、菊科等许多科名，都是在《植物学》中首次出现的，并沿用至今。一个从未接触过现代植物学的传统学者，第一次翻译西方第一部植物学著作，所创译的名词术语便能"一锤定音"，这不能不让人惊叹李善兰的天才。

分析一下李善兰创译的名词，有一个明显特点，就是尽量运用中国传统植物学中已有的名词术语，充分照顾中国人的阅读习惯，采用浅近、通俗的表达方式，来创译新词，比如"植物"一词。"植物"一词早见于2000多年前的《周礼·地官·大司徒》，"其植物宜窍物"，在《诗经》《本草纲目》和古代诗人

① 参见汪子春：《我国传播近代植物学知识的第一部译著〈植物学〉》，《自然科学史研究》1984年第3卷第1期。

的诗中都用过这个词。李善兰把“botany”翻译成“植物学”，可谓是妙手偶成，既准确又雅致。还有像“心”和“须”，在我国古代的植物文献中，把花的中心部分称为花心，把花心周围的须状物称为花须，从1848年出版的清代吴其浚的《植物名实图考》[①]中对植物花部描述所用的术语来看，萼、瓣、须、心等在当时已成为描述植物的通用或常用语。但古人并没有认识到它们分别是雌雄器官，更认识不到它们在生殖过程中的作用，而李善兰把Pistil（雌蕊）译为心，将Stamen（雄蕊）译为须，把这些古老的名词和近代植物学巧妙结合起来，赋予了新的含义。李善兰在创译名词中还时有神来之笔。有名的“细胞”一词，这是《植物学》中一个重要的学术名词。李善兰把“cell”理解为“小的胞体”。本来应该译作“小胞”，但李善兰是海宁人，在当地方言中，往往把“小”称为“细”，所以李善兰就把“cell”译作了“细胞”。而在当时，“cell”一词有着五花八门的译名，此后的三四十年中，可能是因为“细”是方言的原因，李善兰的“细胞”并不为公众所认可。《植物学》传入日本后，影响颇大，“细胞”一词反而在日本叫响了，取代了原先的译名。到了20世纪初，中国学者开始大量翻译日本的科学文献，于是，“细胞”一词又被广泛应用。由于“细”在汉语中有着比“小”更小的意思，“细胞”一词更能体现出“cell”的内涵，因而“细胞”一词又取代了此前流行的各种各样的译名，一直沿用了下来。

《植物学》的出版，使我国传统的植物学从古老的本草、农学中走了出来，开创了近代植物学发展的新纪元。令人费解的是，这样一部划时代的著作，在当时并未引起应有的反响，以至同时代的李提摩太这样一个长期生活在中国的著名学者，也叫不出《植物学》的名字而只称为“植物学方面的书”。这大概只能理解为《植物学》中全新的植物学知识和研究方法，对当时的中国知识界来说，确乎是超前了一点。但《植物学》在日本却产生了深远的影响。日本第一部从有用植物学脱离出来而成为“纯正植物学”的教科书《植学启原》，是日本

---

① 《植物名实图考》全书共七万一千余字，三十八卷，分植物为十二大类，每类又分成若干种，记载植物一千七百一十四种，附图一千八百余幅，是我国第一部以植物命名的植物学专著，并且是前所未有的收载植物最多的区域植物志。研究者认为，此书的编写体例不同于历代的本草著作，实质上已经进入植物学的雏形，对李善兰翻译《植物学》有直接影响。

植物学家宇田川榕庵于天保四年（1833）编写、天保六年刊印的，比《植物学》早了20年，因而日本人比中国人更容易接受《植物学》中的科学观念。《植物学》出版后不久就传到了日本，明治八年（1875）日本学者据中译本转译为日文出版，主要有阿部弘国的《植物学和解》和田原陶猗的《植物学抄译》两种版本。日本近代植物学奠基人牧野富太郎也曾不止一次地提到《植物学》对日本植物学的发展所产生的影响。如"植物学"一词，《植物学》传入日本前，日本把Botany（即拉丁文的Botanica）译为"普它尼克经"，1833年还用过"植学"这个词，但在看到李善兰的《植物学》后，即采用了李善兰的译法，并沿用至今。中国科学界对《植物学》价值的充分认识，一直要到《植物学》出版后的二三十年后，受《植物学》的影响，这时相继出现了一批具有近代植物学意义的著述，如艾约瑟的《植物学启蒙》（1886）、傅兰雅的《论植物学》（1876）、《植物须知》（1894）和《植物图说》（1895）等。梁启超评价说："动、植物学，推其本原，可以考种类蕃变之迹，究其致用，可以为农学、畜牧之资，乃格致中最切近有用者也。《植物学》《植物图说》皆甚精。"①

《奈端数理》

在李善兰的时代，能有翻译机会的西方科学著作，一般都是实用的、通俗的、较为浅近的书籍。即使精益求精如李善兰者，在墨海书馆时所译的，如《代微积拾级》《重学》《谈天》《植物学》等，也大多是西方国家大学低年级或者高中的教科书。但李善兰卓越的见识和超前的思想又一次在译书中闪耀：他在翻译上述书籍的同时，竟还翻译了一部纯理论的科学巨著，那就是《奈端数理》。

《奈端数理》是牛顿的科学名著，即《自然哲学的数学原理》（*Philosophiae Naturalis Principia Mathematica*）。《原理》一书出版于1687年。正是在《原理》

① 〔清〕梁启超：《读西学书法》，见《梁启超全集》（第1集），中国人民大学出版社2018年版，第169页。

一书中，牛顿提出了力学的三大定律和万有引力定律，对宏观物体的运动给出了精确的描述，总结了他自己的物理学发现和哲学观点。无论从科学发展史还是整个文明史来看，《自然哲学的数学原理》都是一部具有里程碑意义的巨著。它不仅标志着16、17世纪科学革命的顶点，也是人类文明、进步的划时代标志。它不仅总结和发展了牛顿之前物理学的几乎全部重要成果，而且也是后来所有科学著作和科学方法的楷模。《自然哲学的数学原理》所达到的理论高度是空前的，甚至可说是绝后的。爱因斯坦曾说过："至今还没有可能用一个同样无所不包的统一概念，来代替牛顿的关于宇宙的统一概念。而要是没有牛顿的明晰的体系，我们到现在为止所取得的收获就会成为不可能。"

说起来，李善兰与牛顿有着不解之缘。他早年在《方圆阐幽》《弧矢启秘》《对数探源》等数学著作中所发明的尖锥术，实际上已接近于牛顿的微积分思想，他在墨海书馆时期所翻译的科学著作，完全可以看作是牛顿走进中国的载体。有学者认为，1859年的中国学术界，是一个"牛顿年"，因为在这一年，有关牛顿物理学的三部译作在中国出版，而这三部译作都出自李善兰的手笔。《谈天》介绍了牛顿的万有引力概念及其定律，《重学》介绍了牛顿的运动三大定律，《代微积拾级》介绍了牛顿的微积分计算方法。李善兰在书中提到了牛顿创用"首末比例法"，这是微积分理论首次传入中国。可以说，没有李善兰，牛顿学说在中国的传播起码要晚上好几年甚至几十年，李善兰为牛顿的物理学、天文学、数学比较全面、集中地传播到中国作出了杰出的贡献。傅兰雅说李善兰"常称奈端之才"，可见李善兰对牛顿的科学是心领神会。他最早全面地向中国介绍牛顿的学说，并不是偶然。他在墨海书馆时期所作的《火器真诀》，就是应用牛顿力学来研究弹道学的力作，说明李善兰对牛顿学说的掌握已不仅仅是限于介绍，而是用来指导自己的研究工作了，这在当时的中国，不能不说是个奇迹。

《自然哲学的数学原理》最早的三个版本都是拉丁文版，分别以1687年、1713年及1726年印行，第一个英文译本是由1726年版翻译而来的，出版于1729年。在1802年，又出现了根据第一版翻译的英文译本。李善兰当时看到的，应该是这两个英文版本中的一个。李善兰翻译《奈端数理》的合作者，仍是他的老搭档伟烈亚力。翻译的时间，大致在译出《代微积拾级》《重学》《谈天》的稍后一段时间。前引慕维廉在《中国与福音》的那段话中说：“（李善兰）且尝译侯失勒《谈天》、胡威立《重学》，又着意从事奈端《数理》。”慕维廉回忆的是1858年的事，可见其时《谈天》《重学》已译出，而《奈端数理》则正在进行中。1860年后，李善兰助徐有壬守苏州城失败，著作“遭乱尽失之”，一直生活在动乱之中，也没有心情著书立说。而伟烈亚力于1860年5至8月间，与别的传教士一起，在杭州和长江沿岸考察战乱对中国的影响，8月即准备回国，并于这年的11月回到英国。在这段时间内，也没有精力从事翻译工作。因此，《奈端数理》的翻译基本上是在1858—1860年之间。

从情理上推断，李善兰开始可能并不打算专门翻译《奈端数理》。当时包括李善兰在内的所有译书者，所翻译的书籍都是力求实用，可以立竿见影，像《奈端数理》这样深奥的理论著作，还没有必要甚至还没有可能来翻译。但李善兰在翻译《谈天》《重学》《代微积拾级》时，牵涉到大量牛顿的学说，如果不从理论上弄清楚，显然是不可能翻译得准确全面的，因而，李善兰必须系统地学习牛顿的思想。也就是说，《奈端数理》其实是翻译《谈天》《重学》《代微积拾级》的一个副产品，或者说是李善兰的学习笔记而已。因此，在《代微积拾级》等书顺利出版后，《奈端数理》只译了“数十页”，就搁下了。丁福保在《算学书目提要》称：“《奈端数理》四册，英国奈端撰，伟烈亚力、傅兰雅口译，海宁李善兰笔述。（丁福保）按：是书分平圆、椭圆、抛物线、双曲线各类，椭圆以下，尚未译出，其已译者，亦未加删润。往往有四五十字为一句者，理既奥颐，文又难读。吾师若汀先生屡欲删改，卒无从下手。”所以会“未加删润”，会“四五十字一句者”，很可能就是因为李善兰并不是正式翻译，仅是一个科学家在写自己的读书笔记，只要自己理解就行，当然用不着加以“删润”，更不必在乎人家是否看得懂。否则，以华蘅芳的学识，绝不至于“屡欲删改，卒无从下手”。

李善兰重新拾起《奈端数理》，是在几年之后的江南制造局中。可能是出于同样的动机，他与傅兰雅翻译了《奈端数理》的第一卷。傅兰雅的《江南制造总局翻译西书事略》称：“李善兰与伟烈亚力译《奈端数理》数十页，后在翻译馆内，与傅兰雅译成第一卷，共三册。原书共八册。”[①]可能出于时间上的原因，只翻译了一卷就放下了。

慕维廉在*China and the Gospel*一书中回忆说：

> 他（指李善兰）数学天分极高，对任何分支都没有困难。他研究了一部代数著作（指《代数学》），欧几里得著作的后九章（指续译《几何原本》），一个关于三角和微积分的全面系统（指《代微积拾级》）。他翻译了赫失勒的《谈天》，胡威立的《重学》，以及其他科学著作，都尽可能用最容易的方式，体现出他对每一课题的全面掌握。他急于翻译牛顿的《原理》，现在正在从事此书的翻译或新近完成了翻译。[②]

*China and the Gospel*出版于1870年。1870年3月8日上海出版的《北华捷报》，也提到李善兰翻译了牛顿《原理》的第一部分。[③]可见此时李善兰翻译《奈端数理》已告一段落。而李善兰于1868年即应郭嵩焘之荐，离开金陵书局，赴京任京师同文馆天算馆教习。江南制造局翻译馆于1868年成立，李善兰其实并非正式参与江南制造局的翻译工作，他在1867年忙于出版他的《则古昔斋算学》，而1868年则准备赴京师同文馆。这期间，他在金陵书局并没有许多事可做，以他和徐寿、华蘅芳、傅兰雅等人的密切关系，完全可能中间到上海的江南制造局会会老朋友，抽空译几章《奈端数理》。所以，傅兰雅说：“中国著名算学家李壬叔暂时在馆译书，后至北京同文馆为算学总教习。”“暂时”云云，显见李善兰非正式在馆工作。因而，李善兰与傅兰雅翻译《奈端数理》应该是在1868年，而且前后不过几个月。

但令人遗憾的是，这一未完成的《奈端数理》，在李善兰进京后，就不明下

---

① ［英］傅兰雅：《江南制造总局翻译西书事略》，见《中国科学翻译史料》，黎难秋等编，中国科学技术大学出版社1996年版，第416页。

② W. Muirhead，*China and the Gospel*，转引自韩琦：《〈数理格致〉的发现——兼论18世纪牛顿相关著作在中国的传播》，《中国科技史料》1998年第2期。

③ *North China Herald*，Shanghai，1870，p.169，转引自韩琦：《〈数理格致〉的发现——兼论18世纪牛顿相关著作在中国的传播》，《中国科技史料》1998年第2期。

落了。数十年来，有不少学者对这部译作的下落作了探究。梳理起来，在这几个方面是比较明确的。

一是这本书一度由李善兰的好友华蘅芳保管。华世芳在致汪康年函中称："《奈端数理》及《合数术》二书，昨已由家兄取去，未识是尊处所要否？"[①]华世芳的"家兄"，即华蘅芳。华蘅芳与傅兰雅共同翻译了不少西方科技著作，很可能在李善兰走后，傅兰雅欲与华蘅芳续译此书，故将此书交与华蘅芳。而华蘅芳也仔细地研究了李善兰的译文，所以才有其弟子丁福保"吾师若汀先生屡欲删改，卒无从下手"的说法。

二是此书是在梁启超手上丢失的。丁福保《算学书目提要》称："（《奈端数理》）后为大同书局借去，今不可究诘。"大同译书局于光绪二十三年（1897）创设于上海，梁启超是创始人之一。为"大同书局借去"即是被梁启超借去。梁启超与汪康年是过往甚密的朋友，光绪二十二年共同创办《时务报》，他们在光绪二十三年共同发起组织的不缠足会，即设在大同译书局内，完全可能是梁启超欲在大同译书局出版《奈端数理》，请汪康年向华世芳借来《奈端数理》，但因书只译出一卷，无法付印，只好暂时搁置，竟至丢失。梁启超《饮冰室合集》，其文"论中国学术思想变迁之大势"（初稿于1902年）中有一小号字夹注称：

> 天算之学……海宁李壬叔（善兰）、金匮华若汀（蘅芳）最名家。壬叔续译成《几何原本》，若汀译《奈端数理》，未卒业。若汀先生于丁酉（1897）冬于其所译《奈端数理》属鄙人使校印之。未印而戊戌（1898）难作，行箧书物悉散佚，兹编与焉。七年来耿耿负疚，不能其怀。微闻此编未遭浩劫，为竞卖者所得，未知今归谁氏。海内君子有藏之者，亦使鄙人对于译者得赎重咎也。[②]

① 上海图书馆编：《汪康年师友书札》（3），上海书店出版社2017年版，第2039页。

② 〔清〕梁启超：《论中国学术思想变迁之大势》，《梁启超全集》（第3集），中国人民大学出版社2018年版，第104页。

梁启超把书丢了，把《奈端数理》的译者也丢了，径称是华蘅芳，显然是记错了。有研究者认为，“或许华蘅芳交稿时未曾对梁启超言其先后来历，或许梁启超因失稿内疚而将重名赠与华蘅芳，或许二者兼而有之。”[①]但事实上，梁启超从一开始就没有认为这是李善兰译的。他在光绪二十二年（1896）所著的《读西学书法》中说：“《奈端数理》，制造局译未成，闻理太奥赜，李壬叔亦不能译云。”其时大同译书局尚未成立，当然也没有借书、丢书之事，但梁启超已听说李善兰不能译《奈端数理》，所以他一年后拿到《奈端数理》，便想当然地以为译者为华蘅芳了。但问题在于，光绪二十二年离李善兰去世不过十来年，以李善兰之大名，以梁启超交游之广、见识之博，岂有不知《奈端数理》译者为谁？这确实有点不太好理解。

三是此书在流传过程中，其名应为《数理格致》。这是由著名中算史专家、浙江大学教授章用（1911—1939）提出来的，李俨在《李善兰年谱》和《近代中算著述记》引用了这一说法。李俨《中算史论丛》第二集《近代中算著述记》，“《数理格致》又题‘《数理钩元》’四册”条云：稿本（章用藏），有“蟭螟巢”印，未著作者、译者名，疑即前书（即《奈端数理》）[②]。又：1937年2月22日，章用在给李俨的信中，称“《数理格致》四册，书内又题《数理钩元》，有‘蟭螟巢’印，虽未署作者译者名，然细读之下，即知为奈端文，其出自李善兰手，亦无疑问。钞本图表均留有空格待补，以校欧文原籍，亦若合符节云。”[③]。中国科学院自然科学史研究所韩琦研究员认为，这里提到《数理格致》4册，就是为大同书局借去的那个本子。他还认为，通常所说的《奈端数理》，其实并无此书名，丁福保、华世芳、梁启超等所说的《奈端数理》，应该标点作“奈端《数理》”，即奈端的《数理（格致）》。《数理格致》才是真正的书名，即*Mathematical Principles*之直译。

万幸的是，在失踪了近百年后，《奈端数理》竟又重见天日。1995年，韩

---

① 戴念祖《梁启超丢失〈奈端数理〉译稿》，《中国科技史料》1998年第2期。

② 李俨：《李善兰年谱》，《李俨钱宝琮科学史全集》第八卷，辽宁教育出版社1998年版，第554页。

③ 李俨：《章用君修治中国算学史遗事》，见《李俨钱宝琮科学史全集》第十卷，辽宁教育出版社1998年版，第246、247页。

琦应伦敦大学瓦尔堡（Warburg）研究所的邀请作为访问学者，在英国意外发现了《原理》的译稿，即《数理格致》，共63页。翻译介绍了牛顿《自然哲学的数学原理》的定义、运动的公理和定律，以及第一编“物体的运动”的前四章。韩琦认为，这个本子很可能是伟烈亚力回国时送给伦敦会的。①

大致可以这样推断，李善兰与伟烈亚力在墨海书馆译了数十页后，伟烈亚力就回国了，并把《奈端数理》的译文稿本带了回去，这就是英国版。此后，李善兰在江南制造总局与傅兰雅又译了一卷，这就是大同书局版②。大同书局版在被梁启超丢失后，为“竞卖者所得”，辗转流传，“蟫螟巢”或许是流转过程的最后一个买主，最后到了章用手上，也算是得其所哉。但章用英年早逝，抗日战争时在浙江大学西迁途中因病去世，年仅28岁。这一译本也就不知所终了。

《奈端数理》虽非完璧，但作为牛顿名著《自然哲学的数学原理》的第一次中文翻译，在中国科学发展上有着独特的地位。

《奈端数理》历经坎坷，好事多磨，最后总算是重见天日，李善兰泉下有知，亦当欣慰。但遗憾的事还是免不了。李善兰另有两本译作，一直未见踪影。

王韬在咸丰十年（1860）三月二十的日记中写道：

> 清晨，吴子登来访，言拟学《照影法》。其书，壬叔已译其半。照影镜已托艾君（约瑟，字迪谨，英国耶稣会士人，颇诚谨。）购得，惟药未能有耳。

在二十四日又说：

① 韩琦：《〈数理格致〉的发现——兼论18世纪牛顿相关著作在中国的传播》，《中国科技史料》1998年第2期。

② 李善兰在京师同文馆的《致华蘅芳》信中（从内容推测大致在1880年）说：“《奈端》一书，不特续译无期，即已译者，亦不知何日改毕，心甚焦灼。当时在上海，若早住一年，则一切了矣。马制军、丁中丞不解事，再三催迫上道，遂留此不了之事，殊可恨也。”这里所说的，当是1868年夏天离开金陵书局赴同文馆期间，在上海停留数月，欲将《奈端数理》译毕，然在马制军（浙江巡抚马新贻）、丁中丞（江苏巡抚丁日昌）的催促下赴京，还是没有译完，以致李善兰到同文馆后仍耿耿于怀，一直想译完此书，但终究没有译完。

清晨，吴子登来，同访艾君约瑟，将壬叔所译《照影法》略询疑义。艾君颇肯指授。[①]

这里说的吴子登，即吴嘉善，江西南丰人。《畴人传三编》称："吴编修以文学侍从之班，精研数理，博通中西，然后持节凌绝域，美哉使乎，不愧皇华之选矣。"吴嘉善是李善兰的算友之一，著有《吴氏算书》21种。在墨海书馆期间，李善兰与吴嘉善交往甚密。从王韬的这段记载中可知，当时李善兰正在翻译《照影法》，且已完成了一半。照相在当时是极为时髦的事。根据记载，大概在19世纪40年代，上海等通商口岸已有了携带照相机的外国人。鲁迅在《论照相之类》中说："咸丰年间，或一省里，还有因为能照相而家乡被乡下人捣毁的事情。"王韬在《瀛壖杂志》中甚至对照相术已有了大致的记载："西人照像之法，盖即光学之一端，而亦参以化学。其法：先为穴柜，藉日之光，摄影入镜中。所用之药，大抵不外乎硝磺强水而已。一照即可留影于玻璃，久不脱落。精于术者，不独眉目分晰，即纤悉之处无不毕现。更能仿照书画，字迹逼真，宛成缩本。近时能于玻璃移于纸上，印千百幅悉从此取给。新法又能以玻璃作印板，用墨拓出，无殊印书。其便捷无以复加。"又说："格致之学渐悟，摄影入镜可以不用日光，但聚空中电气之光照之，更胜于日，故虽夜间亦可为之。技至此，疑其为神矣。"[②]王韬对照相之术描述得如此清晰，或许正是看了李善兰那本翻译完毕的《照影法》。这样说并非凭空猜测。事实上，当时已有人按照《照影法》来尝试照相。王韬在咸丰十年（1860）三月二十九日的日记中记："吴子登、李壬叔来，将往吴门，匆匆数语，即偕诣春甫寓斋。时，春甫学《照影法》，已约略得其半矣。试照余像，模糊不可辨，衣褶眉目皆未了了，想由未入门之故耳。"[③]从这则记载来看，李善兰的《照影法》应该译得差不多了，以致他的朋友黄錞（字春甫）能依此操作。

现在已无法考证李善兰此译稿的底本是哪一本照相学的著作，但显然，如

① 〔清〕王韬：《王韬日记》，中华书局2015年版，第334、335页。

② 〔清〕王韬：《瀛壖杂志》卷六，上海古籍出版社1989年版，第122页。

③ 〔清〕王韬：《王韬日记》，中华书局2015年版，第346页。

果这本书得以流传的话，将会是中国第一本论述照相学的书。因为根据目前的资料，我国最早出版的西方摄影术书籍，是1873年英国医生德贞编译的《脱影奇观》。

李善兰还有一本书则更是只闻其声不见其影。梁启超在《读西学书法》中说：

> 闻李壬叔译有《动物学》，尝在天津刻之，未获见也。[①]

李善兰译有《植物学》，再译一本《动物学》，也是完全可能的事。且梁启超听说在天津刻印，其时离李善兰逝世不久，当非妄言。但终究是道听途说，无从推敲，只能存疑了。或许有一日，《照影法》和《动物学》像《奈端数理》一样重见天日，也未可知也。

首创译名

据学者研究，1840—1860年的20年间，西人在华的著译中有关史地科技的约28种。从这个数字推测，这个时期有关自然科学的译著一般不会超过20种。李善兰在墨海书馆前后不过数年，却翻译了六七部影响深远的西方科学著作，可以当之无愧地称之为中国近代翻译西方科学著作的第一人。严复在他写于光绪二十八年（1902）的著名论文《论译书四时期》中，把明末清初以来的翻译分为四个时期，第一个时期是“明崇祯□□年”，第二个时期是清“咸丰□□至咸丰己未”年，第三个时期是“同治十年起到今”，第四期是“目今”。这四个时期中，严复对第二个时期甚为推崇，认为远胜于第三、第四个时期。“以光绪二十年后，较之光绪初年，而不逮见焉。以光绪朝较之同治朝，而不逮见焉。以同治朝较之道咸朝，而不逮见焉。道咸朝较之乾嘉朝，而不逮见焉。”严复把李善兰列为第二期的代表：“所译之书：天文、算学。译书之人：伟烈亚力、李

① 〔清〕梁启超：《梁启超全集》（第1集），中国人民大学出版社2018年版，第169页。

善兰等。译书之地：上海墨海书院（馆）。译书之宗旨：显其独得之学。译书之经费：教会。”他认为，在这译书之第二期，“士大夫旧学渐进精深，故算学一科遂成显学。李壬叔生当其时，其资禀又与此为独近，故亟欲集其大成，为同时诸公所未有也。”[①]事实上，也确如严复所言，李善兰译作的成就，实是“为同时诸公所未有”，就其显者而言，至少有这几点：

一是编译了一批精品力作。从与伟烈亚力续译《几何原本》开始，李善兰与艾约瑟、韦廉臣等接连翻译了《重学》《代数学》《代微积拾级》《谈天》《植物学》及《奈端数理》等。几乎每出版一书，都在当时引起极大反响，其影响甚至远及海外，而当时的学术界也对李善兰的译作给予了极高的评价。对李善兰每一本译书的评价，前面已引用较多，这里再引述几段当时学界名人对李善兰译书的总体评价，以见李善兰译书质量之高已为时人所公认。傅兰雅《江南制造总局翻译西书事略》称：“想中国有李君之才者极稀。或有能略与颉颃者，必中西广行交涉后，则似李君者庶乎其有。”华世芳《近世畴人著述记》说，李善兰的译作，“皆西人至精之诣，中土未有之奇，以视明季所译，殆远过之矣”。梁启超《读西学书法》评价李善兰的算学译作：“中国译出各西书，半皆彼中二十年前之著作。西人政学日出日新，新者出而旧者废。然则当时所译虽有善本，至今亦率为彼所吐弃矣。惟算学一门，西人之法无更新于微积者，而当时笔受诸君又学于此学，不让彼中人士，故诸西书中以算学为最良也。”徐维则《增版东西学书录》论李善兰的算学译作说：“算学一门，先至于微积，继至于合数，已超峰极，当时笔述诸君类皆精深，故伟烈氏有‘反索诸中国’之赞。是西书中以算学书为最佳。”无论是当时还是目前的学术界，都认为李善兰的译书代表了近代初始翻译西方科技著作的最高成就。

二是率先引进了多门近代科学。如前面几节所介绍的，李善兰是一个科学的“尝鲜者”，他所翻译引进的，都是当时中国所没有的学科。他一部译著的出版，就意味着一门新学科的引进。这样的译著，有一部就是一名学者的终生荣耀，而李善兰则是在连续不断地扮演着这种科学播种者的角色，确是中国科学

---

① 〔清〕严复：《论译书四时期》，见《中国科学翻译史料》，第548、350页。

发展史上的一个奇迹。他的续译《几何原本》对中国科学尤其是数学的发展自不待言。《代数学》是中国数学史上第一部符号代数学著作。《代微积拾级》第一次把高等数学介绍到中国，让中国数学有了微积分这门学科。《植物学》是中国第一部普通植物学著作。《重学》是中国近代科学史上第一部包括运动学、动力学、刚体力学、流体力学的力学译著。《谈天》引进了万有引力定律、光行差、太阳黑子理论和行星摄动理论，确立了“日心论”在中国的地位，使建立在牛顿古典力学体系上的西方近代天文学比较系统地进入了中国。简单地说一句，如果要讲述中国的数学、物理学、天文学、植物学等学科的发展历程，要绕开李善兰的这些译作是不可能的。抽去了李善兰翻译的这些近代科学史上的开创之作，中国近代科学的发展将是不完整的。

三是创译了大量的科学名词。所谓“一名之立，旬月踟蹰”，译书时名词术语的翻译是一个十分重要的环节，傅兰雅说“译西书第一要事为名目”，虽不免夸张，却也说出了创译科学名词的艰辛。更何况，李善兰所译的西书，基本是新引进的学科，由于长期处于闭关自守状态，中国传统科学内部没有形成符号系统。李善兰翻译名词术语时无所依傍，全凭自己创译，其难度可想而知。更何况，中国与西方由于文化上的差异，英语中许多名词所蕴含的意义特别是一些微妙之处，难以完全、准确地用中文表达出来。而且，既是名词、术语，用词必须简短、凝练，还必须通俗，难度就更大了。当时就有人认为：

> 中国语言文字最难为西人所通，即通之亦难将西书之精奥译至中国。盖中国文字最古最生最硬，若以之译泰西格致与制造等事，几成笑谈。……况近来西国所有格致，门类甚多，名目尤繁，而中国并无其学与其名，焉能译妥？诚属不能越之难也！①

李善兰有着极为深厚的旧学根底，对中国传统文化浸淫极深。更重要的，

① ［英］傅兰雅：《江南制造总局翻译西书事略 · 论译书之法》，见黎难秋主编：《中国科学翻译史料》，中国科学技术大学出版社1996年版，第418页。

他同时是一个有着较高造诣的科学家，对所翻译西书的原理和内容有着透彻的理解。可以说，像他这样学贯中西的学者在当时实属凤毛麟角。因此，他在与伟烈亚力等人翻译西书时，创译了一大批在当时流行一时的名词术语，有不少沿用到今天，充分显示了中国文化的旺盛生命力和中国语言强大的表现力。

李善兰所创译的各类学科的名词、术语，前面在介绍其译作时已有所述及，此处不赘。尤其值得一提的是，李善兰作为当时最有名望的数学家，在数学上的造诣说得上是当世第一，他的几部代表作，如《方圆阐幽》《对数探源》《垛积比类》《弧矢启秘》等，其理与代数学、微积分甚为接近，因此，他创译的名词，以代数、微积分、解析几何这几门学科最为精当、最能体现其术语的科学内涵。事实上，经过100余年来的大浪淘沙，不少当年风行的译名到现在已成明日黄花，但李善兰所创译的名词，有不少仍在使用中，而其中也以代数、微积分、解析几何等这几门学科为最多。据学者汪晓勤的研究整理，李善兰和伟烈亚力所创代数、解析几何和微积分术语中为后世所沿用的比率分别约为：代数学44%、解析几何50%、微积分65%。这完全可说是一个相当惊人的数字了。

当然，把创译这些名词的功劳全归之于李善兰，也许并不完全妥当，因为这些西书是李善兰和墨海书馆的同事尤其是伟烈亚力一起合译的。艾约瑟《西学略述》在谈到代数学时称："此学初入中国中，名曰'借根方'，后伟烈氏译华文时，与华士李善兰酌商，因更名之为代数学。""酌商"云云，可见是两人在不断探讨中确立译名的。但同时应当指出的是，李善兰在其中起了主要的至少是极其重要的作用。

也许当时对王韬翻译《圣经》的评价，有助于更好地理解李善兰在译书上的文字之功。王韬进入墨海书馆初期，主要是协助麦都思进行《圣经》的翻译工作。他不喜欢翻译宗教作品，对《圣经》的教义也不大感兴趣，但由于他深厚的国学造诣，《圣经》的翻译取得了极大的成功。墨海书馆翻译的《新约全书》被大英圣书公会定为规范精译本而加以推广，称之为"委办本"，成为在中国流传最广的《圣经》版本。传教士们对王韬的译笔作了极高的评价，称王韬

“是有超群能力的人。如果他继续当前这种精神探索，从文字的角度看，他对我们将大有裨益。”[①]“（《圣经》）作为一部文学作品，它有一种全新的风格。它较好地摆脱了僵化生硬的结构……是他的作者常识渊博的纪念碑。”[②]也就是说，单纯从文字的角度而言，王韬对《圣经》的翻译起了决定性的作用。[③]从这个意义上，“大有裨益”“纪念碑”的说法同样可用在翻译西方科学著作的李善兰身上。同文馆总教习丁韪良回忆说，伟烈亚力十分钦佩其译书的合作者（指李善兰）的“天才”。有一次伟烈亚力肯定地告诉丁韪良：“李常常在译者面对困难茫然失措时，能敏锐地捕捉到原文的真义。”丁韪良没有说伟烈亚力茫然失措的是什么困难，但很可能是文字上的表达，因为，丁韪良认为，“这位英国人比李具有的唯一优势，是他有条件得到科学知识”。

事实上，从李善兰创译的名词中可以看出，有不少是直接采用了中国传统的数学名词，如盈朒、开方、少广、方程、密率、比例、率等，不少在《九章算术》中即已出现。当然，李善兰以之翻译西书中的术语后，原有的内涵有所变化，如《九章算术》方程章中所谓“方程”是专指多元一次方程组而言，与现在“方程”的含义并不相同。有些创译的名词，是李善兰以其深厚的传统文化修养，根据中文的意义加以阐发而创造的新词。如“微积分”，源自汉代数学著作《数术记遗》中“不辨积微之为量，讵晓百亿于大千”句，以“积微成著”之义来译“Calculus”，十分贴近。英语Calculus原意是“act of ealculating”（计算、演算），源自拉丁文“calculatus”（使用石子计数的做法）。用它来表示微积分学，实际上是“微分学”（differential calculus，原意：“差的计算”）和“积分学”（integral calculus，原意：“求整计算”）的全称。而“微积分”一词，简

① *The Report of the Director to the Sixtieth General Meeting of the Missionary Socity*，见［美］保罗·柯文：《在传统与现代性之间——王韬与晚清改革》，江苏人民出版社1998年版，第25页。

② ［美］保罗·柯文：《在传统与现代性之间——王韬与晚清革命》，江苏人民出版社1998年版，第24页。

③ 也有传教士认为，王韬的译文内容与《圣经》原意多有不合，称：“在该书之字里行间，常使人感觉（儒教）圣人之道多于（基督教）天国之神秘。由此导致了缺乏神灵修养之读者惑于文章之韵律，而有误耶稣为孔子之虞。”见龚道运《近世基督教和儒教的接触》，上海人民出版社2009年版，第110页。

洁而凝练，充分体现了李善兰的旧学根底，同时也体现了李善兰对“Calculus”的深刻理解，符合这门学科的基本思想。相信这样的名词，恐怕不是一个来华仅数年的英国人所能创造的。

第五章　书馆译友

伟烈亚力

李善兰在上海的几年中，以墨海书馆为中心，结识了一批传教士和中国知识分子，形成了自己的交游圈。如果说，在嘉兴期间与他来往密切的主要是研讨数学问题的“算友”，那么，在上海期间，则主要是在译书过程中形成的“译友”，如伟烈亚力、艾约瑟、韦廉臣、王韬、管嗣复、张福僖、蒋敦复等。而对李善兰学术生涯影响较大且过从甚密的，当数伟烈亚力、王韬、管嗣复、张福僖、蒋敦复等人。

伟烈亚力是李善兰最为密切的译友。李善兰几部重要的译作，如续译《几何原本》《谈天》《代数学》《代微积拾级》《奈端数理》等，都是与伟烈亚力合作的成果。完全可以说，没有伟烈亚力，就不可能有李善兰。当然，反过来说也一样，没有李善兰，伟烈亚力也不可能有如此高的成就。

伟烈亚力1815年出生于英国，1847年4月，他和慕维廉一起离开伦敦，经过133天的旅行，于这年的8月来到上海，进入墨海书馆。李善兰1852年到上海后，通过麦都思的介绍，结识了当时正主持墨海书馆出版事务的伟烈亚力。李善兰从此翻开了他学术生涯中最为多姿多彩的一页，而伟烈亚力也因李善兰的到来，使他对中国学术的研究达到了一个顶峰。

墨海书馆时期，伟烈亚力的学术成就主要体现在三个方面：一是向西方介绍中国数学的发展，以著名论文《中国科学札记：数学》（*Jottings on the Sciences of Chinese Mathematics*）为代表；二是向中国介绍西方科学的发展，以创办中文期刊《六合丛谈》和出版《数学启蒙》为代表；三是翻译了一批有深远影响的西方科学著作。而这三项工作，都与李善兰有一定的关系。

伟烈亚力到中国后不久，即写出了介绍中国数学发展的著名论文：《中国科学札记：数学》，在《北华捷报》上连载。当时，数学的"欧洲中心论"盛行于西方，不少西方学者对中国的数学十分陌生，错误地认为中国人没有自己真正的科学或在抽象科学领域内没有任何突出之处。如英国皇家学会会员德庇时（John Francis Davis）在其所著《中国人》一书里说："在数的科学以及几何学上，中国人通常没有什么可教给我们的；相反，他们却从欧洲获得很多知识，这可从耶稣会士为康熙皇帝所准备的对数表以及别的著作中看出来。""在中国，找不到代数学知识。""像中国人这样一个自负而傲慢的民族，竟会采用外国人的科学……这个简单的事实足以说明他们很少有自己的科学。"[①]而伟烈亚力通过对中国数学发展史的学习和研究，深为中国数学所取得的成就所折服。他觉得，有必要向西方全面介绍中国数学的源流和发展，于是，从1852年8月起，以"0"为笔名，陆续在《北华捷报》上发表了《中国科学札记：数学》。发表这一论文的目的，他坦率地说：

> 下面的札记乃是在一些为别的目的而业已开始了的研究过程中断断续续完成的，其目的是引起人们对于中国数学科学状况的注意。这一课题尚未得到人们应有的全面、公正的探索，现代出版物中盛行着对它的一些错误说法。

伟烈亚力在《中国科学札记：数学》中，全面介绍了中国古代数学的成就，如位值制记数法、《九章算术》及其勾股术、大衍求一术、天元术、开方术等，

① J.F.Davis, *The Chinese: A General Description of the Empire of China and Its Inhabitants*，见汪晓勤：《伟烈亚力对中国数学的评介》，《中国科技史料》1998年第2期。

以及中国古代数学的重要文献著作。伟烈亚力在《札记》中对中国数学作了高度的评价。他说："如果考虑到中国人研究数学之悠久历史，你就不会感到惊讶：当这门科学在英国还没有获得一个立足之地的时候，中国人对于数的应用却已经达到了相当精通的程度。认为中国数学已经达到了比实际证据所证明的要高得多的发展阶段亦非没有道理。"这样的结论在当时尤其是西方学者看来，可谓是惊世骇俗，耳目一新，被称为西方"中国数学和天文学研究之起点"。事实上，也正由于伟烈亚力的这篇著名论文，使不少西方学者改变了对中国数学的成见。

伟烈亚力在《中国科学札记：数学》中也提到了李善兰，这个他认识不久的中国学者，给他的印象实在太深刻了。在《札记》中他说：

> 虽然，将具有科学特征的一切上溯到遥远的本国起源乃是大多数本国作者的普遍情感，但是他们似乎从未怀疑过纳皮尔的对数发明权，他们也并未因此而贬低这一发现；甚至在今天我们还发现一些人以极大的热情致力于该课题的研究，而不知道从它第一次被介绍到中国以来在西方已经取得的新进展。有一位李善兰是上面提到的李锐的亲戚[①]，现住在上海。他最近出版了一部名叫《对数探源》的小著作，书中以几何公式为基础，详细论述了全新的对数计算方法；他在前言中说，他的方法"较西人简易万倍"，还说"欧罗巴造表之人仅能得其数，未能知其理也"。这种细微的自满迹象就这样一个人而言是完全可以得到宽容的：他顶多只得到《律历渊源》所提供的帮助，经过四年的思索，他在书中给出了一个定理，这个定理如果是在布里格斯和纳皮尔的时代，足以使他闻名于世。

又说：

> 微分、积分，为中土算书所未有，然观当代天算家，如董方立氏、项梅侣氏、徐君卿氏、戴鄂士氏、顾尚之氏暨李君秋纫，所著各书，其理有

① 李善兰并非李锐亲戚，这里伟烈亚力可能是道听途说了。

甚近微分者。

可见对李善兰十分推崇。

事实上，伟烈亚力在写作《中国科学札记：数学》时，在不少方面请教过李善兰。艾约瑟说："伟烈亚力在中国一位造诣很高的数学家李善兰的帮助下研究了宋代数学。"而伟烈亚力也在《札记》中提及"请教中国学者"之事。如在介绍《九章算术》方田章圆面积公式时说："尽管这里圆周和直径之比取为3∶1，但是中国学者告诉我们，这并不是说编纂者不知道更接近真实值的近似值，只不过不需要而已。约在公元6世纪末，祖冲之发表了密率22∶7，而更早时候的刘徽则给出了157∶50。"在介绍大衍术时又说："在考察中国人的成果时，我们感到，要确定任何一个数学方法起源的准确时间是相当困难的。因为，在向中国作者请教的几乎每一点上，我们都发现，他们提到了这一学科的一些更早的著作。"这个"中国作者"，伟烈亚力没有点明是谁，但从当时伟烈亚力所接触的中国学者来说，应该就是李善兰。

李善兰于1852年的五月（阴历）来到墨海书馆，大致在六月（阴历）即与伟烈亚力一起翻译《几何原本》，而《札记》是在8月21日至11月20日之间陆续发表的。也就是说，《札记》开始写作正是伟烈亚力与李善兰认识的时候。李善兰是当时墨海书馆中数学造诣最为精深的学者，而每天与伟烈亚力一起翻译《几何原本》，也使得伟烈亚力可以很方便地向李善兰请教有关中算问题。伟烈亚力在续译《几何原本》序中称李"固精于算学，于几何之术，心领神悟，能言其故"，当不是泛泛而谈，而是他在向李善兰请教后的由衷之言。所谓"能言其故"，或许正是指李善兰对中算的追根溯源，帮助他解决了中算史研究的一些困惑。当然，在这么短的时间里，李善兰对伟烈亚力写作《中国科学札记：数学》的帮助也不可能太大，事实上，《札记》中也有一些常识性的如年代、人名方面的错误，这些显然没有经过李善兰过目，因而，《札记》应该看作是伟烈亚力独立完成的论文。到中国不过短短数年，而能写出如此有见地的论文，使得李善兰对伟烈亚力也很佩服，在续译《几何原本·序》说："伟烈君无书不览，尤精天算，且熟习华言。"

在撰写了向西方介绍中国数学的《中国科学札记：数学》后不久，伟烈亚力开始进行向中国介绍西方数学的工作。1853年出版的数学教科书《数学启蒙》，是他计划中系列数学教材的第一部。撰写此书的目的，他在《数学启蒙》的序中说得清清楚楚：

> 余自西土远来中国，以传耶稣之道为本，余则兼习艺能。爰述一书曰《数学启蒙》，凡二卷，举以授塾中学徒，由浅及深，则其知之也易。譬诸小儿，始而匍匐，继而扶墙，后乃能疾走。兹书之成，姑教之匍匐耳，扶墙徐行耳。若能疾走，则有代数、微积分诸书，余将续梓之。

从这里可知，这是一本为初学者准备的浅近的介绍西方数学的入门书。据学者研究，《数学启蒙》主要取材于明末意大利传教士利玛窦和中国数学家李之藻合作编译的《同文算指》和清康熙组织编纂的《数理精蕴》两书。全书分两卷，第一卷述数目、加法、减法、乘法、除法、通分、约分、小数的加减乘除、循环小数；第二卷述比例、乘方、开平方、开立方、对数、对数表以及这些算法的简洁方法。编写的体例是：先介绍一般方法，再举例说明，然后给出练习题。这样的编写体例，已与现代数学教科书十分接近。由于《数学启蒙》由浅入深，系统而通俗地介绍了西方算术知识，因而出版后，深受欢迎。王韬自述，在1860年，他想了解西方数学，曾向龚孝拱借阅此书，作为入门阶梯。梁启超说："伟烈之《数学启蒙》……每法取其一题，极便初学。"

在撰写《数学启蒙》时，伟烈亚力已比较系统地学习和研究过中国传统算学，对中文的运用也已相当自如，因此，在介绍西方数学时，他十分注意用西算"会通"中算，这一特点在《数学启蒙》中十分明显。他不仅找到了许多与西算可以直接对应的中算概念，而且在术语的采用和内容的编排上也充分考虑了中算的传统。如书中专门介绍了中算的"九九表"，并将其融入西算。《数学启蒙》能深受中国学者的欢迎，西算"会通"中算是一个很重要的原因。西学"会通"中学这一特点，贯穿于伟烈亚力与李善兰所译的所有西书中，这也成为两人所译书影响巨大的原因之一。《数学启蒙》出版时，也正是伟烈亚力与李善兰合作译书的阶段，很难说是李善兰受《数学启蒙》的影响而在译书中注重中西会通，还是伟烈亚力在与李善兰合作译书时所逐渐形成的思路，不自觉地用来写作《数学启蒙》。也许这样说是最为恰当的：中西会通的特色正是中西两位学者在切磋、讨论，在思想碰撞中所逐渐形成的，并融汇于两人此后的学术著作中，成为两人共同的学术思想。

在墨海书馆期间，伟烈亚力在介绍西方科学方面所做的另一项工作，就是在咸丰七年正月初一日（1857年1月26日）创办了上海历史上第一份中文月刊《六合丛谈》（*Shanghai Serial*）。

伟烈亚力创办《六合丛谈》的目的，虽然他在给伦敦会总部的信中说是为了“在该国尽力传播有用知识的同时……带领他们去接受新福音的传播”，但从刊发的内容来看，更多的是如他在第一期《六合丛谈》“小引”中所说的：“今予著《六合丛谈》一书，亦欲通中外之情，载远近之事，尽古今之变。……务使穹苍之大，若在指掌，瀛海之遥，如同衽席。是以琐言皆登诸记载，异事不壅于流传也。是书中所言，天算舆图，以及民间事实，纤悉备载。”通过这个刊物，使中国人更多地了解西方、沟通感情，“俾远方之民与西土人士，性情不至于隔阂，事理有可以观摩，而遐迩自能一致矣”。事实上，虽然《六合丛谈》的内容主要是自然科学、自然神学和西方人文科学，但读者最感兴趣的、影响最大的还是西方的科学新知识。

纵观前后一年多时间共15期的《六合丛谈》（《六合丛谈》于1858年6月停刊），介绍的西方科学新知涉及化学、地质学（察地之学）、生物学（鸟兽草木之学）、天文学（测天之学）、电学（电气之学）、光学、数学、力学（重学）、流体力学（流质重学）、声学（听学）、光学（视学）等，较为有名的文章，有伟烈亚力与王韬合译的《西国天学源流》和《重学浅说》，慕维廉翻译的《地理》，韦廉臣翻译的《真道实证》（介绍化学知识）等。其中在卷一第七号“造表新法”一文中，介绍了中国数学家在八线和对数方面的新成果，提到了李善兰的《方圆阐幽》《弧矢启秘》和《对数探源》等书，把它作为中国数学家在对数研究方面的代表作。

当然，李善兰与《六合丛谈》的关系绝不止这样简单。作为墨海书馆的出版物之一，《六合丛谈》对李善兰的影响是极大的。李善兰在短短几年间，迅速掌握了包括微积分、代数学、天文学、力学、植物学方面的知识，如果没有《六合丛谈》这样一份介绍科学新知的刊物，而仅仅靠自己去探索，对于不懂外语的李善兰来说，是不可想象的。他当然可以在译书中学习，但如果没有《六合丛谈》的指引，李善兰可能根本就没有向新领域探究的兴趣与能力。有一个事实可以说明这一点，李善兰的《谈天》《重学》的出版，略晚于《六合丛谈》上连载的《西国天学源流》和《重学浅说》，当然不能说李善兰的译书的动机是阅读了这两篇论文而引起的，但从李善兰的《谈天》与王韬的《西国天学源流》的合作者都是伟烈亚力这一点看，《西国天学源流》和《重学浅说》不可能不对李善兰译书产生影响。

墨海书馆时期，是李善兰思想发生重大变化的时期，对李善兰从一个传统的知识分子转变成为近代科学的先驱，有着决定性的作用。而李善兰的思想尤其是科学思想的形成，与《六合丛谈》的影响是分不开的。《六合丛谈》与此前介绍西方科学的书籍相比，一个重大的进步，就是它不仅仅介绍新知，还注意传播西方科学思想，宣传科学的研究方法。李善兰从墨海书馆译书开始，一直到京师同文馆时以“合中西为一法”为科学研究的指导思想，无不表现出对西方科学思想的认同的应用。丁韪良说李善兰“对于西人治学的方法，也颇有理解”[①]。可见李善兰在科学研究上的这一特色，连当时人也感觉到了。

《六合丛谈》对李善兰思想的影响，最明显的体现在李善兰对“西学中源说”的扬弃和对科学重要性的认识。

“西学中源说”是清代学术界的一种典型的论调。简言之，就是认为西方科学源自于中国，是从中国传到西方的。所谓的西方科学，不过是剽窃“中国之绪余”。这种对中西科学关系的片面认识，因有梅文鼎、阮元等学术界泰斗的鼓吹和朝廷的提倡，成为清代官方钦定的学术观点，在广大学者中也可谓是深入人心。阮元编纂的《畴人传》以及罗士琳编纂的《续畴人传》这两部中国科学

---

① ［美］丁韪良：《同文馆记》，转引自黎难秋等编：《中国科学翻译史料》，中国科学技术大学出版社1996年版，第436页。

家的传记，就是这种“西学中源”论的代表。《畴人传》起首的《凡例》中就称：“西法实窃取于中国，前人论之已详。地球之说本乎曾子，九重之论见于《楚辞》。凡彼所谓至精极妙者，如借根方之本为东来法，特翻译算书时不肯质言之耳。”这种“西学中源说”无疑是当时学术界的主流。

而《六合丛谈》作为一份西方学者主办的宣扬西方科学观的刊物，当然要把破除“西学中源”作为重点。《六合丛谈》出于策略上的考虑，没有正面反驳“西学中源说”，但它在介绍科学知识时，在论述的重点和知识的取舍上，有意识地针对“西学中源说”，以事实来反驳。可以说，《六合丛谈》是当时对“西学中源说”最有力也最有影响的批驳，李善兰作为《六合丛谈》的热心读者，不能不受其影响。

李善兰在1845年出版了《四元解》，这时的李善兰，还是信奉“西学中源说”的。他说：

> 西法莫长于勾股，八线皆勾股也。中法莫长于方程，四元皆方程也。八线以一定之数，双无定之数；四元以虚无之数，求真实之数。其精深奥妙，皆非三代上圣人不能作也。数为六艺之一，古者大司徒掌之，以教万民。当是时，所谓八线四元者，当必有其书，遭秦火而失传也。而八线则幸流传于海外，至今日而复昭也。①

把勾股说成是三代上圣人所作，流传于海外而今日回归中土，这是典型的“西学中源说”。然而，当1867年《四元解》收入在金陵书局刻印的《则古昔斋算学》时，这段话被删去了，说明李善兰认为“西学中源说”是不可靠的。而这种转变的形成，正是在墨海书馆时接受《六合丛谈》之影响。

至于李善兰对科学重要性的认识，不能不提到他在《重学》序中所说的“今欧罗巴各国日益强盛，为中国边患，推原其故，制器精也；推原制器之精，

---

① 见《海宁州志稿·艺文志》卷十五，民国十一年（1922）铅印本。《四元解》于1845年刻入《艺海珠尘》丛书中，但其所著的时间则应更早。管庭芬在道光二十年（1840）四月廿五的日记中载：“秋纫以所著《四元解》四卷见示”，并录李善兰的《四元解》自序，其内容亦同此。

算数明也”这一段著名的话。这段话确实说得精彩，把科学与国家盛衰直接联系了起来，科学强则国家强，科学弱则国家弱。而追根溯源，李善兰的这段名言，实是借鉴了韦廉臣在《六合丛谈》上刊发的《格物穷理论》中的话。

《格物穷理论》发表于《六合丛谈》第六号（1857年6月），是一篇专门论述近代科学的重要性的文章。韦廉臣开篇就指出：

> 国之强盛由于民，民之强盛由于心，心之强盛由于格物穷理。……精天文则能航海通商，察风理则能避飓，明重学则能造一切奇器，知电气则万里之外，音信顷刻可通，故曰心之强盛由于格物穷理。

这里将“格物穷理”（意指科学研究，该文英文目录即名为*Advantages of Science*）与“国之强盛”直接联系起来，在倡导“修身齐家治国平天下”儒家伦理的中国士大夫中，确是振聋发聩。韦廉臣又说：

> 我观中国人之智慧，不下西士。然而制造平庸，不能出奇制胜者，不肯用心也；为民上者，不以格致之学鼓励之也。我西国百年之前，亦如中国人，但读古人书，而不肯用心探索物理，故此等奇器，一切未有。百年来，人人用心格致，偶得一理，即用法试验之。而农者用心造农器；工者用心造制器之器。所以人日智一日，器日巧一日，至今精进未已。讲学者愈多，其智愈深，每月必有新理出，刊入新闻纸以流传，此学日上，未知所底止。而中人乃以有用之心思，埋没于无用之八股；稍有志者，但知从事于诗古文，矜才使气，空言无补。倘一旦舍彼就此，人人用心格致，取西国已知之理，用为前导，精益求精，如此名理日出，准之制器尚象，以足国强兵，其益岂浅尠哉？……我望中国亦仿此为之，上为之倡，下必乐从，如此十年，而国不富强者，无是理也。[①]

---

① ［英］韦廉臣：《格物穷理论》，载于《六合丛谈》第陆号，上海墨海书馆1857年编印，见沈国威编著：《六合丛谈——附解题·索引》，上海辞书出版社2006年版，第604—606页。

把这两段话与李善兰的话相对照，说李善兰的名言是脱胎于韦廉臣的说法，大概没什么不可以吧。

当然，伟烈亚力在墨海书馆的10多年中，最大的也是最具影响的成就，是他与李善兰合译了续《几何原本》等一批西方科学著作。正是这批译著，确立了李善兰近代科学先驱的地位，而伟烈亚力也在译作的过程中，成为当时西方“中国学”的权威之一。当时人评论说：“英国伟烈亚力先生，当今之畸人硕士也。精于畴人家言，著作等身，风行海内。海内之谈天算学者皆仰之……”①并把伟烈亚力译书的成就与利玛窦、汤若望相提并论。②中算史家李俨也说：“伟烈氏与李壬叔（善兰）共译代数、几何诸书，久旅中国，故所著述论中国算学，深中肯綮。”③

王、张、管、蒋（上）

李善兰在墨海书馆期间，每天埋头于翻译西书，日常交往最多的，便是墨海书馆的传教士们。但有意思的是，从现有的记载看，李善兰与伟烈亚力、艾约瑟的交往似乎仅止于译书时的合作或者学问上的探讨，很少有超乎工作上的感情色彩较浓的个人交往。事实上，李善兰在上海时有一个朋友的圈子，那就是一批寓居上海的文人、画家、诗人，这个圈子的核心层，是与他有着相同背景的所谓“口岸知识分子”，如王韬、管嗣复、蒋剑人、张福僖等人，其中尤以与王韬的关系最为密切。

王韬，原名利宾，后改名瀚，字懒今，又字兰卿，号仲弢，又号天南遁叟、弢园老民。清道光八年（1828）出生于江苏甫里（今苏州甪直镇），其父是一乡

① 《教会新报》转载《香港新报》的文章，《教会新报》，1868—1869，1：70。

② 〔清〕钱莲溪《赠伟烈先生回国送行诗序》：“讲帷不下课三余，探索精微著异书。除却利汤诸子外，天文数学问谁如。”见《教会新报》，1868—1869，1：59。

③ 李俨：《中国算学史余录》，《科学》第三卷第二期（1917年2月），见《李俨钱宝琮科学史论集》第十卷，辽宁教育出版社1998年版，第2页。

村塾师，家境清寒。王韬天资聪颖、才华横溢，17岁时，以第一名入县学中秀才。但他的科举之路并不顺利，数次应试都没有考上，愤而“屏括帖而弗事，弃诸生而不为”，决意“读书十年，然后出为世用”。道光二十七年，王韬的父亲到上海设馆。第二年，王韬到上海看望父亲，结识了墨海书馆的麦都思。麦都思对王韬十分赏识，有意延揽他到墨海书馆帮助翻译《圣经》，但这时的王韬胸有大志，显然不甘心“佣书”于传教士。到了道光二十九年，王韬的父亲去世，王韬挑起了全家生计的重担。恰好“江南大水，众庶流离，砚田亦荒，居大不易”。而麦都思“遣使再至，贻书劝行”，一再诚邀，于是王韬勉强来到墨海书馆，并从此与麦都思结下深厚的友谊，“谬厕讲席，雅称契合，如石投水，八年间若一日”[①]。王韬与李善兰来到墨海书馆的原因，可谓同中有异。两人都是为生活所迫，但李善兰主要是为了追求新知，求得学术上的突破，而王韬则更多为麦都思的诚意和知音所感动。

像王韬这样一个眼高于顶，才名闻于世的青年才俊，虽然一时不得不为五斗米折腰，但他当然不会把为传教士做翻译助手视为长久之计。因此，在墨海书馆的最初几年，王韬的心情十分苦闷。佣书西舍，这在传统的士大夫眼里，可谓伤风败俗，“获罪名教，有玷清教”。王韬当时的物质条件也不如意。他开始住在上海北门外吴淞江边一间小屋之中，旁边还是一片墓地。屋舍简陋，虽“寸椽斗室”却“月縻万钱”，生活压力十分沉重。生性高傲的王韬此时身在屋檐下，对西人骄横更是敏感，他说，西人“待我华民甚薄，佣其家者，驾驭如犬马，奔走疲困，毫不加以痛惜，见我文士亦貌似傲睨不为礼”[②]。因此他自嘲说在墨海书馆“名为秉笔，实供指挥”“劳同负贩，贱等赁舂”“几于桎梏同楚囚，闭置如新妇矣”。他对墨海书馆里的传教士也颇有讥诮，称他们所译之书“拘文牵义”“诘曲鄙俚”“即使尼山复生，亦不能加以笔削”。

按说像王韬这样有着雄才大略的人，是绝不愿意在书斋中寄托其理想的，但王韬在墨海书馆却一直待了13年，最后因意外才不得不出走香港。这里的原

---

① 〔清〕王韬:《与英国理雅各学士》，见《弢园尺牍》，中华书局1959年版，第75页。

② 〔清〕王韬:《与周弢甫征君》，见《弢园尺牍》，中华书局1959年版，第30页。

因，物质待遇是一个方面。墨海书馆的待遇比之于一般的坐馆、做清客之类，要优厚得多，且十分稳定，一年约有200金。这使得王韬有条件把全家接到上海，“奉高堂”“教弱弟”，自谓“从此为东西南北之人矣”。更重要的是，王韬在与传教士一起翻译西书时，了解到了不少西方科技知识，学习了许多在传统文化中学不到的天文、地理、历算、重学、光学、医学、地学、化学和西方政治制度，几年的耳濡目染，再加上麦都思、艾约瑟等传教士有意识地诱导，他的知识结构和价值观念发生了极大变化，他敏锐地认识到，西学的传播，对于中国是一个崛起的机会：“天之聚数十西国于一中国，非于弱中国，正以强中国，以磨砺我中国英雄智奇之士。”这样的言论在当时“严华夷之大防”的气候下，是相当的大胆和超前的。王韬认为，中国要与西方列强争雄，屹立于世界，就必须要向西方“借法以自强”。而所谓“借法”，就是留心西学，改变盲目自大的心态，主动向西方学习，引进西方先进的科学技术。因此，他留在墨海书馆，实际上是把它作为建功立业、拯救国家的一种思想和知识储备。他自己就直言不讳地说：“老民欲窥其象纬舆图诸学，遂往适馆授书焉。”[①]在这一点上，王韬与李善兰是十分相似的。

当然，细究起来，王韬思想的转变，还在于他直接领略了西方科技的神奇之处。王韬到上海后不久，左脚即生了疽疮，多处溃烂，脓血直淌，几年来遍访名医，都束手无策。身体十分痛苦，而且求医问药而致“阮囊钱尽，剩欲鬻书”。墨海书馆的传教士多次劝他看西医，王韬认为西医“无非钻凿针击刀劈”，跟工匠、屠夫没什么不同，根本不能相信。一天，西医合信在书馆看了王韬之病腿，以为区区小疾，不难医治。王韬时已病得“形同废人”，半信半疑之下，勉强接受西医治疗。合信未动刀动钻，取出西药敷上，配以口服及注射。不久，顽疾渐愈，几个月后，已然痊愈。“足已健步，远行可二十里许。”这一亲身经历，使王韬对西方科技乃至西方传教士的态度有了明显的转变。跟李善兰相比，王韬对墨海书馆中的西方同事的关系要密切得多。如当麦都思的死讯传到上海时，王韬悲痛万分，向一位朋友坦诚表示，麦都思是他觉得最为真挚亲切的一

---

① 〔清〕王韬：《弢园文录外编·弢园老民自传》，上海书店出版社2002年版，第269页。

位西方人。当王韬因向太平军上书事件被清政府通缉时，也正是麦都思的儿子帮助他流亡香港。这里除了性格上的原因，合信治愈他的足疾也是一大因素。

这个时期，王韬做了大量的墨海书馆向中国介绍西方近代科学新知的工作，他和李善兰应该是在道光二十年至咸丰十年（1840—1860）之间翻译西方科学书籍最多的两人。或许单就数量而言，王韬还在李善兰之上，当然在影响上，则李善兰毫无疑问是第一人。通过与墨海书馆传教士的合作，王韬编纂翻译了一系列介绍西方科学技术的书籍。比较著名的有：与艾约瑟合译的《格致西学提纲》《光学图说》，与伟烈亚力合译的《西国天学源流》《重学浅说》和《华英通商事略》，他还集自己所见的各门学科，编纂成《泰西著述考》。这6部著作，涉及算学、化学、重学、光学、气学、声学、地学、矿学、医学、机器、动植物等众多学科，它们的出版，为当时中国人了解西方社会，拓宽自然科学知识的视野提供了极大的便利，后来被称为《弢园西学辑存六种》。如果从王韬与李善兰的关系这一角度来观察，那么，这6部书中，最值得注意的是《重学浅说》和《西国天学源流》。

这两部译作，最早都刊发于伟烈亚力主办的、王韬任中文编辑的《六合丛谈》。

《重学浅说》（*Popular Treatise on Mechamics*）由伟烈亚力和王韬合译，出版于咸丰八年（1858），只有薄薄的14页。这是近代中国译介的第一部关于西方力学的专书，许多内容在西学传播史上有重要价值。《重学浅说》首先介绍了力学之由来，力学的分类，诸如动力学、静力学、流体力学、气体力学等，然后依次介绍重学总论、杠杆、轮轴、滑车、斜面、劈、螺旋，最后总论重学之理，说明重学与地球、重学与摄力（即万有引力）的关系，研究和掌握重学原理的意义。值得注意的是，这本小册子第一次介绍了西方力学史上大部分重要科学家及其学说，诸如古希腊著名物理学家亚奇默德（即阿基米德），意大利天文学家、物理学家伽离略（即伽利略），研究两物相撞之理的英国科学家瓦利斯，研究时钟摆线之理的荷兰科学家海根斯，研究虹吸问题的意大利科学家多利遮里（即托里拆利），奠定古典力学基础的著名科学家奈端（即牛顿），蒸汽机发明者、英国科学家瓦得（即瓦特），等等。当时被认为是“意简词明，最省便览”。

在《重学浅说》出版的后一年，李善兰与艾约瑟合译了《重学》。《重学》出版虽在《重学浅说》后，但早在咸丰二年（1852）李善兰刚进墨海书馆时即已开始。而《重学浅说》仅14页，想来费时不会超过数月。这两书之间的关系，如果作一大胆推测的话，其情形可能是这样的：李善兰与艾约瑟相约共译胡威立之《重学》，由于这是一门新引进的学科，李善兰和艾约瑟又非力学专家，翻译起来十分复杂，故断断续续，历“四寒暑”方成功。《重学》翻译的过程，王韬和伟烈亚力肯定是清楚的（此时李善兰正与伟烈亚力合作续译《几何原本》），可能是艾约瑟或李善兰请主办《六合丛谈》的伟烈亚力帮忙找一些有关重学的参考书籍，于是伟烈亚力找来了《重学浅说》的底本（《重学浅说》所据的底本，据学者研究是1849年版《乔姆贝斯国民百科》“机械—机械装置”的条目，是最为便捷的参考书）。由于此时李善兰正忙于翻译续译《几何原本》和《重学》两书，无暇顾及，遂请王韬帮忙。于是王韬与伟烈亚力匆忙译出，刊于《六合丛谈》。这样的推测并非凭空穿凿。一是李善兰、王韬和伟烈亚力、艾约瑟均是长期合作的同事，关系较为密切，且李善兰与伟烈亚力、艾约瑟同时在合作译书。二是《重学》与《重学浅说》在术语的翻译上几乎一致，说明这两本书的翻译是4个人一起酌定的。如《重学浅说》中有一段云：“凡助力之器有六：杠杆、轮轴、滑车、斜面、螺丝、尖劈，赖此可以举重若轻，其中各有算学比例在。”而《重学》则说：“静重学之器，凡七：杆也，轮轴也，齿轮也，滑车也，斜面也，螺旋也，劈也。而其理维二：轮轴、齿轮、滑车，皆杆理也；螺旋、劈，皆斜面理也。”措辞用语基本相同，如出一人之手。三是《重学》出版时，《重学浅说》附于《重学》中，但没有署伟烈亚力口译、王韬笔受等字样，大概无论是王韬和伟烈亚力，还是李善兰和艾约瑟，都认为《重学浅说》是大家合作的结果。当然，王韬把它收入《弢园西学辑存六种》，显然执笔者是王韬无疑。

《西国天学源流》（*Progress of Astronomical Discovery in the West*）最早也是连载于《六合丛谈》的一部科学著作，由王韬和伟烈亚力合译。《西国天学源流》比较详细地介绍了西方近代天文学的发展历史，“读之可以讨源溯流”。对于近代以来西方最为著名的天文学家的生平和成就有比较系统的介绍。如关于歌白尼（即哥白尼）创立日心地动说，第谷折中日心说和地动说及其天文观测成果，刻白尔（即开普勒）发现行星运动的三大定律，伽离略（即伽利略）发明望远镜并用于天文观测，奈端（即牛顿）提出万有引力定律和力学三大定律，好里（即哈雷）预言好里彗星（即哈雷彗星）的回归，白拉里（即布拉德利）发现光行差和地轴章动，侯失勒（即威廉·赫歇尔）发现天王星，等等，都有比较细致的叙述。该书还专门介绍了格林尼治天文台的历任英国皇家天文学家，从首任弗浪德（即约翰·弗拉姆斯提德），到当时正在任上的爱理（即乔治·艾里）。基本上把西方近代天文学的发展过程和著名的天文学家都介绍到了。这在当时，确是一本不错的普及读物，对中国读者理解西方天文学大有裨益。①

光绪十六年（1890），王韬在重刊此书时，于结尾加了一段识语云：

> 余少时好天文家言，而于占望休咎之说颇不甚信，谓此乃谶纬术数之学耳。弱冠游沪上，得识西士伟烈亚力。雠校余闲，辄以西事相咨询，始得窥天学之绪余。适李君壬叔自槜李来，互相切磋。一日，询以西国畴人家古今来凡有若干。伟烈亚力乃出示一书，口讲指画，余即命笔志之，阅十日而毕事。于是西国天学源流犁然以明，心为之大快。②

从这段识语可知，翻译此书起因于王韬与李善兰一起讨论切磋西方天文学。王韬在墨海书馆时，曾对照阳历，主持修订了“中西历法”，对中西天文历法作过深入比较和研究。《西国天学源流》全书不过15000余字，从全书看，系统性似乎并不很强，往往是一事一论。这可能是因为在杂志上连载的关系，但更可能是针对王韬、李善兰所关心的或者说一般大众所不知道的知识来进行有针对性的普及。这书实际上只能算是王韬、李善兰向伟烈亚力询问西方天文学知识的一个学习笔记，当时并未想到出版，所以草草“阅十日而毕事”。从“适李君壬叔自槜李来”一句可知，翻译此书时应该在咸丰二年，当时李善兰刚从嘉兴

① 见王扬宗：《〈六合丛谈〉中的近代科学知识及其在清末的影响》，《中国科技史料》1999年第3期。

② 〔清〕王韬：《西国天学源流》，淞隐庐活字版排印本（1890）。

(即槜李）来墨海书馆。因非正式翻译，所以王韬也没有想到出版，只是当《六合丛谈》创办后，想到像这样一事一论的体例正适合于杂志连载，他才和伟烈亚力把这一本学习笔记拿了出来。反而是李善兰，因和王韬一起向伟烈亚力“咨询”有关西方天文学，激发了对天文学的极大兴趣，从而与伟烈亚力一起译出了名著《谈天》。或者可以说，没有《西国天学源流》也就没有了《谈天》。

《西国天学源流》刊发于1857年和1858年[①]，比李善兰的《谈天》早问世一两年。作为最早的一本介绍近代西方天文学的科学著作，在当时有着较大的影响，所以李善兰在《谈天》序言中说：“《谈天》一书，皆主地动及椭圆立说。此二者之故不明，则此书不能读。”“地动”及“椭圆”两说之“故”从何而明？李善兰在这里显然指的是《西国天学源流》已道出了“地动说”和“椭圆说”的发展演变过程，并应该为一般知识分子所知道。事实上，《谈天》可以看作是《西国天学源流》的升级版，它在《西国天学源流》的基础上，进一步确立了日心地动学说。《谈天》的重要性和影响力自然非《西国天学源流》可比，后者在学术高度上也无法与前者相提并论，但这并不否认《西国天学源流》对《谈天》所产生的影响。也许，用“前修未密，后出转精”来形容这两部书之间的关系，是比较恰当的。

李善兰与王韬之间的交往，显然不是学术上的互相影响那么简单，“学友”这样的词用来形容李善兰与伟烈亚力、艾约瑟等人的关系也许可以，但对于王韬，李善兰除了学术上的切磋，更多的是一种思想情感甚至命运上的接近，是真正的莫逆之交。在上海的这七八年中，他们几乎天天在一起喝酒、论诗、观剧、饮茶、结交朋友、谈论时事，甚至一起使酒骂座，一起冶游访艳。这样的事，如果发生在李善兰与伟烈亚力之间，那是不可思议的，但与王韬一起，却是十分的自然。前面已从《王韬日记》中摘录了一些两人间的交往，这里从咸丰八年（1858）的日记中再引几条：

---

① 《西国天学源流》连载于《六合丛谈》的第一卷第九、十、十一、十二、十三号和第二卷第一、二号，共七期。

（咸丰八年正月朔日）雨，敛门不出，与壬叔及家人辈拈骰子为戏。

（咸丰八年正月二十五日）薄暮，同壬叔往访胡公寿。公寿名远，云间华亭人，工书画，在梅伯之上，人亦潇洒倜傥，诚隽才也。

（咸丰八年八月十九日）同壬叔放步马道侧。

（咸丰八年八月二十五日）往岭南估楼啖鱼肉粥……壬叔亦来。

（咸丰八年八月二十六日）同壬叔、小异、吉甫遄吃鱼生，活剥生吞，几难下箸。

（咸丰八年八月二十七日）午后，偕小异、壬叔、吉甫往会仙楼啖面，所煮蟹羹殊有风味。

（咸丰八年八月二十八日）购鱼生一盘、双弓米一锅，同小异、壬叔、春甫据案大嚼，颇餍老饕。

（咸丰八年八月二十九日）约安甫、壬叔同往岭南估楼啖粥。……出城后，阆斋又拉予同壬叔往酒家小饮。

（咸丰八年九月九日）重阳，晴，是日购螯一篓，小如蟛蜞。夜间沽烧春一卮，特邀壬叔、小异，持螯为乐，聊应佳节。

（咸丰八年十月六日）壬叔约往跑马场，观西人驰马。

（咸丰八年十月十六日）夜饭后，见月色皎洁，同壬叔往访次游、静宣谈诗。

（咸丰八年十一月六日）夜，小异来，拉予及壬叔往环马场踏月，一弯眉子，分外有致。

（咸丰八年十一月八日）午后，往福泉城，往茶寮小啜，得见次公、近泉、小异、壬叔皆在，纵谈一切。寮中女士如云，流目送盼，妖态百出。……沽酒轰饮，饮兴殊豪……是日，壬叔特解杖头钱为东道主。酒罢，往东关杏雨楼啜茗，作卢同七碗之饮。

（咸丰八年十一月二十八日）是日为西国元旦，同壬叔往琴娘处贺岁。此风盛行于米利坚，不殊中土也。

（咸丰八年十一日三十日）既夕，同莲溪、壬叔、昼三至馨美酒楼啖牛脯。高谈雄辩，四座皆惊。

（咸丰八年十二月三十日）夜，邀壬叔守岁剧饮，欲联句未就。

李善兰与王韬来往之密切、感情之深厚，可见一斑。

咸丰年间，太平军与清军在江浙一带数次交战，烽火连天，但上海由于租界的存在，成了连绵战火中的一块安定之地，江浙一带的乡绅、士人纷纷逃往上海，一时上海人口大增，形成了畸形的繁荣。如王韬在《蘅华馆日记》中所说："沪上虽为全吴尽境，而当南北要冲，四方冠盖往来无虚日，名流硕彦接迹来游。"从《王韬日记》《瀛壖杂志》《弢园文录外编》等书的记载来看，当时与王韬"修士相见礼，投缟赠贮"者，有精于西学的龚孝拱（龚自珍之子）、魏彦（魏源之子）、冯桂芬、华蘅芳、徐寿、吴嘉善；寓居上海的文人何咏、姚燮、郭友松、汪燕山、宋小坡、张鸿卓、孙瀜、秦次游、李静宣、周弢甫等。书画名家徐近泉、吴公寿、尹小霞、罗元祐、钱寿同、张琏、江开泰等。而这些人差不多也是李善兰的朋友，平日颇多酬唱。可见，两人结交的是同一个朋友圈子。而在这个圈子里，李善兰、王韬、蒋敦复又称"海天三友"，可见即使在当时，也是把王韬与李善兰归为知己的。

平心而论，李善兰与王韬的性格有着很大的不同，他们所以能成为最密切的朋友，除了同事关系，除了学问上的相同爱好，除了出身、生活背景的相似，更有着深层次的原因，那就是他们都是"异民"，也即是虽同时脚踩中西两条船，却既不容于传统文化，又无法融入西方文化的"异类"。他们的友情，从文化的意义而言，是同病相怜，是相濡以沫，是互相慰藉。

墨海书馆时的王韬与李善兰，待遇优厚（至少比一般的文人要舒适得多），生活安定，交游广阔，遐迩闻名，表面上不说是轰轰烈烈，至少是花天酒地，但他们的内心却总有挥之不去却又无可言说的痛苦：

西馆中，时则有海宁李壬叔、宝山蒋剑人、江宁管小异、华亭郭友松并负才名，皆与老民为莫逆交。惟是时事日艰，寇氛益迫，老民蒿目伤心，无可下手，每酒酣耳热，抵掌雄谈，往往声震四壁，或慷慨激昂，泣数行下，不知者笑为狂，生弗顾也。[①]

王韬在给朋友的信中说，他与李善兰常临浦望月，放声长啸，声震急流。旁人惊起相问，他则与李善兰相视大笑。又说他在上海期间，就像一只关在笼子里的鸟，心里常常不安。这正是反映了他在中西两种文化中挣扎的痛苦心态。他与李善兰等人行为古怪，常常使酒骂座、目中无人，种种狂态，正是这种在文化上找不到根的“异民”心态的发泄。当时有人戏谑王韬曰：“吴门王胖，其才无双；豪具北相，圣压西方；牛马精神，猿玃品概；日试千言，倚狗可待。”对这种恶谑，王韬不但不怪，反认为“此颇足见仆生平”，并记下来告诉友人以自嘲。所谓“同是天涯沦落人，相逢何必曾相识”，正是这种共同的“文化异民”处境，使王韬与李善兰在墨海书馆时期成了无话不说的挚友。其实，王韬与李善兰的性格、志向有着很大的不同，这也是为什么当王韬离开上海、漫游欧美之后，两人之间联系就迅速少了下去，很少提到对方，只因为时过境迁耳。墨海书馆里是“相濡以沫”，此时则“相忘于江湖”了。

有一个现象值得注意，那就是相对于李善兰，王韬与传教士的个人关系较为密切。合信替王韬治愈脚疾自不必说了，王韬称麦都思是“最为真挚亲切的一位西方人”，他曾作为艾约瑟的助手，跟随艾约瑟到太平军占领的苏州，与太平天国干王洪仁玕会谈。他与另一位汉学家林乐知（Young John Allen）也很相得。林乐知曾随王韬学习中国文学、历史、经学和哲学，“暇复为王韬讲述西洋历史”。而王韬撰写的《美利坚志》《法兰西志》《俄罗斯志》《普法战纪》等书，即请其“审定”。反过来，林乐知所著的《中东战记本末》一书，也请王韬为之作序。相比之下，李善兰与伟烈亚力等人的关系，似乎只限于学术上的交流探讨，从这里可以看出李善兰与王韬在性格上有很大不同。与王韬20来岁就接触西方传教士不同，李善兰在40岁时才来到墨海书馆，此时他已是中国第一流的数学家，因此李善兰受中国文化的浸淫较王韬为甚，对西方文化的接受也比王韬要保留得多。他来到墨海书馆，更多的是为了学习西方先进的科学技术，从

① 〔清〕王韬：《弢园文录外编 · 弢园老民自传》，上海书店出版社2002年版，第270页。

而为国家的强盛出力。因此，他对西方的文化和政治制度，则保持着谨慎而客气的疏远，至少没像王韬那样进行鼓吹。墨海书馆的西士们，在传播科技知识的同时，主要还是承担着传教的使命，李善兰、王韬这样的优秀知识分子自然是他们争取的对象。虽然没有直接的证据说明王韬在墨海书馆就加入了基督教[①]，但至少在王韬日记中有他多次参与礼拜的记载，而李善兰则很少有这样的事。李善兰的性格，跟中国许多士大夫一样，是典型的“外圆内方”，他可以狂饮、赌博甚至访艳，但在其内心深处，还是以一个纯粹的学者来定位自己的，保持着知识分子的尊严和中国传统文人的原则。像王韬这样上午到教堂礼拜、下午拉一帮朋友上妓院这样的事，在李善兰身上是不可能发生的。李善兰尽管跟伟烈亚力等天天在一起切磋学问，但感情、思想上的交流可能不会太多。李善兰不会认同“华夷之大防”，但在其内心，恐怕还是认为西方人跟中国人不会是一种人。正是这种性格上的差异，使得他与王韬这两个墨海书馆中的莫逆之交，最终一个成了伟大的学者，而另一个则成了杰出的政论家。

王、张、管、蒋（下）

李善兰在墨海书馆期间来往密切的朋友，除了王韬外，还有张福僖、管嗣复、蒋敦复等人。在当时，李、王、张、管四人齐名，都是墨海书馆中译书名家，而李善兰、王韬、蒋敦复又称“海上三异民”，他们之间声气相投，互相影响。要全面了解墨海书馆期间的李善兰，不能不提到他们。

张福僖，字南坪，或作南屏、南平，别字仲子。浙江归安县（今湖州市）人。生年未详，从其活动情况来看，应和李善兰年龄差不多。张福僖自幼好学深思，对天文历算尤其热衷。他曾考取秀才，在乡里“拔冠一军，名誉鹊起”，

---

① 据苏精在《王韬的基督教洗礼》中的研究，王韬在1854年8月22日受洗为基督徒，且在1853年至1856年间保持着信仰。哈佛大学韩南（Patrick Hanan）教授的论文《作为中国文学的〈圣经〉：麦都思、王韬与〈圣经〉“委办”本》（*The Bible as Chinese Literature*：*Medhurst*，*Wang Tao*，*and the Delegates' Version*，Patrick Hanan），译文刊《浙江大学学报》2010年第2期，列举了王韬1850年代曾经参与过的系列宗教活动，并找到了王韬当年为申请入教受洗事而写给麦都思的一封信。见段怀清：《试论王韬的基督教信仰》，《清史研究》2011年第2期。

但“卒以不工时文”，没取得什么功名[①]。道光十九年（1839），天文算学家陈杰从国子监算学助教的任上告病辞职，回到乌程县（今湖州市）老家，以授徒为生。张福僖遂拜在陈杰门下，专心学习天文算学。在这期间，他著有《两边夹角径求对角新法图说》一书。后来，张福僖又著成《彗星考略》和《日月交食考》二书，已佚。《畴人传三编》称张福僖“精究小轮之理，著有《彗星考略》二卷”。

1853年，张福僖在好友李善兰的介绍下，到上海结识了墨海书馆的艾约瑟，协助艾约瑟翻译天算格致诸书。这一件事，见于张福僖的《光论·自叙》，具体情况则不得而知。估计李善兰在嘉兴时，即与在湖州的张福僖相知。张福僖的老师陈杰是当时最有声望的算学家，李善兰作为晚辈，肯定要到湖州拜访，与陈杰的高足张福僖结交成友应是情理中的事。张福僖出身贫苦，也没有一官半职，生活之窘可想而知。李善兰到上海后，引荐张福僖到墨海书馆，也是很自然的事。跟李善兰一样，张福僖到墨海书馆后，接触了大量的西方近代科学知识，其知识结构、思想观念都发生了很大的变化。他在墨海书馆期间，与艾约瑟一起，译出一部近代科学史上有着较大影响的光学著作——《光论》。

《光论》全书正文6000字，插图70余幅，系统地介绍了许多光学知识。例如光的直线传播、平行光的概念、光的照度、反射定律、临界角等等。《光论》第一次从量的关系上介绍了折射定律并正确解释了海市蜃楼等“幻景”形成的原因。《光论》通过详细叙述和图示棱镜的分光实验、白光在水滴中被折射与反射而生虹、白光的分解与合成，来说明“光非一物，内有许多相合配成，如太阳白光内有许多各色光是也”。《光论》科学地解释了光的色散现象。同时还提到了“光的热效应和化学效应”。《光论》在《自叙》中还提出了一种光速的测定方法：“光之行分，以木星上小月蚀时之时刻，比例布算。”这与1676年丹麦科学家奥勒·罗默利用木星卫星发生掩食现象来测定光速的方法不谋而合。最令人惊奇的是，《光论·自叙》中提出了光谱中的暗线和明线，这在当时的欧洲也是少见的事情。

① 〔清〕王韬：《瀛壖杂志》，上海古籍出版社1989年版，第92页。

张福僖《光论》前的《自叙》，全文不足400字。他在自叙中谈到翻译《光论》的意图："明天启间西人汤若望著《远镜说》一卷，语焉不详。近歙郑浣香先生复光著《镜镜詅痴》五卷，析理精妙，启发后人，顾亦有未得为尽善者。"就是说，他这本《光论》，是研究《远镜说》《镜镜詅痴》所没有涉及的理论和方法。《远镜说》一般认为是明传教士汤若望根据1618年德国法兰克福出版社出版的吉罗拉莫·西尔图里（Girolamo Sirturi）所著《望远镜：成就伽利略星际观察仪器的新技艺》（*Telescopium, sive ars perficiendi novum illud Galilaei visorium instrumentum ad sidera*）编著而成的。而《镜镜詅痴》出版于1846年，论述了各种透镜的成像原理和制作方法，是我国学者独立研究完成的一部光学著作。这部《光论》，比之于《远镜说》和《镜镜詅痴》，在系统性、理论性和介绍西方最新光学成果方面，明显高出一筹，是我国第一部系统介绍光学的著作。不知出于什么原因，《光论》当时并没有在墨海书馆出版。据专家研究，《光论》的最后9节（约占全书的三分之一）的材料相当琐碎，每节之后都注明应插在前面某一章节之间，如"以上在论日光之前""在松紧不平一条后"等，可能这些内容是从其他书籍杂志中摘译下来准备增补进书的。由此可见，《光论》实际上并没有编译完成，张福僖在整理修订《光论》时，因某种原因搁置了，所以墨海书馆也没有将其出版。1890年左右，《光论》被辑入《灵鹣阁丛书》，这是《光论》的第一个版本。

张福僖应该还译有《声论》一书。晚清学者夏曾佑在致汪康年的信中云："《光论》《声论》本拟自抄，奈心绪大恶，俗事亦多，亦倩人代录寄去。'二论'非先君所撰，乃父执张南坪先生所译，西人本不知撰自何人。"[①]《声论》应当是中国最早的声学译著，可惜今已不传，更无从得知其英文原著出处。此书出版比英国物理学家田大里（John Tyndall）的名著《声学》（1874）要早上10多年。

稍稍令人不解的是，张福僖与李善兰、王韬、管嗣复、蒋敦复等经历相近，文化背景相同，但在墨海书馆时，很少与李、王、管、蒋诸人一起吃喝玩乐，

---

① 上海图书馆整理：《汪康年师友书札》(2)，上海古籍出版社2017年版，第1183页。

王韬在其日记中，几乎天天提到李、管、蒋三人，却基本没有涉及张福僖。这可能是张福僖出身贫寒，他在墨海书馆“生平布衣蔬食，居贫耐苦，泊如也”，没法跟王韬等一起狂饮，或者是他性格的不合群、更专注于学术吧。但他与李善兰应该一直保持着友谊。1860年，时任江苏巡抚的数学家徐有壬，准备刻印由数学家项名达撰著、戴煦补述的数学名著《象数一原》。张福僖与项名达的长子项锦标是同拜在陈杰门下的师兄弟。他对戴煦的数学才能也十分钦佩，有一次张福僖在李善兰那里见到戴煦的著作，深为叹服。后来张福僖专程去杭州拜访戴煦，并小住数日，将戴煦的著述全都抄录了副本。所以徐有壬要刻印《象数一原》，就邀请李善兰和张福僖同往苏州担任这本书校核。在徐有壬的幕府，徐有壬、李善兰、张福僖常常在一起切磋钻研、砥砺学问。

这年六月，太平军攻占苏州，李善兰奉徐有壬命回上海讨救兵，张福僖也跟着一起回到上海。同治元年（1862），太平军攻逼湖州，张福僖的老母与家人被围困城中，张福僖冒险往探，在城下为太平军所执，疑为清军间谍，备受酷刑后被杀。在他去世后，当时有人写诗称道他的学问：“平生性质直，颇有前贤风。廿年学算学，列宿横心胸。书成彗星考，西法皆开通。携来吴市上，倾倒抚部公。”①

管嗣复，字小异，江宁（今南京）人。管嗣复出身于书香门第，他的父亲管同（字异之）是著名的古文学家，曾入桐城派大师姚鼐之门，论学为文一遵姚氏轨辙，《清史稿》称“鼐门下著籍者众，惟同传法最早”。管嗣复家学渊源，精文善诗，尤擅中医之术。按理说，像管小异这样的世家子弟，是不会“沦落”到佣书西舍的。然而天翻地覆的太平天国起义，把管嗣复的人生轨迹彻底打乱了。太平军攻占南京时，管嗣复被掳入军中，他九死一生，从军营中逃了出来。他曾对朋友说起他的这段经历：

> 初，贼（指太平军）陷金陵，壮者皆隶为兵列之前茅以冲锋镝，文弱

① 〔清〕王韬：《瀛壖杂志》，上海古籍出版社1989年版，第92页。

> 者则令司笔札、会计，老病者另设一馆，专拾街衢字纸。小异亦夤缘入馆中。后贼知其非废病者，强令学书记，数日而逸，获之，杖几殆。自此防诘益严。一日，其渠出扰安徽，与小异偕行，日夜关置舟中。小异自念，若此首为官军所断，则无以自明，何面见祖宗于地下？逃，死也；留，亦死也。计不如为贼所杀为愈。时泊舟江边，天寒夜黑，小异伪为私焉，潜遁匿丛芦中，贼竟夜踪迹不得，乃开帆而去。有乡人见有人蒲伏泥中，异而问之，小异实告以故，乃引之家中，与之食，与以百钱，小异乃得渡江而南。小异自言此时已置生死于度外，但求薙发而死，得洗贼名则幸矣。[①]

由此可见，管小异的正统观念极强，也可知他佣书西舍后的无奈与痛苦。这实际是当时知识分子的普遍思想，而李善兰终生仇视太平天国，也就可以理解了。

管小异从太平军中逃出后，漂泊四方，与一般落魄文人无异。当他旅寄苏州邓尉时，恰好墨海书馆的艾约瑟在这个赏梅胜地游玩。两人于邓尉偶遇，一个是“雅好岐黄术”的中医，一个是“以刀圭擅名一时”的西医，交谈之下，竟十分投缘。艾约瑟对管嗣复大为欣赏，“一见悦之，载之至沪”[②]，从此来到墨海书馆开始了他的佣书西舍的生涯。

管嗣复在墨海书馆期间，与合信一起翻译了《西医略论》《妇婴新说》《内科新说》3本西方医学著作。《西医略论》出版于咸丰七年（1857），是第一部介绍到中国的西医外科临床经验著作。共分3卷，上卷总论病症，中卷分论各部位病症，下卷论方药。《妇婴新说》出版于咸丰八年，扼要阐述正确处理各种妇儿疾病法则，并对产妇的顺产和难产附有图解说明。《内科新说》出版于咸丰八年，分2卷，上卷专论病症，总论病理及治法，诸如论饮食消化之理、血运行论、医理杂述等，下卷备载方剂药品，分东西本草录要、药剂与药品等。管嗣复翻译的这3本医书，风行海内，“远近翕然称之，购者不惮重价”。合信在

---

① 〔清〕王韬：《王韬日记》，中华书局2015年版，第194页。

② 〔清〕王韬：《英医合信氏传》，《弢园文集外编》，上海书店出版社2002年版，第279页。

《内科新说·序》中说："近岁来上海，因华友管茂才喜谈医学，遂与商酌，复著《西医略论》《妇婴新说》及《内科新说》三书。"在《西医略论·序》中又说："比岁在粤东，专司医局，未遑著述，今年游上海，旅馆多闲。适江宁管茂才，谈论医学，固相与商榷，共成此书。"仔细分析，这几部医书并非全是翻译，中间亦有为取信国人而掺入了一些中医知识，而这只能是出自管嗣复的手笔。如《内科新说》下卷，本为西药本草，但间杂中药在其中，如朴硝、元明粉、儿茶、苏木、桂皮、石榴等等。可见管嗣复的中医学知识，对译成这3部医学著作，起了很大的作用。而管嗣复也通过翻译西方医学书籍，成为近代中国第一个兼通中西医的学者。后来，这3部书和咸丰元年（1851）在广州出版的《全体新论》、咸丰五年在上海出版的《博物新编》，合称为《合信氏医书五种》，成为一套较系统的近代西医学启蒙教材，是西医学理论传入中国的发端，对我国近代西医初期的发展和进步产生过较大的影响。管嗣复还在咸丰九年协助裨治文（Elijah Coleman Bridgman）修订润色《美理哥合省国志略》（"美理哥合省国"即美利坚合众国），但后来因觉得书中言论有悖于儒家学说而退出。

管嗣复在墨海书馆翻译西书时，与李善兰同住在大境杰阁，三人成为"莫逆之交"，王韬在其日记中详细记载了三人一起吃喝玩乐、吟诗作文、登山临水的种种琐事。其中咸丰九年二月六日的日记中，还记述了管嗣复与王韬就是否参与翻译西书的对话，颇能反映出在墨海书馆的中国文人的矛盾心态：

> 米利坚教士裨治文延（管小异）修《旧约》书，并译《亚墨利加志》①。小异以教中书籍大悖儒教，素不愿译，竟辞不往。因谓予曰："吾人既入孔门，既不能希圣希贤，造于绝学，又不能攘斥异端，辅翼名教，而岂可亲执笔墨，作不根之论，著悖理之书，随其流，扬其波哉？"予曰：

① 王韬这里所说的《亚墨利加志》，当是《美理哥合省国志略》（*A Brief Account of the United States of America*），此书为裨治文用中文编写的一部介绍美国历史、地理和政治制度的书籍，并非翻译。管嗣复主要是协助做文字的润色工作。管嗣复因书中内容有悖儒教而中途退出后，由梁植、宋小宋协助润色。这部书于咸丰十一年（1861）以《大美联邦志略》之名出版。

> “教授西馆，已非自守之道，譬如赁舂负贩，只为衣食计，但求心之所安，勿问其所操何业，译书者彼主其意，我徒涂饰词句耳，其悖与否，固与我无涉也。且文士之为彼用者，何尝肯尽其心力，不过信手涂抹，其理之顺逆，词之鄙晦，皆不任咎也。由是观之，虽译之，庸何伤？”小异曰：“吾昔尝于叶翰池棠言之矣，当我就合信之馆，修脯月止十五金，翰池屡责以贬价屈节，以求合西人，我曾答以来此欲求西学，非逃儒而入墨，不可谓屈节。人之一身，本无定价，迫于饥寒，何所不可，不可谓贬价。惟我终生不译彼教中书以显悖圣人，则可问此心而无惭，对执友而靡愧耳。翰池当时不信斯言，今不可背之再受唾骂也。”①

这一段话，实际上可视作当时在墨海书馆中的李善兰、张福僖、管嗣复、蒋敦复等人的共同的价值观。他们入墨海佣书，既是为了谋生，也是为了“求西学”，同时，他们一面为西方学者工作，一面又固守着自己的文化传统，并以有所不为来聊以自慰，亦以此来向社会辩白。这里的微妙心态是很值得回味的。李善兰在墨海书馆期间，除了科技书籍，也没有染指《圣经》等教中书籍的翻译，与此不无关系。

咸丰十年（1860），管嗣复在做客山阴时，为防御太平军多方奔走，忧郁而死。②

在墨海书馆期间，与李善兰一起在上海“持玉壶以买春，驾扁舟而捉月”，“抵掌雄谈，声惊四座，兴酣耳热论天下事”的墨海同事，除了王韬，还有一个就是蒋敦复。蒋敦复与王韬、李善兰三人合称“三异民”，他们三人作的画就自署“海天三友”，可见关系之密切。

蒋敦复（1808—1867），江苏宝山（今属上海市）人。原名金和，字子文，又字剑人、尔锷、克父、子礼，自号丽农山人，晚号江东老剑，清代词人、文

① 〔清〕王韬：《王韬日记》，中华书局2015年版，第266页。

② 〔清〕王韬：《瀛壖杂志》：“庚申春，应怀午桥太守聘，往客山阴，未几而吴门失守，苏乡风鹤频惊，小异奔走道路，竟以忧殒其生。”上海古籍出版社1989年版，第92页。

学家，是“清词后七家”之一。蒋敦复自小以神童著称于乡，同时也以行为怪异而为人注目，他甚至还在寺院待过一段时间。后来在朋友的劝说下，参加了乡试，他的文章让考官为之惊艳，一时名声大振。连林则徐也称他是“天下奇才”，“异日得成大器”。但遗憾的是，他竟然连续5次乡试都落第。蒋敦复在16岁时离开了家乡，曾在江苏任如皋县署书记。道光二十三年（1843）英军入侵，蒋敦复上书两江总督牛鉴，献策抵御，因直言触犯官员，险被逮捕。蒋敦复为避祸，逃入月浦净信寺为僧，法名妙尘，号铁岸。后来牛鉴被撤职查办，蒋敦复从寺庙还俗，自此浪迹大江南北。咸丰初年，蒋敦复在王韬的介绍下，来到了墨海书馆协助翻译西书。

在墨海书馆期间，蒋敦复与李善兰、王韬等来往密切，甚至经常一起冶游。蒋敦复在墨海书馆的主要工作是帮助慕维廉学习中文。他根据传教士们的口述，编写了“考定地球四洲形势”的《寰镜》16卷。蒋敦复与慕维廉合作翻译了《大英国志》（1856）①，这是在中国出版的第一部英国通史和地理书籍，在士大夫群体中产生了极大反响。他还是《六合丛谈》的主要撰稿人之一，撰写了《海外异人传》等文章，向中国介绍了圣女贞德、乔治·华盛顿和儒略·恺撒等人的生平事迹。在《华盛顿传》中，他借华盛顿之口说：“有国而传子孙，私也；权重而久居之，乱之基也。”对皇权进行了公开否定，这在当时颇有振聋发聩之感。

这个时期的蒋敦复，和李善兰、王韬一样，“异民”的心态十分强烈，忧国忧民，又觉得报国无门，郁闷悲愤，常表现在日常怪异的行为中。从王韬的日记中可以看到，李善兰、王韬、蒋敦复几乎天天在一起，于酒酣耳热之际，议论国事、攻讦当局。

蒋敦复虽在为传教士工作，但他对基督教似无好感，这与李善兰尤其是王韬有着很大的不同。而有意思的是，他与墨海书馆里的传教士关系却很不错。

---

① 慕维廉称“在一位杰出的中国本地学者的帮助下完成”。王韬在《啸古堂诗集序》中言及蒋敦复在其举荐下协助慕维廉翻译《大英国志》，则这位“杰出的中国本地学者”当是蒋敦复。蒋敦复因书中内容违背自己信仰，同时也惧怕士林舆论的指责，在《大英国志》上没有署名，并准备自作一部《英志》（未完成）。

蒋敦复死后20年出版的文集中，有一篇抨击基督教的文章，当时《北华捷报》刊登了一篇读者来信，对蒋敦复进行了粗暴攻击。但当年墨海书馆的朋友艾约瑟出来为他辩护说：

> 我对他所知甚深，他被吸食鸦片毁了，却又是一个聪颖的作家……他与我们一同工作并非因其热爱基督教，而是为了能维持他的烟瘾。他为什么会写下如此刻毒的抨击教会之文呢？我怀疑他是为了赢得儒学读者的赞扬。他并未反复散布谣言。他是从儒学立场出发进行政治性写作的……蒋还苦读佛经，这会使他心怀某种偏见来攻讦基督教……对于像蒋这样沿用长期被神圣化的攻击性术语的作者，我们应当宽容地稍打折扣。①

从艾约瑟的这段话中，可见当时口岸知识分子思想之复杂、心态之矛盾。

蒋敦复于同治三年（1864）入苏松太兵备丁日昌幕府，同治六年冬病逝。其著述有《啸古堂诗文集》《芬陀利室词》《芬陀利室词话》等。蒋敦复一生忧国忧民却又怀才不遇，朋友齐学裘在《啸古堂诗文集》上所题的一首诗，可谓是蒋敦复一生的概括："老剑胸中富甲兵，怀才未遇困柴荆。高谈韬略推同父，痛哭哀时异贾生。一拟书能崇国体，万言策足答升平。可怜材大难为用，赢得不磨终古名。"其实这诗用在王韬、李善兰等人的身上，也同样合适。

墨海书馆的译友，实际上为李善兰营造了一种重要的文化环境和心理环境。了解伟烈亚力、王韬、张福僖、管嗣复、蒋敦复等人的身世、著述，可以对李善兰在这一时期的思想和心态把握得更全面而准确一些。事实上，李善兰与王、张、管、蒋等不仅是甚为相得的朋友，从文化性格而言，他们也有着太多的共同点。他们都是秀才出身的儒士，对传统文化有着天然的永远也割不断的情结；他们又都是在科举路上历尽坎坷，最终无法走传统文人"正途"的科举制度的

① 《北华捷报》1891年9月18日，转引自柯文：《在传统与现代性之间——王韬与晚清改革》，雷颐等译，江苏人民出版社2005年版，第19页。

失败者；他们都是“毕读群经，旁涉诸史”“才华横溢，下笔辄数千言”的才子，并且在数学、天文、历算、医学等专门学科有着精深的造诣；而且，他们都来自江浙地区，这是一个明清以来受西学影响最深刻最广泛的地区；最后，他们又来到了上海这样一个五口通商后中西两大文明板块撞击的热点，也是大清王朝行政权力失落的特殊空间。身世的坎坷，国家的积弱，外来文明的冲击，传统观念的坍塌，他们变得抑郁孤独而又牢骚满腹，愤世嫉俗而又放荡不羁，文化认同的迷茫，使他们成了不容于传统文化而又不甘心投入西方文化的找不到精神彼岸的“海上异民”。李善兰等人聚集在墨海书馆，成为莫逆之交，与其说是偶然，不如说是一种必然。美国学者柯文的这一段话，对李善兰他们这一时期的生活作出了精辟的描述：

> 他们许多都曾深受儒学经典训练，取得秀才资格，而又起码部分是西方人在上海的出现所创造的新的就业机会而来到上海的。作为个人而言，他们颇不寻常，甚或有些古怪，有时才华横溢。就整体而言，他们代表了中国大地上一种新的社会现象——条约口岸知识分子，他们的重要性将与日俱增。他们在中华世界的边缘活动，他们的工作对中国主流中的种种事件似乎几无影响，但最终他们所提出的东西却与中国的实际需要逐渐吻合。直到这时，他们才渐次得到一定的社会地位和自尊。①

---

① ［美］保罗·柯文：《在传统与现代性之间——王韬与晚清改革》，雷颐等译，江苏人民出版社2005年版，第17—18页。

第六章　幕僚生涯

上策论火攻

咸丰十年（1860），是李善兰来到墨海书馆的第八个年头。此时的李善兰，学术事业可谓是如日中天，与伟烈亚力、艾约瑟等人合作翻译的西方科学著作，每一部都产生了极大的影响。照此发展下去，李善兰完全可能卓然而成一翻译大家，对中国近代科学发展产生更大的影响。但就在这一年，墨海书馆却不再翻译新书，并开始慢慢歇业了。

墨海书馆关闭的原因，慕维廉曾有过一段回忆：

> 那时我们开始传闻太平天国运动在中国内地发展起来，他们信奉基督万能。这个前景在国内（指英国）引起极大的兴趣。为了满足当时估计的需要，经詹姆斯牧师（John Angell James）的努力，预订了《新约全书》修订本（通常称之为有代表性的《圣经》全译本）100万册。为了实现这项任务，在不列颠及国外圣经会的要求下，将几部大机器运往上海。在上海以牛车为运转工具，认为这样会较快地完成这项工作，并使神圣的《圣经》有广泛的传播。这些机器安装后，立即开始昼夜印刷。几十万册《新约全书》从这里发出。然而，不久就发现机器损坏严重。这些机器运转不正常，印出许多难以阅读的模糊字迹。不论出现这种情况的原因是什么，我们决

定将机器运回英国，而用手印机代替。手印机当时亦在使用中。从了解到有关太平天国的事到他们败迹的显露，发现并不急需发送上百万册《新约全书》，因此，工作进度减缓下来。美国教会书馆（美华书馆）建立后，我们发现这个书馆基本上可以完成圣经出版协会及本教会所要做的工作。我们大可把教会书馆关闭，并处理掉印刷器材。与伟烈亚力先生离开的同时，伦敦教会书馆关闭。①

这里说的“伦敦教会书馆”即是墨海书馆。墨海书馆的“主业”就是印刷出版《圣经》，翻译科技书籍无非是扩大知名度、增加吸引力的辅助之举，因此，当一旦发现新来的美华书馆完全可以替代它的作用时，关闭墨海书馆也就是很自然的事了。

美华书馆（The American Presbyterian Mission Press）于1860年美国传教士创办。书馆主要出版《圣经》和宗教书刊及供教会学校用的教科书。前身是1844年美国基督教（新教）长老会在澳门开设的花华圣经书房（The Chinese and American Holy Classic Book Establishment），1845年迁往宁波。美华书馆的早期经营人是理查德·科尔（Richarcl Cole），1858年由威廉·姜别利（William Gamble）主管。美华书馆在印刷技术上应用了姜别利的两项发明。姜别利于1859年在宁波创制电镀字模，其法乃先用黄杨木做字坯镌刻反体阳文，再镀制紫铜阴文，然后将此紫铜正体阴文字模锯成单字，镶入黄铜壳子。此法比传统的手工雕刻字模省时省力，又提高质量，即使蝇头小字，制出的字模形象完美、清晰。电镀法是中国印刷史上的一次革命。书馆以电镀法制成大小7种宋体铅字，由于这7种中文铅字的大小分别等同于西文的7种铅字，从而解决了中西文的混排问题，成为流行几十年的“美华字”。姜别利的另一项发明是设计了元宝式排字架，将汉字铅字按使用频率分为常用、备用和罕用三大类，在木架的正面安置常用、备用铅字，两旁安置罕用铅字，每类字依据部首检字法排列，加

① ［美］麦金托什：《上海教会书馆》，转引自《中国印刷近代史》，印刷工业出版社1995年版，第76页。

快了排版取字的速度。以后各印刷厂多采用这种排字架。美华书馆运用了以上两项发明，大大提高了印刷质量和效率。1859年，美华书馆迁至上海北四川路横滨桥北。可见，无论是印刷质量还是印刷速度，墨海书馆都无法与美华书馆竞争，而当时的市场也无法在同一城市同时容纳两个出版基督教书籍的书馆，墨海书馆只能选择退出。

恰好在这时，好友徐有壬请李善兰到他的苏州巡抚府做幕僚。

李善兰在此之前，一直在从事着学术研究，是以著名的数学家、西学传播者而名世的。而此时的苏州，正在太平军的凌厉攻势下，朝不保夕。身为江苏巡抚的徐有壬怎么会想到请李善兰来“入佐戎藩”？或者说，李善兰怎么会愿意去这样一个战火中的焦点做一个出谋划策的幕僚呢？对此，李善兰的外甥崔敬昌在《李壬叔征君传》中说：

> 嗣金陵大营震撼，庄愍（徐有壬谥庄愍公）喟然曰：测量推步，精其术可以通兵法，壬叔在此，岂遂作退守计乎？一日，具币遣使，敦促就道，辞不获已，力疾行。

显然，徐有壬请李善兰做幕僚，是看中了李善兰可以帮助他与太平军作战。而李善兰在徐有壬一再敦促下，终于下决心“疾行”，也是他觉得自己有这方面的才能。而他们两人之所以认为一介书生能够守城退敌，是因为在一年前，李善兰在翻译西书之余，撰写了一部《火器真诀》，这是我国第一部精密科学意义上的弹道学著作。在洋枪火炮横行天下的时代，作为研究火器的专家，李善兰无疑被认为是可以在战争中发挥重大作用的。

《火器真诀》完成于咸丰八年（1858）末，从这个时间可知，这是李善兰在翻译了《续几何原本》《重学》等西方物理学著作后，自觉把西方几何学、力学等进行应用研究的成果。李善兰在写于咸丰戊午腊尽（1859年2月）《火器真诀》的“自识”中说：

> 凡枪炮铅子皆行抛物线，推算甚繁，见余所译《重学》中，欲求简便

之术，久未能得。冬夜少睡，复于枕上反复思维，忽悟可以平圆通之，因演为若干款，依款量算，命中不难矣。

由此可见，《火器真诀》是把力学和几何学相结合来对枪炮的运动规律进行研究的。而这，也只有在对西方力学、数学等学科有相当造诣后才能做到。《火器真诀》的科学性和对实践的指导作用，远非一般的经验之谈所能比，完全可以说是一本炮兵操作教材。这也是为什么《火器真诀》一出版，不但在学术界得到好评，也引起了包括曾国藩、徐有壬等朝廷大员重视的道理。

《火器真诀》是薄薄的一本小册子，文字十分简练。全书共分十二款，每款仅数十或上百字。第一、二款是对枪炮、弹药的标准提出要求，从而建立力学模型。第三款以下是对各种情况下枪炮射击中发射角与射程之间的关系进行论证。如第三款："凡平地施放枪炮，轴线对高弧四十五度铅子所落之地最远。"第四款："凡斜面施放枪炮，轴线为垂线交斜面角之分角线铅子所落之地最远。"第七款："凡推铅子所落之地必以平地最远界为根。"第八款："以最远界为半径作平圆，过圆心作地平线，置炮圆周，则九十度通弦为炮轴方向，圆心为铅子所落之处。"第九款："凡地在最远界之内，则以正弦为地距炮之线，正弦分半周为二弧，二弧之通弦即炮轴之二方向。"第十款："斜面与平、垂二线成勾股形，则平地最远界与斜面最远界比，若股弦和（或校）与弦比，而股弦交角之通弦（或减半周余度之通弦）即炮轴方向也。"第十一款："凡地在斜面最远界内，则自最远界端量取其数作点，于此点与前款正弦平行作通弦，自通弦二端至正弦端作二线即炮轴之二方向。"

由于《火器真诀》应用了当时先进的科学知识，十分切合实用，因此，出版后引起了许多人的重视。王韬在《火器真诀》出版的当月即将该书阅览一过，在咸丰九年（1859）正月二十日的日记中写道：

壬叔近著一书，曰《火器真诀》。诏铳炮铅子之路，皆依抛物线法。见其所著《重学》中，而亦能以平圆通之。苟量其炮门之广狭长短，铅丸之轻重大小，测其高下，度其方向，即可知其所击远近，发无不中。炮口宜滑溜，铅丸宜圆灵，外可加髹漆，则永不铁锈，欲知敌营相距几何，则以纪限镜仪测之，然后核算，宜纳药若干，正至其处，无过不及。西人所以能获胜者，率以此法，其术亦神矣哉。[①]

王韬与著名的“洋枪队”首领华尔亦有来往，对枪炮火器有着不同寻常的认识，他认为《火器真诀》中的方法是西人赢得战争的法宝，可见他对此书的评价之高。可能是受李善兰的影响，王韬在同治二年（1863）写成了《火器略说》一书，刊于光绪七年（1881）。在其中的《用炮测量说》一节中再次说：“近海宁李善兰曾著《火器真诀》，谓弹去皆依抛物线从高下坠，有一定之准可算。”[②]学者认为，李善兰在《火器真诀》中提出的别具一格的图解法，是我国有清一代数学家所习用的“以量代算”研究方法的一个新的环节，它导致了后来的数学家对抛物线本身数学理论问题的研究和对射击学命中问题的研究。

《火器真诀》出版后不久，就有了有关《火器真诀》的研究书籍，如曾任直隶提学使的卢靖，在光绪十年（1884）写成《火器真诀释例》一书，对《火器真诀》中每一款设例说明，是当时较为有名的研究枪炮武器射击测算之著作。卢靖在书中说：“少时读兵家言，惜其于枪炮未有中准之法……近来研求算学，略能解之。得李氏《火器真诀》，益涣然冰释。”[③]曾在广方言馆任算学、天文教习的沈善蒸于光绪十二年写成《火器真诀解证》（刊于光绪十八年），力图证明李氏“平圆所以合抛物线之理”。

《火器真诀》作为一部由数学家撰写的具有精密科学意义的弹道学著作，书

---

① 〔清〕王韬：《王韬日记》，中华书局2015年版，第253页。

② 王韬在《火器略说》中对李善兰的《火器真诀》也有批评：“李君但知算法一定比例，而不明弹出之路有时有高低、远近、迟速、斜直，其度数至有不齐也。今试立一靶于此，炮长短、大小同，药多少、美恶同，弹轻重、滑涩、围径同，发不同时，则所至之处远近各异。更有同一炮也，初发则远，次发则近，连发测验，至处皆有参差。”意即是认为李善兰只从理论上计算而没有考虑到实际操作时的诸多情形。王韬此评未免失之于苛。以李善兰当时的条件，是不可能把空气阻力、风力、温度、旋转效应等方面的因素全部考虑进去的，它的成就更多地体现在对抛射运动进行了一种定量的分析和研究。

③ 〔清〕卢靖：《火器真诀释例》自序，清光绪十年（1884）湖北抚署刻本。

中的理论和方法，是此前的“兵法”“武经”中所没有的，在战争中吃足了西方列强炮利船坚苦头的清朝官员，自然是喜出望外，李善兰也从一个纯粹的学者变成了一个难得的军事人才。徐有壬请李善兰协助守城，正是希望他能将研究成果应用到实战中去，阻挡太平军的进攻。两年后，李善兰应曾国藩之邀进入安庆大营幕府，著有《火器真诀》也是一个重要的资本。张文虎在《怀人十五首》中的“李善兰时从军”一首中说：“谈天近方厌，投笔起从戎。长揖见节相，上策论火攻。请以径路刀，挠酒留犁钟。”①

失意苏州城

李善兰答应来到苏州协助守城，还有一个重要的原因，是因为他与徐有壬是多年的至交，在数学研究上互相切磋启发。这次两人朝夕相处，公务之余还可以讨论一下数学问题。事实上，这也是徐有壬的想法。当时，徐有壬正想出版著名数学家项名达的名著《象数一原》。项名达是晚清第一流的数学家，对三角函数的幂级数展开式及圆锥曲线有着极为深入的研究，《象数一原》一书就是概括和推广了三角函数展开式的研究成果。项名达因年老多病只完成了初稿六卷，由另一位数学家戴煦续成第七卷。李善兰对三角函数和圆锥曲线的研究颇有造诣，他的尖锥术是关于三角函数、反三角函数、对数函数的幂级数的研究成果。他还与艾约瑟翻译过《圆锥曲线说》，这是最早传入的系统研究圆锥曲线的西方数学著作。而李善兰与项名达和戴煦的私交也颇为深厚，因此，校核《象数一原》，李善兰无疑是最适当的人选。

在李善兰的算友中，徐有壬是较为特别的一个。作为晚清的八大数学家之一，徐有壬竟然做到了封疆大吏，还死在了战场上，这不但是在晚清，甚至在中国历史上也是较为少见的。

徐有壬，字君青，别字钧卿，嘉庆五年（1800）出生于浙江乌程县（今湖

① 〔清〕张文虎：《怀人十五首》，《舒艺室诗存》卷五，“周浦历史文献丛刊”（第二辑），第240—241页。

州）。晚清时江浙一带是数学研究的重镇，徐有壬受此风影响，从小就对数学极感兴趣。据说他在8岁时，就已经掌握直角三角形勾三股四弦五的关系，并能作出准确的解释。徐有壬少年时，其父病逝，就北上京师投奔叔父。道光二年（1822），徐有壬撰成《四元算式》一卷，立意新颖，“人见而奇之”。当时颇有名望的数学家董祐诚、沈钦裴也“争相传钞以去”。与李善兰等算友不同，徐有壬在钻研数学的同时，科举上也春风得意，道光八年徐有壬应顺天乡试中举，次年进士及第。在这期间，他拜著名数学家、时任钦天监博士的陈杰为师，研习天文历算，所以他跟张福禧也算是师兄弟。徐有壬中进士后，仕途一帆风顺。道光十八年补户部四川司主事，道光二十年升山西司员外郎，道光二十二年转陕西司郎中。道光二十三年六月，徐有壬出任四川成绵龙茂兵备道，兼充四川文武乡试外监试官，开始了他的地方官生涯。此后，历任四川按察使、广东盐运使、广东按察使、云南布政使、湖南布政使，官职递次升迁。相对于在数学研究上投入的大量时间和精力，徐有壬可能不是个勤勉的官员，他即使“当军书旁午时，仍能布算如常”。做官20多年，也无多大政绩，但著下多部颇有创见的数学著作，如《椭圆正术》《弧三角拾遗》《表算日食三差》《朔食九服里差》《测圆密率》等。其中《测圆密率》是徐有壬的代表作之一，主要阐述三角函数和反三角函数的幂级数展开式问题，在当时影响很大。李善兰对徐有壬的《椭圆正术》也极为推崇，认为超过了西方数学家，并为之作图解。

咸丰五年（1855）四月，徐有壬因丁母忧回到湖州。这时正是太平军进攻江北、江南大营之际。清廷命徐有壬以在籍藩司的身份督办湖州地方团练，对抗太平军。他率军扼守长兴要道，阻止了太平军进攻，颇得朝廷赏识。咸丰八年又受命督办江南军营粮台，咸丰九年出任江苏巡抚。徐有壬与李善兰结交，应该是在咸丰五年他回到江浙后。这几年中，徐有壬频繁来往于沪杭间，与李善兰、戴煦等切磋学术。这期间所著《造表简法》就是综合各家之所长，他在序中自称此书是：“导源于杜德美氏，发挥于董方立（即董祐诚）氏，旁推交通于项梅侣（即项名达）氏、戴鄂士（即戴煦）氏、李秋纫（即李善兰）氏，集诸家之成说，参与管见。”

徐有壬还到过墨海书馆，与王韬、慕维廉、韦廉臣等相识。墨海书馆当时隐然已是全国的西学传播中心，对西学颇感兴趣的徐有壬自然要来一探究竟了。王韬在咸丰九年（1859）正月十二日的日记中追记道：

闻徐君青先生升任江苏巡抚。君青先生，浙之乌程人，精于历算。于丁巳（即1857年）四月中曾来沪上。至墨海观印书车，并见慕维廉、韦廉臣二君。皆以洋酒饼饵相饷，请予为介，得与纵谈。为人诚至谦抑，雍容大度。与壬叔为算学交最密。①

徐有壬与李善兰结识后，即开始了密切的学术交流。上海与湖州相距不远，因此两人常通过书信来讨论数学问题。崔敬昌在《李壬叔征君传》中说：

咸丰朝，甘泉罗茗香（即罗士琳）征君，及归安徐庄愍公（即徐有壬）并以数学著。二公者与先舅父交最挚，邮递问难，常朝复而夕又至。先舅父为之条分缕析，曲畅交通，如所问以报，恒累数千言，必使洞晓而后已。②

早上发出一信，日间又有新想法，晚上再写一封，每封信动不动就是数千言。可见李善兰与徐有壬交往之密切，讨论之热烈。

在内心深处，李善兰对徐有壬这样的人生是颇为向往的，既在学术上卓然成家，又在仕途上大有作为，鱼与熊掌兼得，这实际上也是大多数读书人的梦想。虽然李善兰在不同场合多次声称绝意仕进，但事实上，他一直没有放弃科举这一“正途”，即使在墨海书馆期间，他还在译书之余，至少上了一次

---

①〔清〕王韬：《王韬日记》，中华书局2015年版，第250页。

②〔清〕崔敬昌：《李壬叔征君传》，见〔清〕李善兰：《听雪轩诗存》，海宁市政协文史资料委员会1991年编印，第65页。

科场。[①]

李善兰一直不甘心做一个单纯的学者。他与徐有壬成为最为密切的朋友，固然是两人性情相投，在学术上有共同语言。但在潜意识中，也可能有李善兰欲凭借徐有壬这一方大员的力量，帮助他在济世救民上做出一些成就。《王韬日记》中隐约透露出李善兰这样的心情：

> 壬叔谓江南多英俊之士，今君青先生开府吴中，其算学为海内宗师，可于各县书院中别设历算一科，悉心指授，则西学不难大明，而绝绪可继，此亦千载一时不少失之机也。

> 酒间抵掌剧谈，各言己志。壬叔言："今君青先生在此，予绝不干求，待其任满时，请其为予攒资报捐，得一州县官亦足矣。"[②]

可知李善兰对徐有壬确是有着一定的期许的，更可知李善兰济世匡时之心从来就不曾泯灭，这也可以理解为什么在徐有壬死后，他即又成了曾国藩的幕僚。

令人有点意外的是，李善兰此次赴苏州协助守城，竟带上他的全部著作和手稿。大概李善兰自己对此行也是踌躇满志的，以为凭着自己的学问，可以确保苏州无虞，待太平军退去，可以请徐有壬出资刻印自己的著作。由于墨海书馆里刻印的著作数量不多，且有些已毁于兵火，同时还有数部著作未得刊刻，

---

① 李善兰在《续译几何原本·序》中称："遂以六月朔为期，日译一题。中间因应试、避兵诸役，屡作屡辍，凡四历寒暑始卒业。"可见在墨海书馆期间曾应试科举，大致在咸丰二年（1852）的七月至十月间。《王韬日记》咸丰二年（1852）七月初九："夜饭后再往大境，与壬叔剧谈。壬叔之友周石芗书来劝其应试，言及粤西人来谈跳梁小寇事，深刻扼腕。"七月十四日："萤烛已剪，宾朋未集，乃折简招壬叔，以破寂寞。壬叔将至西泠，即借此筵以为祖饯。"七月十六日："是日往大境，壬叔已解维去矣。"见陈正青整理：《王韬未刊日记、杂录》，上海图书馆历史文献研究所编《历史文献》第12辑，上海古籍出版社2008年版，第276—278页。而此后直到十月七日，王韬日记中没有提到李善兰，据此推测，李善兰这次到杭州，即是参加咸丰二年壬子乡试。

② 〔清〕王韬：《王韬日记》，中华书局2015年版，第260、294页。

李善兰一直希望能将自己的著作重新刻印。但始料未及的是，苏州很快就失守，而李善兰匆匆忙忙逃出苏州，全部著作竟全毁在了苏州兵火中，他刻印著作的夙愿，一直要到几年后在曾国藩的资助下才得以实现。

李善兰是在咸丰十年（1860）的5月19日或20日到苏州的，同行的还有他的朋友吴嘉善。吴嘉善也是一位热爱西学的算学家。据王韬在日记中的记载，吴嘉善很喜欢西方的新奇器物，并能自造新器。他曾专门观察研究过火轮船、照相术等。可见徐有壬邀吴嘉善与李善兰同往苏州，显然是想在火器上有所作为。更有意思的是，吴嘉善居然懂得英语。曾纪泽在日记中记载道："昔年吴子登太史口不能作西音，列西字而以华音译读，是为奇法，其记悟亦属异禀，非常人所能学也。"可能徐有壬在请吴嘉善时，已在考虑向西人借兵。

当时的苏州，实是危如累卵。这年2月，太平军忠王李秀成自皖南入浙江。3月4日克长兴，然后亲率六七千人乔装清军奔袭杭州，并于19日破城，杀浙江巡抚罗遵殿。4月底，10万太平军从东、南、西三面包围了江南大营。5月2日，太平军分五路发起总攻，战斗至6日，江南大营被彻底摧毁。此后太平军一路势如破竹，5月15日，李秀成率军数万从天京出发，20日克丹阳，26日占常州，30日下无锡，直逼苏州。李善兰到苏州之时，正是李秀成攻占常州之际。但李善兰此时尚以为苏州可守。王韬在日记中记载了吴嘉善对苏、锡、常一带战争形势的判断：

吴子登（即吴嘉善）著屐款关而至，言昨晚从吴门返。余急问："常州兵事如何？风闻何宫保（即何桂清）不能坚守，已离城他去，置百万生灵于度外，殊昧城亡与亡之义。长官已行，兵心不固，虽有民团激发义愤，效死勿去，然素不习战阵，其何能守？常州之危，可翘足而待也。"子登曰："常州大局，尚可无妨。何宫保曾至吴门，徐抚军（即徐有壬）遣绅董问其故，以军糈不敷，现来劝输为辞。于是诸富户踊跃捐输，不惜毁家纾难，顷刻间得二百万。何宫保见之始去。兹时，吴门之饷可支二月，饷足兵壮，守御何难！"余知子登雅度从容，亦善于粉饰升平者。今日之患，不在无饷，而在无官；不在无兵，而患兵之不战。时事至此，败坏决裂已极，虽有贤者，仓猝从事，亦无所措手矣。[①]

从后来李善兰在与王韬商议向英法公使“乞兵”时的交谈中看，吴嘉善对战事的乐观判断，很可能得自李善兰的分析，至少两人的判断应该是一致的。在上海的王韬，对苏州的战事分析得头头是道，认为“败坏决裂已极”，已无可挽回。他这里说的“贤者”，很可能就是指李善兰，认为即使李善兰真能助一臂之力，但“仓猝从事，亦无所措手矣”。可叹的是，李善兰身在战场前线，其对形势的判断竟不如王韬远甚。这与其说是他对自己的才能过分自负，还不如说他的政治、军事能力本就平常。事实上，两天后，常州即被太平军攻陷。

徐有壬毕竟做过多年的地方官，在常州失陷后，知道苏州已是危在旦夕，他一方面下令烧城，把苏州城变成一片瓦砾，“赤焰亘十余里，一城菁华顿为消竭”，以使太平军无所凭借。同时，命令上海道吴煦向外国请兵支援，称“如果借其兵力，转危为安，我国图报，唯力是亲”。徐有壬清楚，要说动洋人出兵，是一件非同小可的事，除了公对公的请求，还得通过私人感情来打通关节，而李善兰、王韬等与墨海书馆的外国传教士十分熟悉，可以通过他们找外国公使“乞师”。于是，徐有壬又急派李善兰从苏州火速赶回上海，向洋人借兵。

这时候的李善兰，表现出了知识分子在政治上的幼稚和不通世事。他一厢情愿地认为，只要洋枪洋炮一到，局势立即就可以转危为安，因此，他把向洋人“乞兵”这样一件几乎不可能的事，看成了一个立不世功业的好机会，他“自苏至沪，风声鹤唳，草木皆兵，独慨然往”。咸丰十年（1860）6月3日，这已经是苏州城破的第二天了，但李善兰尚不知情。他一大早穿戴一新，“晶顶貂尾，焕然改观”，乘着轿子来到王韬住处。王韬因生病，还在睡觉。李善兰一把拉起王韬说，快起来，我跟你一起成此大功。王韬说，我身上有病，不想起来。你说的大功又是什么？李善兰说，苏州城现在正被太平军围困，徐巡抚欲向西人借兵，以拯救百万生灵。这件事要是做成了，真正是功德无量。王韬显然比李善兰更懂得官场套路。他说，这件事应该跟吴煦一起去英国公使馆。我人微

① 〔清〕王韬：《王韬日记》，中华书局2015年版，第348页。

言轻，怕是出不上力。你现在手里可有徐巡抚与英、法二国公使的文移（即公函）吗？李善兰显然不知道还要有文移这一回事，说，这倒没带，王韬说，这就难办了。只好马上去找龚孝拱，跟他一起商量。这龚孝拱乃龚自珍的儿子，也是上海滩上的大名士，当时为英国驻华使馆汉务参赞威妥玛（Thomas Francis Wade）帮办文案，与英人关系极为密切。李善兰与王韬正商量的时候，他们的朋友黄錞跑进来说，苏州城已被太平军攻陷了。王韬与李善兰大吃一惊，说，哪有这么快的事？黄錞说，有人去苏州探听情况，远远望见火光冲天，走近去一看，只见城头上竖着太平军的旗帜，来往的兵勇皆头裹白布，显然是太平军。王韬闻言，知大势已去，拍案顿足，仰天狂叫。而李善兰根本不相信苏州会被攻占。他说，这消息肯定不确实，苏州城有生力军一万余，藩库存银几十万两，兵饷俱足，完全可以坚守。民团也同心勠力，根本不惧太平军。说着就急急忙忙地找龚孝拱商量借兵的事了。而王韬很清楚事情已无法挽回，便又呼呼大睡了。

李善兰找到龚孝拱。龚孝拱也认为没有徐有壬的公函，是不可能借兵的。于是两人分头行事，龚孝拱先去找英、法公使做说客，而李善兰立即写信给徐有壬索取公函。李善兰还对王韬说，我看向洋人借兵这事，或许能办成。英国公使说，只要何桂清来，就立即发兵。现在何桂清就在刘河，离此不远，往来甚易，英国公使应该不会食言。王韬倒是很清醒，他说，借兵这件事，非同小可，即使是英国公使也不得独断，是不可能轻许出兵的。现在英国正准备在北方滋事，肯定无暇顾及南边。而且，按照英国的体制，武将的权力很大。这次英国军队来到中国，是为了在北京一带与中国开战，根本不会考虑苏州的事。所以，即使是何桂清亲自来，借师之说，决不能行。

李善兰根本没有想到，就在他东奔西走为守卫苏州借兵时，苏州城早已被太平军攻占，江苏巡抚徐有壬也已被杀了。6月1日，驻守无锡的清军将领张玉良溃逃至苏州，举起令箭叫开城门，太平军趁势冲入城中。一到城中，便四处放火，民众奔避，不及扑救。因事起仓促，守军根本无法组织起有效的反击，街市间尸相枕藉。太平军闯入巡抚衙门，徐有壬自知必死，就穿戴起公服出来督战。太平军士兵刺中徐有壬的前额，官帽将坠，徐有壬双手扶起官帽，端端正正地戴在头上，被士兵所杀。徐有壬的夫人和儿子投池自尽，一家7口全部死于苏州。

苏州之行，前后不过10天，对李善兰的打击却是前所未有的。他的算学著作在“苏州节署遭乱尽失”，多年心血毁于一旦，其痛惜可想而知。但这也许还不是最痛苦的。李善兰的苏州之痛在于，一方面，他失去了一个最密切的朋友。当李善兰听到徐有壬的死讯时，悲伤得无以言表，“西望呜咽，设庄愍位，祭以文”。另一方面，他也清楚地看到了自己在政治上的不成熟，看到了自己并没有匡扶乱世之才，一直来出仕为官、一展身手的雄心也淡了许多，自此“绝意时事”。要一个封建时代以修身治国为己任的读书人承认这一点，是一件很痛苦的事，但苏州之行的教训实在太深刻了。虽然不久李善兰又来到曾国藩幕中，但已不再热心于军国大事，而是把著书立说放在第一位。进京后，李善兰官越做越大，最后做到了三品衔户部郎中，但都是虚职，地位尊崇，却并无多少实权，而他始终甘心在同文馆算学教习的位置上终老，就是这次苏州之行留下的教训。苏州之行，对李善兰而言，或许是深自痛悔的，但对时代来说，未尝不是一件幸事。倘阴差阳错竟让李善兰借到了洋枪洋炮，击退了太平军，李善兰或许从此就投身宦海，那么，也就没有了中国第一个算学教习，而李善兰一生的成就怕也要打上一个大大的折扣。

重聘入戎幄

回到上海后，李善兰的情绪十分低落，他陷入了悲伤和自省之中。和王韬等朋友一起吃喝玩乐也明显少了下去，即使偶尔在一起游玩，也只是排遣心情而已，很少有以前的“轰饮”和高谈阔论。

由于在苏州守城时，李善兰在城陷的前一日出城，虽是奉徐有壬之命回沪“乞兵”，但终究是没有与苏州共存亡，而他的至交徐有壬却战死在衙署，这在一些道德感极强的知识分子看来，李善兰已是近乎失节。王韬、李善兰的朋友周腾虎（字弢甫）当时也在苏州，极得徐有壬信任，“倚之为手臂，凡有大事，无不预谋”。他在苏州之战中，被太平军俘获，这本来也是正常的事，但在朋友们看来，却是不可原谅的。王韬在日记中就说："预其利者，必同其害；与其陷贼而亡，毋宁殉难而死耳。""弢甫临难不死，复何颜来此地哉？""今君翁（即徐有壬，字君青）死矣，而弢甫觍然独生。"对李善兰，朋友们虽然并未公开口诛笔伐，但也深以为他逃出苏州城是"临难不死"。一次，王韬与李善兰闲谈时，来了一位从太湖逃难到上海来的朋友，说起嘉兴、湖州被太平军攻占时，当地官员、士人"殉难"之事，大为感慨。这时，朋友梁清（字来楚、云诏，号阆斋，长洲人）也来了，遂"沽酒市脯，聊以下箸"。酒酣耳热间，梁清"讥诃壬叔，几至攘臂，不欢以散"。梁清是李善兰的老朋友，贫贱时曾得李善兰接济，相处应该不错，他竟讥诃李善兰而几至挥拳相向，肯定是言辞尖刻难听。王韬在日记中没有说究竟"讥诃"李善兰什么，但从前后情形推测，梁清很可能是责备李善兰没有"殉难"于苏州。在这样的压力下，李善兰心境之黯然可想而知。王韬有次去找李善兰，来到他的住处，"寓斋清寂，迥异昔时"。可能李善兰自己也觉得不能与徐有壬同死是一件不光彩的事，所以他这段时间很少抛头露面，也不大与外地朋友联系。于是，他的家乡海宁竟误传李善兰"陷贼中且蓄发"，做起了"长毛"。这个传言本身也说明李善兰的苏州之行在朋友中印象极差。一直到他回乡扫墓，蒋仁荣特意邀他一同出游，让他"露顶过市中"①，谣言才算平息。

咸丰十年（1860），对李善兰而言，真是流年不利，他接连失去了几位好朋友。除了徐有壬，管嗣复在山阴积劳而死，资助他出版续译《几何原本》的韩应陛死于战乱，算友戴煦也在太平军攻破杭州时投井而死。李善兰迭遭打击，心灰意懒，真的开始"绝意时事"了。他躲在上海的书斋里，埋头整理他的著述。由于所有著述在苏州化为灰烬，李善兰就从朋友中搜寻曾抄录过的副本，重新修订，以期有朝一日再行出版。这段时间里，李善兰一改此前的狂士脾气，与外界的接触也少了许多，因此，在咸丰十年后的一二年里，有关李善兰的记

---

①〔清〕李善兰：《蒋君杉亭传》："庚申，粤匪陷苏州，余在徐庄愍公署中，先一日出城，仓皇走上海。里中不得余消息，讹传陷贼中且蓄发矣。君（即蒋仁荣）闻之忿然曰：'天下岂有从贼之李壬叔哉？'既而余旋里扫墓，君见之喜甚，即邀之出游，令余露顶过市中，曰：'将以息讹言也。'"见徐光济编《汲修斋丛书》之《则古昔斋文钞》。

载也甚少。从现有材料看，这两年里，李善兰常与吴嘉善、刘彝程[①]等一起切磋数学。刘彝程《简易庵算稿》自序称："识李君壬叔于沪渎，由是悉心于弧矢级数之学，不数年自著《割圆阐率》一卷、《对数问答》数种。"李善兰也可算是刘彝程的半个老师了。在这段时间的交往中，李善兰对吴嘉善的数学才能刮目相看。几年后，他在为华蘅芳的《开方别术》作序时说："余所译所著各种算书，自谓远胜古人，当今之世，能读而尽解之者，惟吴太史子登及华君尔。"

李善兰著述之余，时常与一些文人、画家切磋交流。嘉兴人张鸣珂《寒松阁谭艺琐录》自序中称："辛酉（即1861年）避乱海上，日与公寿、剑人、壬叔、鼻山，谈艺甚乐。"张鸣珂所说的剑人即李善兰墨海书馆同事蒋敦复；公寿即书画家、华亭（今上海松江）人胡远（字公寿），曾为李善兰的《谈天》题签，李善兰也曾为胡公寿所画的梅花巨册题诗；鼻山即书法家、富阳人胡震，也是李善兰的朋友。

就在李善兰躲进书斋成一统之时，大名鼎鼎的两江总督曾国藩却对他起了纳贤招才之意。

鸦片战争的失败和太平天国运动的遍地烽火，让清王朝的一些有识之士看到了中国存在的问题，认为要解决"内忧外患"，就必须要"自强""求富"，通过引进和学习西方科学技术，兴办近代军事工业和民用工业，并相应地改革军事、外交、文化教育和某些政府机构，来振兴国家，抵御外侮。这就是历史上有名的"洋务运动"，或者叫"同光新政"。

当时任两江总督的曾国藩，从中国一败再败于西方列强，以及他自己与太平天国的作战经历中，深切地体会到了西方现代科技的强大威力。他因此催请清政府用西方先进武器装备军队，在《复陈购买外洋船炮折》中更是明确提出"购买外洋船炮，为今日救世之第一要务"。曾国藩也认识到用银子购买轮船枪炮只是权宜之计，归根结底还得学习西方先进技术，自己仿造船炮："购成之后，访募覃思之士，智巧之匠，始而演习，继而制造，不过一二年，火轮船必

---

① 刘彝程，字省庵，江苏兴化人，清代数学家，曾任上海广方言馆算学教习。其在数学上的主要成就在于研究整数勾股弦问题。著有《简易庵算稿》《对数四问》《割圆阐率》等。

为中外官民通行之物，可以剿发逆，可以勤远略。”认为要“期永远之利”，就得要“师夷智以造炮、船”，他曾明确说过：“欲求自强之道，总以修政事、求贤才为急务，以学作炸炮、学作轮舟等具为下手工夫。但使彼之所长，我皆有之，顺则报德有其具，逆则报怨亦有其具。”在这样的指导思想下，他决心要发展中国自己的科技力量，从而与西方列强相抗衡。咸丰十一年（1861），曾国藩率军攻陷皖南重镇安庆，他就着手组织研制枪炮、轮船，创设了“安庆内军械所”，这是洋务派仿制西方武器的第一个兵工厂。同时曾国藩又各方招揽科技人才，充实力量。咸丰十一年冬，在江苏巡抚薛焕的“访求”下，徐寿、华蘅芳两位“才能之士”来到了安庆担任技术幕僚。

李善兰作为当时最有名望的数学家，尤其是著有《火器真诀》这样的弹道学著作，当然是在曾国藩的搜罗视野之内。于是，经郭嵩焘的推荐，李善兰离开了上海，来到安庆内军械所。《李壬叔征君传》在记述此事时说：

> 时方崇尚算术，名公巨卿，争欲延致之。而湘乡相国曾文正公，尤以名学相契，重聘入戎幄，兼主书局。遇机谋要害，谋虑审决，言言中綮，盖其得于算学者至精也。

《李壬叔征君传》为其养子崔吟梅所著，言辞间当然不无夸张，但曾国藩求贤若渴，对李善兰这样的数学大家格外重视，也是实情。

李善兰是何时来到安庆大营的？一般的说法是王韬所说的“同治初年”。王韬在《瀛壖杂志》卷四中说：“海昌李壬叔茂才名善兰，一字秋纫，精畴人家言，为吴门陈硕甫先生高足弟子……咸丰壬子来沪，……同治初年，征至（曾国藩）幕中，自此踪迹遂与阔绝矣。”①“同治初年”具体到何时，则并无详细记载。从华蘅芳的生平可知，华蘅芳是在咸丰十一年与徐寿一起来到曾国藩的安庆军，领金陵军械所事。在这年冬天，曾国藩特片保举人才，称：“（赵烈文）先生博览群书，留心时务。同保者五人：周弢甫、方元徵、刘开生，及无

① 〔清〕王韬：《瀛壖杂志》，上海古籍出版社1989年版，第77页。

锡华若汀、徐雪村也。”[①]又据傅兰雅《江南制造总局翻译西书事略》称，同治元年（1862）曾国藩保举徐寿、华蘅芳，又招到安庆府。由此可知，李善兰与徐寿等6人并不是一起为曾国藩所保举。而同治元年徐寿父子、华蘅芳到安庆时，李善兰尚未在，否则以李善兰之大名，傅兰雅肯定会提到。又容闳在《西学东渐记》中称：“同治二年九月抵安庆，晤故人张斯桂、李善兰、华若汀、徐雪村等。”则至少在同治二年（1863）时，李善兰已在安庆军械所了。可知李善兰到达安庆应在1862年至1863年间。查曾国藩日记，在同治元年四月二十日下赫然记着：

> 拜周缦云、李壬叔、邓弥之，巳正归。[②]

以两江总督之尊，当然不可能经常去“拜访”周学濬（字缦云）、李善兰、邓辅纶（字弥之）这样的学者。合理的解释是，李善兰等三人因是初到，尚是“客卿”的身份，为了表示对远来客人的尊重，也为了体现礼贤下士的风度，故曾国藩就特意去看望了一次。这也是李善兰的名字第一次出现在曾国藩的日记中，而在此后的几年中，曾国藩的日记时有提到“李壬叔”，这也可说明这是曾国藩第一次见到李善兰。如果这样的推断是正确的话，那么，李善兰到达安庆军械所的时间应在同治元年（1862）四月二十日的前几天。

又清莫友芝《郘亭日记》同治元年四月十八日、十九日日记：

> 晚看（邓）弥之，因识李壬叔善兰。壬叔精西人算法，海宁人，近刻《谈天》《代微数拾级》诸书，皆其所译也。即以《拾级》三册见赠。新著《火器说》九章，校《则克录》诸法精简十倍，方拟付雕。

> 周缦云、李壬叔相访。壬叔言在子弹局之徐雪村寿，无锡人，算学

---

① 陈乃乾：《阳湖赵惠甫烈文先生年谱》，台湾文海出版社1983年版，第38页。

② 〔清〕曾国藩：《曾国藩全集·日记·2》，岳麓书社2011年版，第283页。

甚精。[①]

可知李善兰应是在四月十八日或前几日来到安庆的。

李善兰在安庆军械所时的身份，可以说是曾国藩的幕僚。《李壬叔征君传》中说："以是赞画多年，文正益深依赖。"似乎李善兰成了曾国藩的心腹智囊，这恐怕是过誉之词，不可太多当真。曾国藩的幕僚中，其人才之多，在中国历史上也是数一数二的，以至于有"神州第一幕府"之称。也是曾国藩幕僚的容闳曾有评论说："当时各处军官，聚于曾文正之大营者，不下二百人。大半皆怀其目的而来。总督幕府中亦百人左右……凡法律、算学、天文、机器等专门家，无不毕集，几于举全国之人才之精华，汇集于此。"[②]即使是较为有名的，起码有七八十人。据统计，曾幕中经其举荐以后官至总督者有13人，巡抚者有13人，提镇、布政、道府者有100人，像李鸿章、彭玉麟、郭嵩焘、左宗棠、刘蓉、罗泽南、李元度、丁日昌这样的重臣等都是曾国藩的幕僚出身。在这样的人才库中，像李善兰这样的数学名家大概只能作为专业人员发挥作用，很难成为核心人物。薛福成在《叙曾文正公幕府宾僚》中，李善兰被归入"以宿学客戎幕，从容讽议，往来不常。或招致书局，并不责于公事者"的26人当中[③]，与莫友芝、俞樾、王闿运、方宗诚、张文虎、戴望并称"才高学博，著述斐然可观"。可见地位并不甚高。事实上，从现有的有关曾国藩的记载中，并没有发现李善兰献计献策的事例。从此后的情况看，曾国藩征召李善兰的目的，主要是为了筹建书局。所谓"重聘入戎幄，兼主书局"，其实"入戎幄"是虚，"主书局"才是实。因而，在金陵书局成立之前，李善兰在曾幕中基本上也就是一个技术顾问而已。但既是幕僚，也就算是曾国藩身边的人，关系也还比较密切。曾国藩雅好围棋，而李善兰从小就喜欢下棋，两人倒成了一对棋友。曾国藩在

---

① 张剑：《莫友芝年谱长编》，中华书局2018年版，第286页。莫友芝因初识李善兰，误记其《代微积拾级》为《代微数拾级》。《火器说》九章或为李善兰新作。

② 〔清〕容闳：《西学东渐记》，生活·读书·新知三联书店2011年版，第66页。

③ 〔清〕薛福成：《叙曾文正公幕府宾僚》，见《薛福成选集》，上海人民出版社1987年版，第215页。

日记中，多次提到与李善兰下围棋：

> （同治一年十二月初八）申正与柯竹泉围棋一局，又观柯与李壬叔一局。
>
> （初十日）旋与李壬叔围棋二局。
>
> （十二日）李善兰来，与同围棋一局。
>
> （十四日）旋阅本日文件，未毕，李壬叔来，再围棋一局。
>
> （二十七日）旋与李壬叔围棋二局，见客二次，阅本日文件甚多。
>
> （同治二年一月初一）李壬叔来，围棋二局。
>
> （二十二日）中饭后至幕府一叙，见客三次，内坐见者一次。李壬叔来谈，围棋一局。方存之来久谈。
>
> （三月二十一日）旋阅本日文件，又与李壬叔围棋二局，核改批札各稿。
>
> （六月初九）早饭后清理文件，李壬叔来久坐，围棋二局。
>
> （十七日）李壬叔、张啸山、张鲁生来，围棋一局，又观张与李一局。
>
> （九月十六日）未刻，周缦云等来，与李壬叔围棋一局。[①]

曾国藩酷嗜围棋，他年轻时有两个嗜好：一个是吸水烟，一个是下围棋。后来，水烟戒了，对围棋的兴趣却始终不减，每天必下一局乃至数局。据说他在34岁时，曾在端午节发下重誓，戒掉围棋，否则“永绝书香”。但不过一月便又破了戒，以致他在日记中骂自己是“全无心肝矣”。自此习惯渐成，非此不可，早饭后下一局已成“定式”。临时无人对弈，他便独自一人也要摆摆棋谱以自遣。即使他在右眼失明后，也只是略减棋兴。直到同治十一年（1872）逝世前，仍是每天两局围棋、一则日记。曾国藩下棋无非是生活习性，其意在排遣心情、调剂公务。大概在棋道上用功不多，所以棋力其实并不甚高。据说当时

① 〔清〕曾国藩：《曾国藩全集·日记·2》，岳麓书社2011年版，第372、372、373、374、377、383、390、410、437、440、469页。

的国手周小松曾让过曾国藩9子，把曾国藩的棋分成9块，每块仅两眼而活。从周小松与曾国藩两人的性情而言，这个传说多半无稽，但曾国藩围棋水平不高，也是不争的事实。而李善兰下围棋也和曾国藩一样，虽然从少年时就嗜好围棋，但人到中年，仍属于棋瘾很大而水平不高一类，他们两人下棋倒也甚为相得。王韬在同治二年十月致吴嘉善的信中说："李君壬叔，献策军中，谈兵席上，兹在皖南，未闻奇遇，岂《火器真诀》不遑一试其所言耶？"[①]似乎为李善兰在曾幕中未能一展其军事才能而遗憾。王韬虽为李善兰至交，但同是文人，对李善兰的所长所短，所知其实远不如曾国藩这样的绝世英雄来得透彻。在曾国藩看来，李善兰于政事征伐并没有什么高明之处，其不可多得之处在于他的专业知识，所以李善兰在曾国藩府中"未闻奇遇"，也是一件很自然的事。

李善兰到安庆一年后，向曾国藩推荐了他的两位朋友张文虎和张斯桂。曾国藩在同治二年五月二十一日的日记中记载了此事：

> 又李壬叔带来二人，一张斯桂，浙江萧山人，工于制造洋器之法；一张文虎，江苏南汇人，精于算法，兼通经学、小学，为阮文达公所器赏。[②]

这段时间，李善兰居住在南城任家坡，与钱泰吉、张文虎、华蘅芳、徐寿、莫友芝、邓瑶、孙衣言、周学濬、方宗诚、方骏谟等来往密切，探讨学问，"此数人者，每相往来，屡次集会，所察得格致新事新理，共相倾谈，有不明者彼此印证。"[③]

在这年的九月，李善兰还向曾国藩引荐了他在上海时的朋友容闳。容闳字达萌，号纯甫。广东香山人。14岁时入澳门马礼逊学堂。道光二十七年（1847）赴美留学，后考入耶鲁大学，成为毕业于美国大学的第一个中国留学

---

① 〔清〕王韬：《王韬日记》，中华书局2015年版，第388页。

② 〔清〕曾国藩：《曾国藩全集·日记·2》，岳麓书社2011年版，第431页。张斯桂为浙江慈溪（其出生地清代属慈溪县，现属宁波市江北区）人，曾国藩误记为萧山人。

③ 〔英〕傅兰雅：《江南制造总局翻译西书事略》，见《中国科学翻译史料》，中国科学技术大学出版社1996年版，第413页。

生，不久加入了美国籍。咸丰五年（1855）回国。先是张斯桂秉承曾国藩的旨意，写信给容闳，请他到安庆内军械所来。容闳在咸丰十年曾到南京访问过太平军，向干王洪仁玕提出了包括政治、经济、军事和文化教育等方面的7项建议，这是中国近代史上第一个主张学习西方，实行资本主义改革以使国家富强的施政纲领。洪仁玕大加赞赏，封以四等“义”爵官印一方。因张斯桂（容闳在他的回忆录《西学东渐记》中作“张世贵”）与容闳只是泛泛之交，所以容闳听到曾国藩召见，“竟殊惊诧”，怕曾国藩“疑予为奸细，欲置予于法，故以甘言相诱耶?”就推说生意正忙，无法脱身。两个月后，张斯桂又给容闳来信，为取信于容闳，在信中附上了容闳的老朋友李善兰的信。容闳与李善兰在上海时就已认识，容闳对李善兰极为佩服，“此君为中国算学大家，曾助伦敦传道会中教士惠来（即伟烈亚力）翻译算学书甚夥。中有微积学，即予前在耶路大学（即耶鲁大学）二年级时，所视为畏途，而每试不能及格者也。”李善兰在信中对容闳说，他这时也在曾国藩的幕府，在曾国藩面前对容闳“极力揄扬”，说容闳受美国教育，1857年赖容闳之力才捐得巨款赈饥。又说容闳“其人抱负不凡，常欲效力政府，使中国得致富强”，等等。信的最后，说曾国藩现在有一件重要事，要专门请容闳去办，请容闳迅速前往。还说有“某某二君（应是指徐寿、华蘅芳），以研究机器学有素，今亦受总督之聘，居安庆云”。容闳这才“疑团尽释”，放下心来，七月间又得到了张斯桂和李善兰的信，于是在九月间来到安庆。①容闳来到安庆后，被曾国藩聘办洋务。他向曾国藩提出，中国要建设机器厂，必须首先建立“机器母厂”，即能够造机器的机器厂，用这个“母厂”制造出来的各种工具，就可以用来制造枪炮、农具、钟表和其他机械。这

① 〔清〕容闳：《西学东渐记》，生活·读书·新知三联书店2011年版，第62—63页。从曾国藩书信等中可知，咸丰十一年（1861），容闳通过左桂（字孟辛）致函曾国藩心腹幕僚赵烈文求见曾国藩，同治元年（1862）五月赵烈文向曾国藩引见了容闳。六月初九日曾国藩在复福建按察使桂超万信中有“顷有洋商容光照来皖，言及硼炮之利，亦令赴沪试办”等语。同治二年三月二十七日，曾国藩在复郭嵩焘信中云：“容春浦上年曾来安庆，鄙意以其人久处泰西，深得要领，欲借以招致智巧洋人来为我用。”又：莫友芝《郘亭日记》同治元年五月初九日记载：“遂过壬叔，识容光照。光照，香山人。壬叔谓其曾历海外诸国，读书八年，能解各国语言，方为鬼办茶，将往祁门。”则容闳已见过曾国藩并颇得其信任，与《西学东渐记》中所记出入较大，有待进一步考辨。

是一个在中国近代工业发展史上有着重大意义的建议。曾国藩听从了容闳的想法，立即于同治二年（1863）十月[①]派容闳携银68000两，由上海出发，取道欧洲，到美国考察有关机器厂事宜并采购机器。1865年容闳回国，将所购机器并入江南制造局，以后发展为国内最大的兵工厂。1870年曾国藩同意容闳建议，向清廷奏请选派四批留学生赴美，开创近代中国留学教育之先河。容闳于洋务运动的贡献不可谓不大，而李善兰引进容闳这样的“海归”，也算是他在曾府幕僚期间的一件大功吧。

金陵书局

随着湘军对太平天国作战的节节胜利，曾国藩等开始着手对遭受战乱摧残的传统文化进行恢复和建设。太平天国运动借助西方宗教形式，对传统文化采取破坏态度，所到之处，见到书籍，不是投之于粪秽，就是付之一炬，江南一带的藏书荡然无存。为了重建文化秩序，曾国藩设立书局，以有组织地刊刻经史典籍。

同治元年（1862），曾国藩决定校订出版《船山遗书》。《船山遗书》是明末大思想家王夫之的著作合集。王夫之，字而农，号姜斋，湖南衡阳人。晚年隐居于石船山（今衡阳县曲兰乡湘西村），故人尊称“船山先生”。王夫之的思想对湖湘文化的形成影响极大，曾国藩本人也极力推崇王夫之倡导的经世致用之学风，所以他最先刊印的就是王夫之的著作，以彰显这位当时“其名寂寂，其学亦不显于世”的湘学前辈。王夫之的著作卷帙浩繁，出版工程浩大，为了以示重视，曾国藩让其弟曾国荃负责此事，并于同治三年在安庆专门建立了书局[②]。

① 容闳去欧洲采购机器的时间，大致在同治二年（1863）十月。《曾国藩日记》同治二年十月二十三日载：“见客，立见者三次，坐见者三次，李壬叔、容纯甫等坐颇久。容名光照，一名宏，广东人，熟于外洋事，曾在花旗国寓居八年，余请之至外洋购买制器之器，将以二十六日成行也。”见《曾国藩全集·日记·2》，岳麓书社2011年版，第479页。

② 书局设立的具体时间有多种说法。〔清〕黎庶昌《曾文正公年谱》于同治三年下记：“四月初三日，设立书局，定刊书章程。江南、浙江自宋以来，为文学之邦，士绅家多藏书，其镂板甚精致，经兵燹后，书籍荡然。公招徕剞劂之工，在安庆设局，以次刊刻经史各种，延请绩学之士汪士铎、莫友芝、刘毓崧、张文虎等分任校勘。”见《黎庶昌全集》，上海古籍出版社2015年版，第961页。

当时安庆大营内一批著名学者，如汪士铎、刘毓崧、刘寿曾、莫友芝、张文虎、洪汝奎、唐仁寿、倪文蔚、戴望、成蓉镜等都参与了这项工作，李善兰此时专注于内军械所内的火器制造，应该并未参与《船山遗书》的编校。《船山遗书》一直到同治四年（1865）才告完成，全书共计收著作56种288卷，史称“金陵本”“曾刻本”，这也是金陵书局出版的第一部书。同治三年湘军攻占天京后，曾国藩立即着手修复江南贡院，并于当年年底举行了停搁多年的江南乡试，取士273名。曾国藩同时将书局迁到金陵，先在铜作坊，不久又搬到了堂子巷，后又于同治六年搬到了江宁府学飞霞阁，称之为“金陵书局”。李善兰作为书局的主要人员，参与了书局的选址事宜。[①]而在安庆大营内参与《船山遗书》编校工作的学者也随之到了南京。

李善兰是在同治三年九月十五日由安庆乘船到金陵的。经过6天的旅行于九月二十一日到达金陵，[②]同行者有张文虎、谢晋少、丁听彝、刘开生等。后来，周学濬、华蘅芳、钱子密等也先后来到金陵。一路上，战乱后的荒凉混乱给李善兰等留下了深刻的印象，在张文虎的日记中，多次有“时游勇充斥，颇有劫案”“悍卒游民遍街市”等记载。

书局迁到金陵后，经过一系列的筹建，各项章程由李鸿章批准，于同治四年七月正式开张。金陵书局的经费出自盐务余款，“每年约可六千金，每月五百金”，具体的用度是：“写手六人，发刀十五人，挑清四十人，一日出字六千，一月出字十八万，计刻资二百八十八千。校勘薪水支销外，赢余以为纸料、印工之资。其书发坊货卖，所入亦添作经费，永为常例。”[③]

到金陵书局后不久，李善兰被曾国藩保举为训导。张文虎在同治四年正月十七日的日记中记：“接节相饬知，去岁十一月十八日汇奏克复金陵案内，以予

---

①〔清〕张文虎：《张文虎日记》同治六年三月十四日：“午后，与缦老、壬叔往看飞霞阁，以节相命迁于此故也。”同治六年三月十七日记：“迁局飞霞阁”。李善兰在同治六年四月初四致方骏谟的信中称：“书局前月移飞霞阁。”见《张文虎日记》，上海书店出版社2001年版，第85页。

②〔清〕张文虎：《张文虎日记》同治三年九月十五日载：“未刻，同李壬叔由安庆小南门马头上船。”同治三年九月二十一日载：“未刻，抵金陵水西门。”九月二十二日记：“谒节相，少谈。”见《张文虎日记》，上海书店出版社2001年版，第1、2页。

③〔清〕张文虎：《张文虎日记》同治四年六月二十四日，上海书店出版社2001年版，第53页。

与壬叔保举训导。廿七日奉上谕，准以训导，不论单双月，遇缺即选。”[①]大概曾国藩对在安庆大营时的李善兰较为满意。

金陵书局编辑人员并不多，包括张文虎、李善兰等大致在七八人，以周学濬[②]为负责人，称为“提调”。[③]金陵书局刻印的主要是六经和二十四史，如《论语》《大学》《毛诗》《史记》《汉书》《后汉书》等，其中以张文虎校勘的《史记》最为著名。李善兰作为数学名家，似乎在书局的出版上所做并不甚多。在张文虎的日记中，并无李善兰校勘书籍的记载，倒记了不少李善兰与朋友游山玩水、喝酒下棋的事。可能是这段时间李善兰并无什么事可做，因此，他的棋瘾特别大：

> （同治四年五月十五日）壬叔与小香对局，近晚而归。
>
> （同治四年五月十七日）壬叔与栗諴对弈，负。出至缦老处……壬叔复与小香、小云弈，至晚而散。
>
> （同治四年闰五月十五日）壬叔与鲁生争棋不胜，拍案叱咤，怒形于色，同人为之笑倒。
>
> （同治四年八月十五日）寄雨复与壬叔对局，寝已将四更。[④]

李善兰饮酒似乎跟他的下棋一样，也是瘾头很大，与文朋诗友“对酌”“共饮”之际，动不动就“颓然矣”“颓然醉矣”，从这里也可见李善兰与同事们相处得甚为融洽。而他与曾国藩的关系也相当不错，张文虎日记中多次出现曾国藩与李善兰等宴饮、长谈的记载。但对李善兰的“西洋观”，他周围的朋友们似

---

① 〔清〕张文虎：《张文虎日记》，上海书店出版社2001年版，第20页。

② 周学濬，字缦云，乌程人。道光二十四年榜眼及第，官御史，督学广西学政。清杜文澜《憩园词话》卷四称：“同治甲子，时侍御（即周学濬）与李壬叔、张啸山诸学博，迭为赓唱。”

③ 〔清〕张文虎：《张文虎日记》同治六年四月十日载：“缦老来，言节相派定书局六人：汪梅岑、唐端甫、刘伯山、叔俛、壬叔及予，仍以缦老为提调。”同年十二月朔日载：“书局凡七人：汪梅岑、唐端甫、刘叔俛、戴子高、周孟馀（舆）、恭甫、壬叔与予也。”提调则仍为周学濬。《张文虎日记》，上海书店出版社2001年版，第87、116页。

④ 〔清〕张文虎：《张文虎日记》，上海书店出版社2001年版，第39—63页。

乎并不认可：

（孙）润之深服西人格物之精、图绘山川之巧，而极诋耶稣之荒谬，又痛恶佛、道两教，与予意颇合。壬叔则口应而心不然也。①

（纯甫）言，有佛兰西行教在高丽者聚其堂，雇上海人往彼掘其王陵，将取其棺以市其赎。掘一日夜竟坚不能入，其国人至，逐而殴之，毙三鬼子，余逃回沪，为高丽人所发，牵连佛、英、弥三国人。纯甫故与弥利坚领事某交熟，因以责之，将严究此案。壬叔每言西国风俗敦厚，今亦不能曲为之解矣。②

显然，张文虎等人对李善兰的“每言西国风俗敦厚”是很不以为然的。这可能也是后来李善兰离开传统文化氛围强烈的金陵书局，而来到由传教士主持的同文馆的一个原因吧。

在金陵书局的这几年中，李善兰的主要精力集中在两桩事上，一是重新出版《几何原本》，二是出版《则古昔斋算学》14种。

李善兰与伟烈亚力合译的续《几何原本》，虽在咸丰八年（1858）由墨海书馆初刻，但“印行无几而板毁”，流传不广。李善兰对《几何原本》看得极为重要。他到安庆后不久，就向曾国藩提出要再次刻印《几何原本》。李善兰对曾国藩说：“此（指《几何原本》）算学家不可少之书，今不刻行复绝矣。”当时百废待兴，曾国藩无暇顾及此事。在金陵书局，李善兰再次向曾国藩要求刊刻《几何原本》，这次曾国藩答应资助，由金陵书局刊刻出版。由于续译《几何原本》初版时，韩应陛邀请张文虎加以校核，所以这次还是由张文虎校核。而后又想到如果没有前6卷，则“初学无由得其蹊径”，而战乱过后，“书籍荡泯”，包含《几何原本》前6卷的丛书《天学初函》也是“世亦稀觏”，于是“并取六

① 〔清〕张文虎：《张文虎日记》同治四年四月十五日，上海书店出版社2001年版，第35页。

② 〔清〕张文虎：《张文虎日记》同治七年五月二十二日，上海书店出版社2001年版，第141页。

卷者，属校刊之”，把徐光启与利玛窦合译的前6卷重校。由李善兰“补定数处”，再请张文虎“复审”，与李善兰和伟烈亚力合译的后9卷合在一起出版，这就是金陵书局15卷本的《几何原本》。

金陵书局15卷本《几何原本》在同治四年（1865）五月底由张文虎“复审”完，[①]在同治四年八月刻毕，并由曾国藩作序。李善兰曾为作序事于这年八月专门给曾国藩写了一封信：

宫太保相侯阁下：

江干叩别，屈指十旬，瞻恋之枕，与时俱积。比闻前茅所至，逆寇辄靡，荡此幺幺，当不费时日。惟贼骑飘忽，东击西奔，非各省会剿不能根诛净尽也。窃谓世变之来，天必预生一非常之人以挽回之。昔洪水之灾，预生大禹；杨、墨之害，预生孟子，考之史册，莫不比然。故汾阳之预生，以平禄山也；新建之预生，以擒宸濠也。然则大君子诞降之辰，天即以重任付之矣。今粤逆既平，捻、回未灭，被贼之区，皆额手望公，以解倒悬。而封章屡有退让之词，何以慰苍生之望？且亦非上天生公之意也。林泉颐养，须俟海宇肃清，今尚非其时也焉。

善兰以九九小数，偶得微名，公不以末技轻之，既适馆授餐，又以拙著猥登梨枣，使星星爝火，得附日月而常明，感激之深，莫可名状。今《几何原本》十五卷，俱已刻毕，专俟弁首大序，所谓一经品题，声价十倍，幸始终成全之。蒙谕先印百部，此间纸贵，已托人购之江西矣。肃函。敬请钧安，统希垂鉴，不宣。

善兰叩首　八月初六日

① 〔清〕张文虎：《张文虎日记》同治四年闰五月廿六日记：“校《续几何原本》。此书原译六卷，为明时意大里亚利玛窦所译，徐文定公刊入《天学初函》。其后九卷，英吉里伟烈亚力所译，壬叔笔受。咸丰间，华亭韩绿卿中翰属予校正付刊，印行无几而板毁于寇。今年春节相重刊，自三月迄闰月刊成。今复重刊前六卷合行之，壬叔为补定数处，属予复审。”廿七日记：“校《续几何原本》讫。”《张文虎日记》，上海书店出版社2001年版，第48页。

曾国藩在信下注曰："同治四年九月初一到。"印批："应复。"[1]果然在这年的农历十月十九日，曾国藩给李善兰复了一信，其内容是"略告出师剿捻以来军情战况，寄去《几何原本序》"。其中说："金陵判襼，瞬已半年。月前接展手书，具蒙祓饰。借审兴居康胜，精心造微，至为佩慰。……《几何原本》经阁下续绎，始成完书，闻已刻竣。小儿代撰一序，已核过寄回，敬求台端审定，然后付刻。复问著安。"[2]

曾国藩在序言中对《几何原本》甚为推重，称之为："彻乎《九章》立法之源，而凡《九章》所未及者无不赅也。致其知于此，而验其用于彼，其如肆力小学而收效于群籍者欤？"

当然，此文并非曾国藩亲笔。当时曾国藩正忙于与捻军作战，无暇亲自为《几何原本》作序。以曾国藩的地位，请人代作也在常情之中，但这次却似乎托了两人。张文虎在同治四年六月初四日（1865年7月26日）的日记中记："代节相作《几何原本》序。"张文虎的《舒艺室杂著》中也收录了此文，还注了一笔"代曾文正公"。[3]但曾国藩的儿子曾纪泽同时也作了《几何原本》序。曾国藩在同治四年七月二日的日记中记："纪泽寄到《几何原本》序，似明算理，文亦清矫。"[4]以曾国藩教子之严厉，有此八字评语，则可认为是相当满意了。在复李善兰的信中也说："小儿代撰一序，已核过寄回。"曾国藩在同治四年八月二十一日"谕纪泽、纪鸿"的信中又说："再，泽儿前寄到之《几何原本》序，尽可用得，即由壬叔处照刊，不必待批改也。末书某年某月曾△△，不写官衔，不另行用宋字，不另写真行书。"[5]说得十分具体。同治四年九月二十五日"谕纪泽"的家书中又说："《几何原本》序付去照收。"[6]显然，在曾国藩印象中，

---

① 见〔清〕曾国藩：《曾国藩未刊往来函稿》，中国社会科学院近代史研究所编，岳麓书社1986年版，第290—291页。

② 〔清〕曾国藩：《复李善兰》，《曾国藩全集・书信・7》，岳麓书社2011年版，第759页。

③ 〔清〕张文虎：《舒艺室杂著》甲编，见浦东新区政协学习和文史委员会等编"周浦历史文献丛书"（第二辑），据清刻本影印，第76页。

④ 〔清〕曾国藩：《曾国藩全集・日记・3》，岳麓书社2011年版，第194、195页。

⑤ 〔清〕曾国藩：《曾国藩全集・家书・2》，岳麓书社2011年版，第385页。

⑥ 〔清〕曾国藩：《曾国藩全集・家书・2》，岳麓书社2011年版，第390页。

这个序是曾纪泽代作的。而曾纪泽在自己的文集中，也收了此文，并清楚写着："代家大人作。"文后附注："先太傅批云：'文气清劲，笔亦足达难显之情。'"①

张文虎的日记是写给自己看的，没必要无中生有，张文虎代权贵作序是常事，也没必要以代曾国藩作序来自高身价。从情理而言，张文虎身为曾国藩幕僚，绝不可能把曾纪泽的文章贪为己有，因此此文张文虎所作的可能性较大。或许是曾国藩让曾纪泽作，曾纪泽又请核校《几何原本》的张文虎做"枪手"。张文虎当然知道这是为曾国藩代作的，故当仁不让地说是"代曾文正公"。而曾纪泽寄给曾国藩后，曾国藩想当然地以为是曾纪泽所作，曾纪泽不知出于什么原因，也没有说明。当然，这只是推测之言，但无论是张文虎还是曾纪泽所作，即是署了曾国藩的名，曾国藩对文中观点肯定是认同的。

除了校补《几何原本》，李善兰在金陵书局的最主要工作是编辑刊刻他的算学全集《则古昔斋算学》。

刻印自己的算学全集，是李善兰几年来的愿望。咸丰十年（1860）他到苏州做徐有壬的幕僚，带去了他的全部著述，就是想借徐有壬的资助来出版算学全集。但不幸的是，苏州失守，全部著作都成劫灰。入曾国藩幕府后，李善兰又开始筹划出版《则古昔斋算学》。同治三年（1864），李善兰参与筹建金陵书局，在此期间拜访了曾国藩之弟湘军大帅曾国荃，向他提出了资助刊刻算书全集的想法，曾国荃慨然应诺。两年后，时任湖北巡抚的曾国荃给李善兰"邮致三百金"，资助算

《则古昔斋算学》书影

① 〔清〕曾纪泽：《曾纪泽集》，岳麓书社2008年版，第123页。

学全集的出版。[①]这样，李善兰出版算学全集的夙愿终于能够实现了。与此同时，李鸿章也资助李善兰重刊《重学》20卷并附《圆锥曲线说》3卷。

由于李善兰的算学著作有的出版已有多年，需要修订，有的是辗转抄录，难免有疏漏之处，因而，李善兰就请算友们帮助他校订《则古昔斋算学》。《张文虎日记》同治五年十月五日记载："铁皮轮船至，送到姚衡堂先生回信，知叔文已入学，其《对数探源》已抄就，由子慎交壬叔矣。"[②]显然，这本《对数探源》是为了作校勘用的。

到了次年春，著名藏书家莫友芝为《则古昔斋算学》署检。这年的九月，李善兰为《则古昔斋算学》作自序。《则古昔斋算学》收集了李善兰20多年来的算学著作，共有13种24卷[③]：《方圆阐幽》1卷（冯焌光校）；《弧矢启秘》2卷（张文虎校）；《对数探源》2卷（贾步纬校）；《垛积比类》4卷（曾纪泽校）；《四元解》2卷（曾纪鸿校）；《麟德术解》3卷（汪曰桢校）；《椭圆正术解》2卷（汪士铎校）；《椭圆新术》1卷（徐寿校）；《椭圆拾遗》3卷（华蘅芳校）；《火器真诀》1卷（孙文川校）；《对数尖锥变法释》1卷（吴嘉善校）；《级数回求》1卷（徐建寅校）；《天算或问》1卷（丁取忠校）。

各书的校核者，都是当时第一流的算学家。

《则古昔斋算学》大致在同治六年（1867）出版。张文虎在同治六年十一月十三日和同治六年十一月十九日的日记中称"灯下阅壬叔新刊《天算或问》"，"灯下阅壬叔《天算或问》"，则最后一卷《天算或问》在这年的年底也已出版。

《则古昔斋算学》的出版，了结了李善兰的一大夙愿，其欣喜可想而知。同治六年四月，《则古昔斋算学》尚刊刻了一半，他就按捺不住心头喜悦，在给朋友方骏谟（字元徵）的信中，自得之情溢于言表：

---

①〔清〕李善兰《则古昔斋算学序》："岁甲子来金陵，晤曾沅浦中丞，许代付手民。阅二年邮致三百金，于是取箧中诸书尽刻之。"

②〔清〕张文虎：《张文虎日记》，上海书店出版社2001年版，第66页。

③李善兰在同文馆期间，又著有《考数根法》，题为"《则古昔斋算学》十四"。故也有称《则古昔斋算学》14种的。又：陈奂在《师友渊源记》中的回忆，李善兰还有一些著作未见于《则古昔斋算学》，即《群经算术》《数学一归》《四元释》《椭圆捷法》《八线数新术》等，可能在战火中散失了。

元徵尊兄先生有道：

金陵一别，转转三秋，相念之深，未尝去怀。前年承惠木瓜，至今未谢。弟之疏懒，又在恺生上已。昨子可世兄信来，言兄近患疥，须急治之。徐有良医否？西人治法，熬猪油拌研甲□（此字不清）礬，厚涂之，干即再涂，日夜无间，三日可尽结痂，仍涂不已，总求杀尽疥虫而止。请试之，甚有验也。书局前月移飞霞阁，山色江光，浮动几席间，日日凭窗吟眺，神仙不足道也。惜贤乔梓途在徐州，不能共享此乐了。去冬忽奉赴总理衙门之旨，以《算学》未刻竣，力辞不就。不以一官之荣，易我千秋事业也。《几何原本》《重学》俱已刷印，惟《则古昔斋算学》仅刻一半，大约七八月间方能了事了。半生心血，幸不随劫灰同尽，今且得尽行于世，丈夫志愿毕矣。更何求哉！更何求哉！老兄闻之，定复代我称贺也。专函敬候起居。无任神往。

弟善兰叩头

四月初四日

把《则古昔斋算学》的出版提到了“千秋事业”“丈夫志愿”的高度，连呼“更何求哉！更何求哉！”李善兰对自己算学成就的评价也在其中了。

李善兰为何要把他的算学全集命名为“则古昔斋”？“则古昔”一词出于《礼记·曲礼上》：“毋剿说，毋雷同；必则古昔，称先王。”据《礼记》旧注，所谓“毋剿说”，就是不要“挈取他人之说以为己说”，所谓“毋雷同”，就是不要“闻人之言而附和之”。显然，李善兰把他的算学全集称为“则古昔斋”，其意并不在于“以古昔为则”，而是落实在“毋剿说，毋雷同”上。“则古昔斋”正是以此表明他在数学研究上的独创精神，也表明了他对自己著述的自负和期许。

除了这《则古昔斋算学》13种，李善兰在此后的几年中，又陆续著有《九容图表》《测圆海镜解》《考数根法》《造整数勾股级数法》（又称《级数勾股》）等数学著作。但在李善兰的构想里，他的“则古昔”大厦远未止这10多种。数学史研究专家李俨先生藏有李善兰的遗墨《则古堂算学目录》一纸，共有：《方

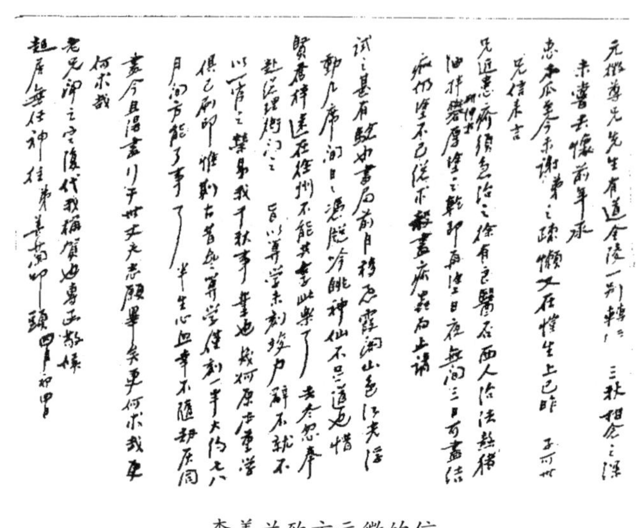

李善兰致方元徵的信

圆阐幽》3卷、《弧矢别径》3卷、《对数探源》3卷、《垛积图谱》5卷、《海镜别解》5卷、《四元解》2卷、《数学一得》10卷、《十三经算术》13卷、《开方图法》10卷、《四元启蒙》4卷、《授时术细草》7卷、《回回术细草》7卷、《时宪术细草》14卷、《海镜广》12卷、《日晷解》3卷、《椭圆捷法》3卷，共15种104卷。这里的《方圆阐幽》3卷、《对数探源》3卷和《四元解》2卷，虽然与《则古昔斋算学》中的书名相同，但肯定是准备作重大修改的。在这一《则古堂算学目录》下，李善兰附注：“今日为始，十年为期，必成此多种，以上报天地。”[①]然而，“则古堂算学”的工程量如此浩大，显然不是逐渐走向衰老的李善兰所能完成的。事实上，这里的15种著作都没有问世。李善兰空有绝世之学，无奈天不假年，只能令人徒发浩叹而已。

① 李俨：《李善兰年谱》，《李俨钱宝琮科学史全集》第8卷，辽宁教育出版社1998年版，第340页。

第七章　算学教习

征入同文馆

就在李善兰在金陵书局忙于整理出版他的《则古昔斋算学》之时，清政府总理各国事务衙门征召他进京，担任京师同文馆的算学教习。

这次推荐李善兰的，仍是洋务派的重臣郭嵩焘。张文虎在同治五年（1866）十月二十日的日记中载："接壬叔信，知以广抚郭瀛仙保举精通西人算法，兵部火票咨浙抚，咨送入京。"[①]郭嵩焘，字伯琛，号筠仙（张文虎误记作"郭瀛仙"），当时任广东巡抚。郭嵩焘与李善兰初识于墨海书馆，此后似乎并无交往，在郭嵩焘日记中并无发现有关李善兰的记载。但作为湘系经世派的代表人物，郭嵩焘对李善兰这样的新学名家无疑是很关注的。郭嵩焘力主学习西方科学技术，传播西方文明，对李善兰赏识也是很自然的事，故继推荐入曾国藩幕府后，这次又荐他入京师同文馆。

京师同文馆的设立，是晚清的一件大事。

咸丰十一年（1861）一月，清廷的新政领导恭亲王奕䜣等感到在外交事务上没有通晓外国语言文字的译员，易受欺弄，于是奏请开办专门学堂以培养翻译人才。同治元年（1862），奕䜣在英国驻华使臣威妥玛的帮助下，请英籍传教

① 〔清〕张文虎：《张文虎日记》，上海书店出版社2001年版，第68页。

士包尔腾（John Shaw Burdon）充任教习，于当年的8月在北京正式设立京师同文馆，这是洋务运动中兴办的第一所洋务学堂，附属于总理各国事务衙门。同文馆于开始时只设立了一个英文馆，接着又相继开设了法文馆、德文馆、俄文馆和日文馆。同文馆的主要目的是培养办理洋务所需的翻译人才，以便毕业后能出任公职，尤其是作为参加国际交涉的政府代表，所以，初期的同文馆实际上是一所单纯的外语学校。

后来，奕䜣等认识到，要实施强国新政，光有与外国人交流的人才是远远不够的，还得有自己的“格物制器”即科学技术的专业人才，而“制造机器必须讲求天文算学”，于是，在同治五年（1866），“议于同文馆内添设一馆”，即“天文算学馆”。同治五年底，奕䜣领衔在开设天算馆的奏折中说：“因思洋人制造机器、火器等件，以及行船行军，无一不自天文算学中来。现在上海、浙江等处讲求轮船各项，若不从根本上用着实功夫，即习学皮毛，仍无裨于实用。臣等公同商酌，现拟添设一馆……举凡推算、格致之理，制器、尚象之法……倘能专精务实，尽得其妙，则中国自强之道在此矣。”把开设天算馆提到了事关中国富强的高度。他又提出，要从“满汉举人及恩、拔、岁、副、优贡”等科举人才中招收天算馆的学生，并聘请外国专家教授，“务期天文、算学，均能洞彻根源”。[①]这实际上是要以西学来改造中国的科举人才，无疑是十分超前而大胆的。这也体现了洋务派对开设天算馆的重视和厚望。于是，从同治六年起，同文馆招收30岁以下的秀才、举人、进士、翰林，以及科举出身的五品以下官吏入学，厚给薪水，住馆学习算学。但有功名在身的士人不愿意放弃“正途”来学西学，在勉强招收了10名学生后，天文算学馆只能从已经开馆3年的上海、广东同文馆中挑选“精通西文西语才识出众者”来补充生源。

李善兰正是在这样的背景下，被郭嵩焘推荐来同文馆的。

郭嵩焘推荐的同文馆算学教习有两人。除了李善兰，还有一位是与李善兰

---

① 中国史学会主编：中国近代史资料丛刊——《洋务运动》（二），上海人民出版社1961年版，第22—23页。

并列晚清八大数学家之一的邹伯奇[①]。邹伯奇是个纯粹的学者，对仕途并不感兴趣，所以他以有病为由，不应征召。第二年总理衙门奏请催促李善兰与邹伯奇入京。李善兰进入同文馆后，邹伯奇在次年因病去世。否则“萃荟中西之说而贯通之”的邹伯奇，与李善兰共入京师同文馆任算学教习，以两人之成就，在推动中西算学融合上当更有可观。

李善兰在接到同文馆的征召后，开始也是“力辞不就”，他说自己的病虽已无大碍，但精神仍是萎靡不振，进京路上怕受不了舟车劳顿。请不要规定期限，等身体恢复后，就来同文馆报效国家。[②]但真正的原因是他此时正忙于《则古昔斋算学》的出版，在李善兰看来，这显然比做京官更为重要，正所谓“不以一官之荣，易我千秋事业也”。也正因为这样，等到《则古昔斋算学》于同治六年底顺利出版，在总理衙门的再次催促下，李善兰就离开金陵书局，北上京师同文馆。

李善兰进入同文馆的具体时间。一般有同治七年（1868）和同治八年（1869）两个说法。

同治七年入京的根据，一是《清史稿·畴人传二》：“同治七年，用巡抚郭嵩焘荐，征入同文馆，充算学总教习、总理衙门章京，授户部郎中、三品卿衔。”二是王韬《瀛壖杂志》卷四注称：“壬叔以同治戊辰入都，为天文馆总教习”，同治戊辰即是1868年。李俨在《李善兰年谱》中认为：“李善兰入京时间或作戊辰（1868年）或作己巳（1869年），惟比较以戊辰年入京为可信。”台湾学者洪万生也认为“李善兰大约在1868年底入京”[③]。

但考之史料，李善兰到同文馆的时间以同治八年（1869）更为确切。

丁韪良写于光绪丁丑年的《李壬叔先生序》称：“李壬叔……总署延为同文

① 邹伯奇（1819—1869），字特夫，清广东省佛山人。《南海县志》称他“尤精于天文历算，能萃荟中西之说而贯通之，为吾粤向来名儒所未有”。

② 同治六年七月十六日（1867年8月15日），总理各国事务的恭亲王，复奏给事中周星誉奏理材用人宜量为变通一折后，又片奏称：“据李善兰禀称，病虽稍痊，精神委顿，难胜舟车之劳，惟乞不定限期，俟病势脱体，报国有日。”见《筹办夷务始末》同治朝卷50第7页，转引自朱有瓛主编：《中国近代学制史料》第2辑上册，华东师范大学出版社1983年版，第34—35页。

③ 洪万生：《张文虎日记中的李善兰》，见《数学史论文选集》（1980—2003），著者自印本。

馆算学教习，在京授算法，于兹八载。”[①]光绪丁丑年即1877年，去除“八载”，即是1869年。

席淦《抱膝居士遗稿》称：“李壬叔师天算，集中西大成，己巳年应诏来都，掌教天文馆，余从游十八年。”[②]同治己巳年即是1869年。

崔敬昌《李壬叔征君传》中说：“总理衙门设天文算学馆，议举主教者，郭筠仙侍郎以舅父应。同治八年奉召入都，钦赐中书科中书。”

丁韪良是同文馆总教习，席淦是李善兰的弟子，接任李善兰为同文馆算学教习，崔敬昌是李善兰的外甥，后过继给李善兰为子，他们的回忆当是可靠的。反倒是王韬，自离开墨海书馆后，周游列国，与李善兰再未见面，所以才把李善兰误称为“总教习”。事实上，同文馆只有一个总教习，那就是丁韪良，李善兰是天文算学馆的教习，王韬对李善兰此事的行踪也很可能是辗转听说而来。至于《清史稿》中的“同治七年”，应是指“用巡抚郭嵩焘荐，征入同文馆”这一事。

从李善兰金陵书局的同事莫友芝的有关书信中可知，李善兰是在同治七年（1868）七月二十六日离开金陵书局，先到苏州的。莫友芝同治七年八月初二致丁日昌信中说：“七月中酷暑渐减退，友芝即拟驰赴苏局补连日疏旷。于望日适得马雨农京信，言其郎君仲良子倩遽以血症夭逝，为之感怆累日。李壬叔因约改以廿六同行，比壬叔登舟时，贱内犹伤怀委顿不能开释。又徇小儿辈意，更为少住。”[③]莫友芝在同治七年九月十五日致其亲家马恩溥的信中也说：“弟七月下旬已与李壬叔约，同行往苏州，因儿辈劝，少留旬日，为家中慰藉。”[④]莫友芝与李善兰约好七月廿六日共往苏州，因其女婿病逝，其妻伤心不已，莫友芝就留在了金陵家中，而李善兰则独自登舟到苏州去了。

李善兰先到苏州，再到上海。上海是他待了八年的地方，自然要会会老朋

---

① ［美］丁韪良：《李壬叔先生序》，《格致汇编》第2年第5卷，上海格致书室1877年印行。

② 转引自李俨：《李善兰年谱》，《李俨钱宝琮科学史全集》第8卷，辽宁教育出版社1998年版，第342页。

③ 张剑：《莫友芝年谱长编》，中华书局2008年版，第479页。

④ 张剑：《莫友芝年谱长编》，中华书局2008年版，第483页。

友，料理一些事务，而且，他还想趁这段空档，把几次拿起又几次放下的《奈端数理》译完，了结一桩心事。前所引李善兰在同文馆期间致华蘅芳的信中说："《奈端》一书，不特续译无期，即已译者，亦不知何日改毕，心甚焦灼。当时在上海，若早住一年，则一切了矣。""当时"即是指离开金陵书局赴同文馆期间在上海逗留的这一段。

齐学裘（字子贞，号玉溪，诗人、书画家）在其《见闻续笔》中，还记载了一次李善兰的朋友胡远（字公寿）招友雅集赏菊的事：

> 同治七年岁次戊辰十月初七日，潘君露园，胡君公寿设宴仁寿堂邀客赏菊。同坐日本清水赤城、池田青波二客，虚谷、柳溪二禅师，周君存伯、李君壬叔、姜君石农、杨君佩甫，歌者潘秀卿，及余十二人，为仁寿堂雅集作歌纪之。[①]

这里的周闲（字存伯）、杨伯润（字佩甫）都是嘉兴寓居上海的画家。可见同治七年（1868）农历十月，李善兰仍在上海。

李善兰离开金陵书局到北京的行踪，《张文虎日记》中有两处记载：

> （同治七年十月廿七日）张鲁生来拜，言壬叔以月初至沪，天津轮船已停止，入都之行犹未定也。
>
> （同治八年三月十六日）段标自夷场归，呈李壬叔信，知即上轮船，不及往送。[②]

从这里可知，李善兰是在同治七年的十月初（即1868年11月底）到的上海（初七日还和胡公寿等雅集赏菊），准备从上海乘船到北京，但由于没有轮船，所以"入都之行犹未定也"。这样他在"夷场"（外国租界）里待了几个月，到

① 《续修四库全书》卷十五，上海古籍出版社1995年版，第513页。

② 〔清〕张文虎：《张文虎日记》，上海书店出版社2001年版，第160、174页

第二年的农历三月中旬（即1869年的4月20日），这才乘轮船离开上海。“不及往送”云云，可知当时张文虎接信与李善兰离沪相差时间不长。

李善兰同治八年（1869）三月离开上海进京，还可从他给赵烈文的一封信中得到佐证：

> 惠甫道兄先生侍史：去冬与眉老约正月初至尊园看梅，而眉老正月底始来沪上，复有苏台之行，迁延不果，非弟爽约也。……三月下旬过烟台，亦欲登岸访子，迎风利不得泊，不获如愿……弟善兰顶礼。诸相知乞代言问讯。七月初一日。

赵烈文在信首有印：“第一号三百，同治八年七月廿三日复到信。”[①]

可知这是同治八年七月一日李善兰写给赵烈文的信（赵回复此信是在七月廿三日）。从“眉老（即曾国藩的幕僚李鸿裔）正月底始来沪上”可知，这年的正月李善兰与李鸿裔在上海见面。而“三月下旬过烟台，亦欲登岸访子”，只是这年三月李善兰乘船进京途中，路过烟台（张文虎得知李善兰离开上海是三月十六日，三月下旬船到烟台），想拜访赵烈文，但因风大而船无法靠岸，只得作罢。

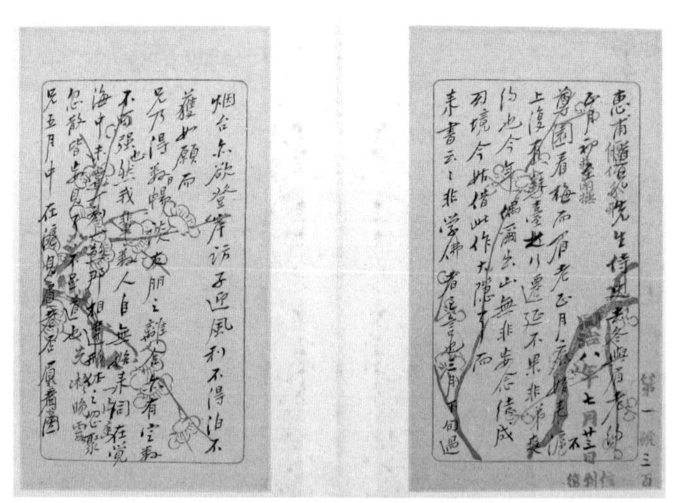

李善兰致赵烈文信

① 李善兰致赵烈文信，见海宁市史志办公室编：《海宁历史人物手札》，浙江古籍出版社2018年版，第290、291页。

从曾国藩的日记中，也可以佐证这一推测。

曾国藩在同治七年七月十三日的日记中记："李壬叔来，与之围棋二局。"七月十七日有："莫子偲、李壬叔来一谈。说话稍多，乏甚，小睡。"七月二十一日有："中饭后阅本日文件，周缦云来，因至幕府，与之久谈，李壬叔来，又与围棋二局。"这时候的曾国藩，正在两江总督任上，而莫子偲、周缦云等是金陵书局人，可见其时李善兰尚在金陵书局。在同治八年的日记中，四月二十五日记："申正，李壬叔来久谈。"四月二十七日记："中饭后阅本日文件。与李壬叔围棋二局。"五月初三日记："早饭后清理文件。李壬叔来一谈，回京。"①

曾国藩于同治七年（1868）八月调任直隶总督，同治八年（1869）四月的时候，曾国藩应该在保定的总督府中。李善兰这年的三月中旬离开上海赴京，一个月后，途中经过保定，当然要看望曾国藩，于四月二十五日至曾府拜访，二十七日下了两盘棋，五月三日向曾国藩告辞，到同文馆上任去了。

而李善兰的同文馆同事方根拔的一封信也可从一个侧面佐证这一点。1869年5月，《中日释疑》（*Notes and Queries on China and Japan*）刊发了伟烈亚力推荐的李善兰的"中国定理"，在同文馆的李善兰的同事德国人方根拔认为这个定理是错的，他就写信给这本杂志。在信中他说："李氏（指李善兰）最近由中国政府任命，在同文馆教授数学，同文馆隶属于总理衙门。"1869年5月发表"中国定理"的杂志在香港，方根拔在北京看到这一杂志，给杂志写信，已是1869年9月。而李善兰农历五月初三从保定进京，到同文馆的时间为公历六七月份，正切合方根拔所说的"李氏最近由中国政府任命，在同文馆教授数学"。倘李善兰进同文馆是一年前的事，"最近"云云，显然是无从说起。

综合上述史料，可知李善兰是在同治七年（1868）七月廿六离开金陵书局到苏州，十月初到上海。同治八年的三月乘船离开上海，途经烟台、保定，五月入京进入同文馆为教习。也就是说，他是在同治七年七月离开金陵书局入京，但进同文馆时却已是同治八年。

李善兰入京时，张文虎专门写了一首《送壬叔以算学征入同文馆》诗。诗

① 曾国藩两则日记见《曾国藩全集·日记·4》，岳麓书社2011年版，第179、180、181页。

中写道："贯彻中西别著书，言皆心得理非虚。遂知梅氏藩篱浅，北薛南王更唾余……人言此去非轻出，数学昌明万古空。"[①]虽是朋友之间的应酬之作，但也可知李善兰在当时学术界的声誉之隆。

考数根四法

进入京师同文馆后，李善兰被聘任为天文算学科教习，在同文馆的所有专业教习中，仅李善兰一人是中国人，从这一意义上而言，李善兰实是中国历史上第一位真正意义上的教授。

同文馆中的李善兰，虽已步入晚年，但在教学之余，仍孜孜不倦地研究数学。这时期他的主要兴趣在数论研究上，写下了我国最早的一篇素数研究论文《考数根法》，这也是李善兰一生中最后一部重要著作。

所谓素数，是指一个只能被1和它本身整除的数。在中国古代，素数被称为"数根"。最早介绍素数这一概念的是康熙时梅瑴成等编撰的《数理精蕴》，在这一书中，把素数称之为"数根"。但当时并未引起学术界的重视。直到李善兰与伟烈亚力合译的续《几何原本》出版后，素数方才引起中国数学家的注意。

续译《几何原本》卷一第十一节说："数根者，惟一能度而他数不能度。"素数在数论研究中占有重要地位。寻找出素数的分布规律，一直是数学家们研究的一个重要课题，几千年来，历代数学家都希望能找到一个数学公式，把全部素数都表示出来，而李善兰是中国第一个对素数进行深入研究的数学家。

李善兰研究素数的第一项重要成果，是所谓的"中国定理"。

大致在同治八年（1869），李善兰在研究中发现了一个判断素数的方法，但他还不是十分肯定，就把这个发现寄给伟烈亚力，希望伟烈亚力找一个西方的数学家来鉴定。这封信现在当然是看不到了，所以也无法知道李善兰的原文是怎样的，但伟烈亚力把这一李善兰发明的方法表达为：

---

① 〔清〕张文虎：《舒艺室诗存》卷六，见浦东新区政协学习和文史委员会等编"周浦历史文献丛刊"（第二辑），据清刻本影印，第331、332页。

> 以2的对数乘给定的数，求出其真数；以2减同数，以给定数除余数，若能除尽，则给定数为素数；若不能除尽，则不是素数。

表达为现在的数学语言，就是：设n为已知自然数，如果2^n-2是n的倍数，那么，n是素数，否则n就不是素数。熟悉数学史的人知道，这实际上是著名的“费尔马定理”（Fermat’s Last Theorem）的逆命题。①

李善兰的这种判断素数的方法，实际上只是他自己的一个推断，也许经过了一些初步的验算，但并没有进行严格的证明，命之为“李善兰猜想”更为合适。但伟烈亚力出于对李善兰数学成就的景仰，接到这一封信后，十分高兴，作为李善兰多年的挚友，他觉得有必要把这一成果公开。于是，1869年4月他回国途经香港时，把李善兰的这一方法译成英文，投寄给香港的一家英文杂志《中日释疑》，并给编辑写了一封信，信中说：

> 几天以前，我在笔记本上匆匆记下了这个定理，它是由中国数学家李善兰发明的，他的名字在欧洲公众面前出现过已不止一次。我会毫不迟疑地说：在他来说，这是一个纯粹独立的发现，故我认为借贵刊一角以公诸于世是值得的。贵刊的一些科学读者也许能指出欧洲书中是否也有类似的规则。②

1869年5月，此信便被冠以“中国定理”（Chinese Theorem）之名发表在这家杂志上，“中国定理”之名由此而来。而一旦被称为“定理”，立即就变得树大招风了，何况这是一个被西方认为数学十分落后的中国的数学家发明的一个定理。

---

① 1640年，费尔马发现了这一定理：如果n为素数，a为任意自然数，那么，a^n-a是n的倍数。李善兰的方法，是这一定理当$a=2$时的逆命题。但这个逆命题实际上是不成立的。

② A.Wylie，*A Chinese Theorem*，转引自韩琦：《李善兰“中国定理”之由来及其反响》，《自然科学史研究》1999年第1期。

李善兰在把定理交给伟烈亚力后，又把这一判断素数的方法告诉了同文馆的同事德国人方根拔（J.von Gumpach），想听听他的意见。方根拔在同文馆里是一个很有名的人物，不但自以为是，也很喜欢批评别人。他狂妄地宣布要推翻牛顿的万有引力说，而代之以他自己的所谓“空间压力说”。他还认为地球的两极不是扁平的而是凸出的，像一个柠檬。一次在他途中遭遇暴雨，把他的书籍冲到了道旁，一片狼藉。同文馆总教习丁韪良安慰他不要难过，他竟然说，这场大雨把我的20年成果毁于一旦，看来牛顿的学说又可苟延残喘好几个世纪了。如此狂妄且爱好“矫词强辩”的一个人，看到李善兰的“中国定理”，自然要信口雌黄了。方根拔在看到伟烈亚力的信后，就写信给杂志社，批评李善兰的“中国定理”，他说：

> 在Notes and Queries第3卷第5号73页，伟烈亚力先生给出“判断任何数是否为素数”的规则，这是由天才的、能干的当地数学家李善兰发现的，李氏最近由中国政府任命，在同文馆教授数学，同文馆隶属于总理衙门。这个规则可表述如下：“以2的对数乘给定的数，求出其真教，以2减同数，若能除尽，则给定数为素数；若不能除尽，则不是素数。”伟烈亚力先生询问：欧洲是否也知道相似的规则。据我知，情况并非如此。并且一二天以前，李善兰先生也把他的定理交给了我，因此使我想起伟烈亚力先生的短评，就此问题作一些评述，在这里也许不会不合适吧！
>
> 从李善兰先生的叙述方式来看，很明显他是通过试验一些比较小的数经验性地推导出他的规则来的；他没有抓住它的原理：他赋予这个规则过分的价值；在没有证明此真理的数学必然性以前，把它看作一个定理，他是没有道理的。①

实际上，方根拔错误地把李善兰的方法改写成了：若 $(2^x-2)/x$ 为整数，则 x 为素数。因此，李善兰的“中国定理”固然不完全正确，而方根拔的批评更

① 韩琦：《李善兰“中国定理”之由来及其反响》，《自然科学史研究》1999年第1期。

是错误百出毫无意义。[①]从方根拔对“中国定理”的批评可见，同文馆中外国教习的水平也是良莠不齐，而他们对刚到同文馆来的中国教习，可能也并不友好。

在方根拔之后，又有一位麦克格雷尔（W. MeGregor）也在同一本杂志上发表看法，认为：

> 为达到一个定理的尊严，李善兰规则需要如此说：取任何素数x，以任何数u的对数（log）乘，求出其真数，以u减之，以给定素除，这样就没有余数（按：即除尽）。当然，此定理没有特别的价值：以适当的记号表达：当x为一素数时，$(ux-u)/x=$一个整数。[②]

也是认为李善兰的方法不够严密，存在着例外。

还有一位名詹美生的欧洲人[③]，认为在方根拔的文章中，“李善兰的定理的陈述被不正确地给出”，“方根拔先生在表述李善兰的公式时，指控它笨拙，这是没有被事实证明的”。詹美生同时指出：李氏规则只是一个特例，非常狭义，是一个定理的不完善地发展的事例，此定理和17世纪一样的古老，并且我认为，每一位高中生对它（直到我读方根拔先生的文章时）都是熟知的。它被称作“Fermat定理”。[④]

但R.A.J.没有能指出“中国定理”存在的错误，而是认为它“的确能够判别素数”。

一篇纯学术的论文，竟引来了如此巨大的反响，招致了如此激烈的批评，这显然不能简单地认为是当时学术空气的浓厚，方根拔等人对“中国定理”的批评，实际上隐含着一个前提，那就是他们不能承认，在素数研究这样一个前沿的数学研究领域中，一个中国人竟能走在欧洲人的前面。当然，“中国定理”是不成立的，但问题在于，方根拔等人对“中国定理”的否定，并没有说到点

① 汪晓勤：《中西科学交流的功臣——伟烈亚力》，科学出版社2000年版，第11页。
② 韩琦：《李善兰“中国定理”之由来及其反响》，《自然科学史研究》1999年第1期。
③ R. Alexander Jamieson，英国新闻记者，曾担任《北华捷报》和《字林西报》总编辑。
④ 韩琦：《李善兰“中国定理”之由来及其反响》，《自然科学史研究》1999年第1期。

子上，他们甚至对李善兰的本意都没有完全理解。从“中国定理”的争论中，是约略可以看出中国科学走向世界历程之艰难。

《中日释疑》上的争论，李善兰是否看到不得而知，但李善兰与方根拔是同文馆中的同事，以方根拔之性格，自然会公开指责李善兰“中国定理”之缺陷。而老朋友伟烈亚力作为这场争论的引发者，肯定也会把争论的始末、争论的关键告诉李善兰，况且李善兰跟傅兰雅、艾约瑟等一些西方学界人士也来往密切，所以李善兰虽身在同文馆，但外界对“中国定理”的批评他肯定是了解的。也正是这个原因，在发现“中国定理”的错误以后，他更为深入地研究素数，吸收了“中国定理”争论中合理的因素，终于在三年后写出一部素数研究的专著：《考数根法》。①

《考数根法》最早刊载于同治十一年（1872）《中西闻见录》第二、三、四期，李善兰撰写这篇论文也应该在这个时间。华蘅芳《行素轩算稿》第一种《开方别术》刊刻于同治十一年，李善兰在为这本书所作的序中称：“金匮华君若汀创立数根开方法。数根者，他数不能度，唯一可度之数也。凡开方之实也，必为诸数根连乘之积，而开得之元数，必即实中一数根或即实中若干数根相乘之数。”对数根的性质阐述得十分清楚。而在《开方别术》的撰写过程中，李善兰对华蘅芳也作过指导：“余又告以倒开法……倒开法以商数除实，自上而下，逐层加减而除之，不必至隅，但除之不尽，即知商数非元数，则简易之中又简易焉。”可知在此期间，李善兰一直在进行着素数研究。在这篇序文中，他又说：

> 此卷为《行素轩算稿》第一种，已自空前绝后，他日尽出其蕴以问世，余又乌能量其所至耶？余近著《考数根四法》，华君倘能一一详解之，亦可与此卷相辅而行也。②

---

①以下有关《考数根法》的论述，参考了严敦杰的《中算家的素数论》、洪万生的《同文馆算学教习李善兰》、李迪等主编《中国数学简史》等著作。

②〔清〕华蘅芳：《行素轩算稿》，光绪八年（1882）梁努华氏刊本。

可见此时《考数根法》刚完成不久，并且李善兰对自己的这篇论文也较为满意。

《考数根法》并不长，全文仅2350字，其中的1571字还是举例（《中西闻见录》比《湘学报》版多出举例两段共394字），也就是说，正文部分仅779字而已。不到800字就说出了一项重大研究成果，可见李善兰的素数研究实已到了炉火纯青的地步。

在《考数根法》中，李善兰开宗明义便说："凡他数不能度尽，唯一可以度尽者，谓之数根，见《几何原本》。然任举一数欲辨是否数根，古无法焉，精思沉久，得考之之法四，以补《几何》之未备。"也就是说，这篇论文提出了判断素数的四个方法。这四个方法分别是：

> **屡乘求一考数根法：**法以用数之诸方积，或大于本数或大于本数之半者，与本数相减，余为乘法。乘法自乘或再乘，以本数度之不尽；复以乘法乘之本数度之，不尽；复以乘法乘之，本数度之，如此递求，至不尽数为诸正数或诸负数而止。乃计共用乘法若干次，以次数乘用数之方数，为泛次。若不尽数为一或一之负数，则泛次即定次。若为诸方积或为诸方之负数，则以其方数减泛次，为定次。以定次度本数，若所余非一，则本数非数根。若余一，则视定次为何二数相乘之积。其相乘数为偶者，即为递加数；为奇者，倍之为递加数。乃置一，加一递加数，再加一递加数，如此递加以递除本数。恰尽即止。若至得数小于法，仍不恰尽，则本数是数根。

"屡乘求一法"是李善兰判别素数的主要定理，其他三个"天元求一法""小数回环法""准根分级法"都要应用到这一方法。研究者认为，这一方法包含了费尔马小定理，而其中李善兰在举例中判断351是合成数的例子中，也指出费尔马定理的逆定理不成立，可见他已经清楚地认识了"中国定理"的缺陷。

> **天元求一考数根法：**法以用数之诸方积，大于本数或大于本数之半者，与本数求得一。以其天元数为乘法，如前屡乘屡度，至得诸正数或诸负数

而止，以不尽之方数加泛次为定次。余如前法。

小数回环求数根法：凡本数为法以除一，皆成回环不尽之小数，其回环数有正负相间者，有有正无负者，视有几位而得回环，以其位数代前法之定次。余如前法。

准根分级考数根法：多位数用此法便。法以本数减一，半之为总分，视总分为若干小数根相乘之积，以此诸根为乘次之准，乃以用数准最大根，用超乘补乘法，乘若干次为第一级。以本数度之，若余数为一或为负一，则不须再乘。若不得一，则以余数准次大根，用超乘补乘法，乘若干次，为第二级。以本数度之，其余数若为一或为负一，则不须再乘，若不得一，则以余数准第三根，再乘之。如此乘至总分而止。仍不得一，则本数非数根。若诸级之未得一或负一者，再用递加递除本数，以定是数根否也。若得用数之诸方积或负数者，本数非数根，若乘次未满级，忽得一，则本数非数根。若得用数之诸方积或负数者，则视其定次。与级数不等者，非数根。等者再用递加数定之也。

《考数根法》是清末数论研究最为重要的成果。一般认为，从《考数根法》可以看出，李善兰已得到等价于费尔马小定理和欧拉定理的理论，并且意识到它们的逆定理不真。不仅如此，李善兰素数判定定理还补足了费尔马小定理和欧拉定理不够充分的条件，是非常可贵的成就。李善兰的考数根四法，其中一、三、四三种方法的理论基础一致。屡乘求一考数根法可由计算经验得出，天元求一考数根法有古法可循，准根分级考数根法素因数分解较为直观。但小数回环求数根法较为独特，这究竟是来自大量推算经验，还是有一定理论基础，还有待于进一步探讨。[①]

《考数根法》对当时的数学界颇有影响。光绪二十八年（1902）的《湘学

① 李迪主编：《中华传统数学文献精选导读 · 考数根法》，湖北教育出版社1999年版，第735页。

报》在转载此文时，郑重强调：

> 考数根古无其法，自海宁李壬叔先生始创为之，其理极精深、极准确。惟仅见《中西闻见录》中，传本甚稀，故特重刊以贻学者。[①]

可见当时学界对《考数根法》的推崇。同年，上海书局石印本《算数名义释例》中的“数根”条，也转载了李善兰的《考数根法》。可见在《考数根法》发表30年后，李善兰的“考数根四法”仍是判别素数的方法。《考数根法》也带动了一批学者对素数的研究，如华蘅芳的《数根术解》《求乘数法》《数根演古》等对有关素数的理论作过研究。但华蘅芳的研究并没有超越李善兰，他甚至还沿用了“中国定理”的错误[②]，以李、华两人关系之密切，华蘅芳竟会不充分汲取李善兰的研究成果，这实在是件令人费解的事。

这一年李善兰已63岁，虽然还不算太老，但他的身体一直不大好，又忙于教导学生，所以尽管思维依旧敏锐，此后却再也没有写出数学上的力作，因此，《考数根法》也就成了他晚年的最后一部著作。他在《考数根法》上自题：“《则古昔斋算学》十四 海宁李善兰学”，把《考数根法》列为《则古昔斋算学》的第14种，可见他对此书的看重。

合中西为一法

同文馆的天文算学馆，虽已在同治六年（1867）设立，但开始时并不理想。在奕䜣等人的计划中，天算馆的学生是招收满汉举人及恩、拔、岁、副、优贡，熟练掌握传统文化而年龄在20岁以上者，及五品以下满汉京、外各官年少聪慧愿入馆学习者，并要求翰林院编修、检讨、庶吉士及进士出身的五品以下官员

① 见严敦杰：《中算家的素数论》，《数学通报》1954年第4期。

② 〔清〕华蘅芳《数根术解》中云：“李氏秋纫有考数根之捷术曰：以本数乘二之对数，求得其真数，减二，余以本数度之，能度尽者，本数为数根；不能度尽者，本数非数根。”实际上是沿袭了“中国定理”的错误。

也入馆学习。但这一方案招致翰林院掌院学士、协办大学士倭仁等守旧派的极力反对，认为要翰林院的学士来同文馆接受洋人的再教育，简直是奇耻大辱，而当时社会上对聘洋人为师也存在着很大的抵触情绪。奕䜣等在给皇帝的奏折中说："自倭仁倡议以来，京师各省士大夫聚党私议，约法阻拦，甚至以无稽谣言煽惑人心，臣衙门遂无复有投考者"。有一个叫于凌辰的通政使司也在奏折中称："天文、算学招考正途人员，数月于兹，众论纷争，日甚一日。或一省中并无一二人愿投考者，或一省中仅有一二人愿投考者，一有其人，遂为同乡、同列之所不齿。"在这种情形下，要那些已有科举功名的士人到同文馆来做洋人的学生，重新学洋文、学天文算学，实在是勉为其难了。因此一开始根本招不到想要招的学生，半年内报名的只有98名，并且没有一名是正途出身，到考的只有72名，录取了30名，又因为基础实在太差，半年后退学20名，剩下的10名无奈之下并入旧馆。同文馆此时已濒临夭折。这种情形，一直要到1870年才开始改变。同文馆由不学无术者混迹其中的闲散之地成为一所真正意义上的college，主要是三个方面的原因。一是生源上，从上海的广方言馆和广州同文馆中选拔优秀人才进馆。二是管理上，丁韪良任总教习（相当于现在大学里的教务长）后，推行了一系列的措施，改革了课程设置，使之更为有效率而切实用。三是在师资上，李善兰的到来，使得天算馆有了一位真正意义上的教授。当时同文馆的教习中，大多是教英语、法语、德语和俄语的外国人，中国教员只有4名，其中3名教中国语文，只有一名是教天文、算学的，那就是李善兰。可想而知，在李善兰之前，同文馆中是没有一名真正的算学专家的。

据《京师同文馆馆规》，当时同文馆的学生，分八年制和五年制两种。八年制"由洋文而及诸学"，五年制"仅藉译本而求诸学"。

八年制的课程设置是：

首年：认字写字，浅解辞句，讲解浅书

二年：讲解浅书，练习句法，翻译条子

三年：讲各国地图，读各国史略，翻译选编

四年：数理启蒙，代数学，翻译公文

五年：讲求格物，几何原本，平三角、弧三角，练习译书

六年：讲求机器，微分积分，航海测算，练习译书

七年：讲求化学，天文测算，万国公法，练习译书

八年：天文测算，地理金石，富国策，练习译书

五年制的课程设置是：

首年：数理启蒙，九章算法，代数学

二年：学四元解，几何原本，平三角、弧三角

三年：格物入门，兼讲化学、重学测算

四年：微分积分，航海测算，天文测算，讲求机器

五年：万国公法，富国策，天文测算，地理金石

从课程设置中可以看出，这两种学制尤其五年制中，数学占的分量很重，像重学、天文、航海测算等课程，也极有可能由李善兰教授，从这个意义上讲，李善兰的教学特色、教学质量直接影响着整个同文馆。

作为初期和中期同文馆唯一的算学教习，李善兰是在一无凭借的情形下开展教学工作的。显然，当时是不可能有专门的近代科学的教材的，因此，李善兰把两类书作为天算馆的教材。西方近代科学用他自己翻译的西方科学著作，算学则用他自己的算学著作以及对他影响较大的经典中算书籍。第一类教材主要体现在重学、几何原本、微分积分、代数学、天文学等课程中，这是十分明智的几乎可说是唯一的选择，因为引进最早、质量最高的就是李善兰所翻译的《代数学》《重学》《代微积拾级》等书，而对年过花甲的李善兰来说，重新编纂一本新教材已是力不从心，以自己翻译的西书作教材，可谓驾轻就熟，可以深入地把自己的独到见解传授给学生。现在已看不到同文馆当年所用教材的记载，但从同文馆的大考、月考试卷中，尤其是李善兰指导、他的学生席淦和贵荣选编的《算学课艺》[①]中，可以大致推测所用的是什么教材。

① 《算学课艺》于光绪六年（1880）出版，题：同文馆算学教习李壬叔先生阅定，副教习席淦、贵荣编次；肄业生陈寿田、胡玉麟、熊方柏、李逢春同校。

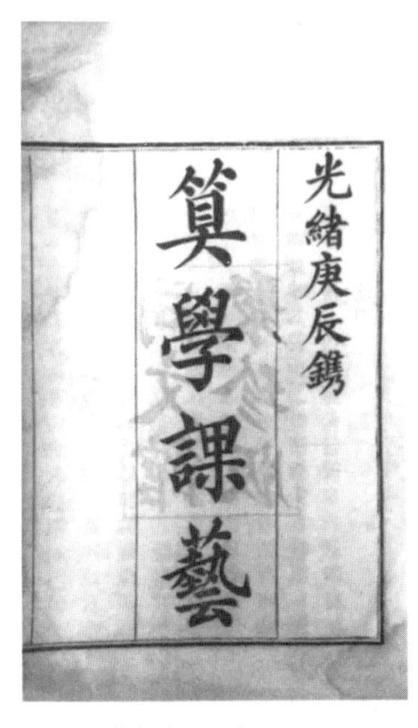

《算学课艺》书影

《算学课艺》是同文馆学生的习题汇编，收录了李善兰的学生席淦、汪凤藻、贵荣、陈寿田、杜法孟、熊方柏、胡玉麟、杨兆鋆、蔡锡勇等52人的试卷和习作，共198题。里面有不少题目与李善兰所译西书中的相关内容基本相同。如《算学课艺》卷2第26题："六面体内容八面体，其二体比例若何。"这与《几何原本》卷15"论体五"第3题："有正六面体，求所容正八面体"，基本相同。《算学课艺》卷1第47题："有滑车以一索悬二重于两边，甲重八两，乙重三两，求第一秒甲乙下上行尺寸若干?"《重学》卷10"论物向地心之理"第一款中有一题："假如庚为八十一两，乙为八十两，求一秒所过之路及所产生之速率若干?"两题也基本相同。光绪十二年（1886）大考洋文算学第4题："有甲乙二人各有银若干，乙赠甲银十五两，则甲银等于五倍乙银；甲赠乙银五两，则甲乙银相等，求原有银若干?"《代数学》卷1"论一次方程"中例题："甲乙二人通商算账，但云甲原银若倍之与乙算讫，则得五百两；又云乙原银一百两与甲算讫，则二人所得之银等，问其账若何?"两题也相仿。

因此，大致可以推断，《几何原本》《代数学》《重学》《代微积拾级》等李善兰翻译的西书应该是同文馆的教材。①

算学教学中，李善兰最为重视的教材，是对他影响深远的《测圆海镜》。《测圆海镜》是金、元时期的著名数学家李冶所著，全书共12卷、170问。李善兰自青年时应试杭州，购得此书后，反复研读，细细玩味，对其一生的学术影响极大，把它作为教材也就在情理之中了。在《算学课艺》中，有不少题目是从《测圆海镜》中来的，如《算学课艺》卷3第34题："有圆城，甲出北门东行二百步而立。乙出南门直行回望见甲，与城三相直，复斜行至甲处，共行五百

① 郭金海：《京师同文馆数学教学探析》，《自然科学史研究》2003年第A1期。

六十步，求城径若干？”显然是改编自《测圆海镜》卷4“底勾一十七问”第7题：“（假令有圆城一所不知周径）乙出南门直行不知步数而止，甲出北门东行二百步见之，复就乙斜行四百二十五步与乙相会，问答同前（即求城径若干）。”据学者统计，《算学课艺》中跟《测圆海镜》中相同或相近的题目共42题，占了总数198题的1/5，名列第一，比列第二的力学多出12题，成为重点中的重点。①

光绪二年（1876）同文馆铅印版印行李冶的《测圆海镜》，在序言中，李善兰说：

> 少习《九章》，以为浅近无味，及得读此书，然后知算学之精深，遂好之至今。后译西国代数、微分、积分诸书，信笔直书，了无疑义者，此书之力焉。盖诸西法之理，即立天元一之理也。今来同文馆，即以此课诸生，今以代数演之，则合中西为一法矣。丁君冠西（即丁韪良）欲以聚珍版印古算学，问余何书最佳，余曰莫如《测圆海镜》。丁君曰：“君之学得力此书最多，将以报私淑之师耶？”余曰：“然。”然中华算书实无有胜于此者，请读阮文达公之序，始知非余阿私所好也。②

这是一段很值得细读的文字，除了知道李善兰对《测圆海镜》的推崇外，更可窥见他的教学特色。

《测圆海镜》所讨论的问题大多是已知勾股形而求其内切圆、旁切圆等的直径一类的问题，它是中国古代论述容圆的一部专著，也是天元术的代表作。天元术与现在代数中列一元方程解应用题的方法基本一致。天元术是世界上最早的半符号代数学，在中国传统数学发展中是一个重要的创造，是符号代数学的开端。天元术的思想与《代数学》《代微积拾级》中以代数方法求解应用问题的思路有相同之处，正如伟烈亚力在他与李善兰合译的《代数学》序中说：“代数术略与中土天元之理同，而法则异。”由于天元术与代数学在思路上的相近，所

① 郭金海：《京师同文馆数学教学探析》，《自然科学史研究》2003年第A1期。

② 《畴人传三编·李善兰》，见冯立昇主编《畴人传合编校注》，中州古籍出版社2012年版，第580页。

以从青年时就研读《测圆海镜》的李善兰，在翻译代数学、微积分诸书时，能够“信笔直书，了无疑义”。李善兰更由此悟出：“诸西法之理，即立天元一之理也。”他把《测圆海镜》作为同文馆教材，不仅仅是因为此书对他一生治学影响深远，更在于它与西方现代数学的共通之处。他在讲授此书时，“以代数演之”，就是用西方代数学方法来理解中国的天元术，希望学生能通过研读此书，由此及彼，深入透彻地理解西方现代数学，“合中西为一法”。

同文馆总教习丁韪良在评价李善兰时说：“李氏是个才具很高的人，除了中国学问以外，又因与伟烈同译数学天文的教科书，对于西人治学的方法，也颇有理解。”①正是由于较为全面地理解和掌握了西方的治学方法，所以，李善兰能把“合中西为一法”的教学思想贯穿于天文算学馆的大多数课程中。五年制学生第二年所学的“四元解”、第三年所学的“重学测算”中，也同样有着中西一法的特色。

在同文馆的算学岁试题目中，李善兰也贯彻了“合中西为一法”的教学思想。1870年的岁试，是李善兰到馆后的第一次算学岁试，此前同文馆中只有外国语言的岁试，因李善兰的到馆而于1870年增设算学和格物两科。在这张试卷中，第12、13、14题分别是：

十三题：今有人贩牛马，三马五牛卖银八百两；五马三牛卖银一千一百二十两，问马、牛价各若干？

十四题：某村人口一千五百，妇人较男子多一半，小儿较男、妇加倍，试问男、妇、小儿各若干？

十五题：有一数以十三约之余一，以十一约之余三，以七约之余二，试推其数若干？②

---

① ［美］丁韪良：《同文馆记》，见黎难秋等编：《中国科学翻译史料》，中国科学技术大学出版社1996年版，第436页，

② 1870年同文馆岁试算学题见《教会新报》第3期，上述试题转引自洪万生《同文馆算学教习李善兰》，见其《数学史论文选集》（1980—2003），著者自印本。

显然，像这样的试题，既可用“天元术”来求解，也可以用“代数学”来求解，“合中西为一法”的用心在此体现得十分明显。

同样，在学生的解题方法中，也显示合“中西为一法”的特色，从《算学课艺》看，同文馆学生在求解一元或多元线性方程（组）时，所设的未知数用中算传统的“天”“地”“人”“物”来表示，而常数、未知数的幂次、分数、计算符号则采用了李善兰在《代数学》《代微积拾级》中的符号，化简、消元采用初等代数求解一元或多元线性方程（组）的方法，最简方程用传统中算中的纵记法来表示，求根又采用西方笔算开方法。这样做，应该是为了具体运算时表达的简洁，但中西合一的特色是很明显的。

可见“合中西为一法”乃是李善兰整个教学活动中的基础思想。《清史稿·畴人传》：“（李善兰）课同文馆生以《海镜》，而以代数演之，合中西为一法，成就甚众。”李善兰的这种教学方法，取得了明显的成效，也得到时人的认可。丁韪良在《李壬叔先生序》中就很有感慨地说：

> 呜呼！合中西之各术，绍古圣之心传，使算学后兴于世者，非壬叔吾谁与归？

“合中西之各术，绍古圣之心传”，丁韪良虽是一外国人，这两句话却是概括得十分的确切。

李善兰“合中西一法”的教学模式，对提高同文馆教学质量起到了很大的作用。从当时的记载来看，无论是朝廷还是社会，对同文馆学生的水平是较为认可的，同文馆学生毕业后，往往被委以重任，“同文馆系”成了晚清政治舞台上的一股重要力量。

崔敬昌在《李壬叔征君传》中称：

> 在馆教习诸生，先后约百余人，口讲指画，十余年如一日，诸生以学有成效，或官外省，或使重洋，固朝廷培养之深，亦先舅氏教习之勤有以振起之也。

李善兰从1869年入馆到1882年去世，10多年间，天文算学馆中经他指导的学生达100多人，这应该是一个不小的数字。要知道，同文馆的学生在校一般也就是100来人。[①]这100多人的算学程度如何？《大清会典》卷一百对此有详细规定：

> 凡算学，以加减乘除为入门（有笔算，有筹算，皆以定位为准。加减乘除，均有带分，故须用通分法）。次九章（方田、粟米、衰分、商功、均输、盈朒、方程、少广、勾股为九章。内惟少广、勾股义最深，用亦最繁。堆垛为少广之一支，自一乘垛以至诸乘垛），次八线（正弦、余弦、正切、余切、正矢、余矢、正割、余割谓之八线），次则测量（度之可以取直角者，曰勾股测量。其不能取直角者，曰三角测量。三角有边角比例，两边夹一角，三边求角诸法），次则中法之四元术、西法之代数术（四元数。上下左右，别以位次，代数乘方正负，分以记号，其相消开方法则同，二者皆以已知数求未知数，是谓造法之法。四元代数既明，以之御九章及九章以外各题，因题立法，无不如志……）然后讲求重学，以明演放炮位，驾驶舟车，一切营建制造之法，以至代微积拾级诸算之精密焉。[②]

从《算学课艺》等有关试卷来分析，同文馆学生的算学程度大致相当于现在的高中数学，这在现在看来当然很普通，但在150年前就是很了不起的了。当时的同文馆总教习丁韪良对李善兰的教学也十分满意，曾对总理大臣文祥说，李善兰"是只凤凰，中国少见的人才"，他不止一次地称赞李善兰的教学成就：

> （李善兰）为同文馆算学教习，在京授法于兹八载，维日孜孜勤求忘倦，不知老之将至，于斯道可谓殚心致志矣。或谓公辛苦半生，仅获采芹，

① 据有关史料，同文馆学生在1870年前只有二三十人，1879年时增至100人左右，至1888年增至125人。

② 朱有瓛主编：《中国近代学制史料》第一辑（上册），华东师范大学出版社1983年版，第75页。

同文馆中的李善兰（中坐）

不得折桂，未必非算学之所误，良可惜也！[①]

（李善兰）是我们同文馆的一位教习，中国最卓越的数学家。……他的榜样激励着我们的学生热心从事数学研究，尽管他满口方言，北京人难以听得懂他的解题方法。[②]

凡天文、地理、火器、测量均为切实之要端，阅者于诸生造诣，亦可略见一斑，是皆李壬叔教授之力也。[③]

今春总署劄饬命将天文馆副教习席淦、杜法孟、贵荣，肄业生胡玉麟、

---

① ［美］丁韪良：《李壬叔先生序》，见《格致汇编》第二年夏季册（1877）。

② ［美］丁韪良：《花甲忆记：一位美国传教士眼中的晚清帝国》，广西师范大学出版社2004年版，第251页。

③ ［美］丁韪良：《算学课艺》序，见《算学课艺》4卷，清光绪六年（1880）京师同文馆刊本。

> 陈寿田、熊方柏、联印等授以格物测算，于是功课日积月累已成卷帙。所幸七子曾习算术于海宁李壬叔先生，故入此学较易也。[①]

李善兰所教的学生中，他较为赏识的有席淦、贵荣、汪凤藻、杜法孟、胡玉麟、陈寿田、熊方柏、蔡锡勇、杨兆鋆等，关于这些学生的生平事迹的记载现在已很难见到，根据《同文馆记》《同文馆题名录》《京师同文馆学友第一次报告书》等有关材料，这里对席淦等人略作介绍。

席淦，字翰伯，是同治七年（1868）三月与汪凤藻一起，由上海广方言馆第一次咨送到京师同文馆的。席淦是同文馆学生中算学成绩最优秀的，光绪四年（1878）的岁试算学，席淦在22名学生中名列第一。光绪五年授兵部主事衔。他自同文馆毕业后，因学业优异而留入馆中，任算学副教习。任副教习期间，席淦与贵荣一起，编辑了同文馆的习作选《算学课艺》。另一本格物课教材《格物测算》，也是由总教习丁韪良口授，副教习席淦、贵荣、胡玉麟等执笔的。1882年李善兰去世后，席淦继承了乃师衣钵，任天算馆教习。总理衙门在总教习之请补此缺时复称："请补算学教习一席，并请以副教习席淦授李善兰之遗缺，学生胡玉麟、陈寿田可授为副教习，帮同训课一节……查故教习李善兰，故算术中，笔译西法各书，创之简捷门径，实梅定九、王寅旭后仅见，李锐、罗士琳皆不及也。现此席久虚，允宜复设。查李教习高第弟子精于算术者，以席淦为最优，应如所请补授算学教习，以资课训而专成，至帮教习暂且勿设，以节经费。"[②]席淦教授算学认真负责，颇受学生欢迎。同文馆学生齐如山就认为，同文馆中最认真的教习，就是汉文算学的教习席淦。席淦的教学方法也被认为"很好"。齐如山的大哥因为齐如山算学学得深，还特意补了6两银子的"膏火"（即学生的生活补贴）。席淦后来还在上海的广方言馆任教。光绪二十四年（1898）席淦以纂修官的身份被授四品衔兵部候补郎中。席淦于1917年去世，他在同文馆"讲授三十年，造就海内英才甚众"。席淦的著作有《面体互容

① ［美］丁韪良：《格物测算》序，清光绪九年（1883）排印本。

② 洪万生：《同文馆算学教习李善兰》，见《数学史论文集（1980—2003）》，著者自印本。

比例》1卷、《弧矢启秘图解》2卷等。他的儿子席翔卿收集席淦记述李善兰事迹的手稿，这就是有关李善兰生平的珍贵史料《抱膝居士遗稿》。

贵荣，也是天算馆最优异的学生之一，在《算学课艺》中，贵荣收入的习题是最多的，达29题，比名列第二的陈寿田、汪凤藻多了12题，足见其学业之优。贵荣对格物一课尤其精深，同治十二年（1873）汉文格物岁试中，贵荣名列第一，《中西闻见录》第20号特意收录了他试卷中的4道题，作为范例。此外，《中西闻见录》第23、25号也分别收录了同治十三年（1874）贵荣的月课格物试卷一份，以及课作一题。贵荣毕业后留任同文馆，任副教习，授内务府员外郎衔。与席淦一起编纂、执笔了《算学课艺》和《格物测算》两书。

汪凤藻，字云章，号芝房，江苏元和（今苏州）人，是上海广方言馆首届40名学生之一。同治七年（1868）三月与席淦一起咨送同文馆。汪凤藻毕业后留在同文馆任教，任副教习。在馆期间，翻译了《公法便览》《英文举隅》《富国策》《新加坡刑律》等书。汪凤藻在光绪八年（1882）中为举人，次年进士及第，随又点为翰林。汪早年曾随林乐知学习西学，英文尤其出色。光绪十三年（1887）出使俄、德、奥三国，任二等参赞。光绪十八年（1892）出使日本，1920年任京师大学堂“格致科监督”（理学院长）。

杨兆鋆，字诚之，号须圃，浙江乌程（今湖州）人。咸丰四年（1854）生，幼年即随在上海广方言馆教习中文的胞哥在校学习，为首届学生之一。杨兆鋆同治十年（1871）八月作为上海广方言馆第二次咨送进京生入同文馆。他是同文馆中年龄最小的学生，成绩却很优秀。进馆后第二年参加大考，成绩名列第二。李善兰甚为欣赏杨兆鋆的算学才华，席淦回忆说：“从游者六七十子，观察（指杨兆鋆）年最少，而资禀独异。遇有算学疑难问题，他人百思而不获者，观察则以数言解决之。每一稿出，皆相顾骇服。壬师（即李善兰）时加批奖，有游心藕孔中之喻。”[①]杨兆鋆于光绪三年（1877）回到上海，担任江海关道公署翻译官。光绪十年（1884），随著名外交家许景澄公使出洋。归国后，以道员身份发江苏补用。光绪十九年，杨兆鋆任金陵同文馆教习，兼授算学，光绪二十

① 〔清〕席淦：《须曼精庐算学序》，吴兴嘉业堂刊本。

八年，以“江苏候补道赏四品卿衔差”任出使比利时钦差大臣。杨兆鋆著有《须曼精庐算学》24卷（1898），并有《杨须圃出使奏议》。杨兆鋆在数学研究上深受李善兰的影响，其成就主要体现在圆锥三曲线问题、平圆容切问题、测量方法、“垂线诸求”及“勾股容方”问题的研究等方面。如其《须曼精庐算学》自序所称“凡六年受于李壬叔先生者，厘定若干卷”。

蔡锡勇，字毅若，福建龙溪（今漳州）人。同治六年（1867）十一月，广东同文馆第一次咨送优秀学生到京，蔡是6名学生之一，后在获得监生身份后返回广东。同治十一年（1872）九月，广东同文馆第二次咨送学生到京，蔡锡勇又来到同文馆。李善兰对蔡锡勇十分欣赏，他在致华蘅芳的一封信中，对蔡锡勇和另一名学生江槐庭大加赞赏：“无意中忽得二人：一曰江槐庭，钱塘人，工部郎中。一曰蔡锡勇，莆城人，同文馆肄业生。此二人者，算学皆由天授，异日所造不可量。能传绝学，必此二人。近日事之可喜者，无过于此，急欲告之阁下也。”①《中西闻见录》第15期有蔡锡勇的《天文馆难题作法》，第17期有《节录几何新本圆求周法》，可见蔡锡勇在同文馆学习期间十分出色。蔡锡勇曾任中国驻美使馆翻译。回国后为张之洞的幕僚，任张之洞的洋务总文案。后又任自强学堂首任总办，在他的努力下，自强学堂成为当时最著名的新式学校之一，华蘅芳及其胞弟华世芳，创办《时务报》的汪康年，以及著名学者辜鸿铭等都是这个学校的教习。蔡锡勇结合中国民间流行的“音韵之学”，著成《传音快字》一书，首创汉语拼音及速记术。他又根据出使美国期间所学习、掌握的借贷簿记法写成《连环账谱》一书，于光绪三十一年（1905）出版发行，成为中国第一部推广复合式会计的著作。

大隐不在山林

同文馆时期的李善兰，日子过得平静而优渥。他彻底告别了当年在沪上与

① 李善兰致华蘅芳信，见严敦杰：《李善兰年谱订正及补遗》，梅荣照主编：《明清数学史论文集》，江苏教育出版社1990年版，第478页。

王韬等一起征逐声色的狂放生涯，而习惯于算学教学和研究的书斋生活。丁韪良在回忆李善兰时说，刚进同文馆时，李善兰虽然不过60岁，但智力已然衰退。在后来的10多年里，李善兰在学术上毫无建树。[①]这话显然是过于偏颇了，但这十几年中李善兰没有像以前那样的多姿多彩，也是事实。

像世上大多数科学家一样，创造力旺盛、成果迭出的是青壮年时期，而声名渐著、地位日升的倒是相对平庸的晚年，此时的李善兰在学术界的声望达到了顶点。《则古昔斋算学》的出版，总结了他一生的数学成就。《畴人传三编》中提到的晚清八大数学家，此时也只剩下李善兰一人了。以李善兰的资格之老、学问之精、社会地位之高，他理所当然地成了在学术界执牛耳的角色。王韬在光绪元年（1875）致李善兰的信中说："有相识自都门来者，无不奉讯动止……前吴春帆观察之至析津也，盛口道执事不置，出示代数学诸解，已探奥窔，可弃筌蹄，盖期服膺于执事有年矣。至都想必修士相见礼。天算精微，定如沆瀣。"又说，广东著名学者陈澧与李善兰"书札往来，岁恒不绝"，颇以此自得。可见李善兰的动态已为学界所注目。也有不少学者请教数学问题，请他为自己的著作作序。著名数学家丁取忠在撰写专门研究借贷计算的专著《粟布演草》时，"辗转相求，仍多窒碍"，于是"又函询海宁李君壬叔，君示以廉法表，及求总率二术，而其理始显。厥后吴君（指吴嘉善）又示以指数表及开方式表，李君复为之图解，以阐以义，由是三事互求，理归一贯"[②]。《粟布演草》的署名是"南丰吴嘉善子登 海宁李善兰壬叔 湘乡曾纪鸿栗諴演，长沙丁取忠云梧湘阴左潜壬叟同述"，这固然是丁取忠谦虚，但也可见李善兰的指点起了关键作用。丁取忠在编辑吴嘉善的算书中，看到吴氏称他的斜弧三角术表是采用了徐有壬的方法。但丁取忠细细核对了徐有壬的著作后，发现其中第一术的第二表有差异，久思不得其解，就写信给李善兰请教，"李氏为之图解，极为明晰"。华蘅芳在撰写研究素数的专著《数根术解》时，多次向李善兰请教。华蘅芳在素数研究上独创了"诸乘尖锥法"，李善兰写信大加褒扬："算学用心至此，真

---

① ［美］丁韪良：《花甲忆记：一位美国传教士眼中的晚清帝国》，广西师范大学出版社2004年版，第251页。

② 〔清〕丁取忠：《粟布演草》自序，光绪二十三年（1897）《古今算学丛书》第三。

鬼神莫测矣。鬼神且莫测，而况于人乎。”华蘅芳在撰成《开方别术》后，也是先请李善兰审阅，并请李善兰作序，李善兰在序中称：“此法并诸商为一商，故无翻积、益积，不特生面独开，而且较旧法简易十倍。”李善兰对年少他20多岁的华蘅芳的鼓励，对华蘅芳成为继李善兰后的一大数学名家，起到了十分重要的作用。光绪年间的数学家刘岳云也多次得到李善兰的指点。刘岳云曾在他20岁时，到金陵谒见李善兰，向他求教代数方面的问题。入同文馆后，李善兰曾赠予刘岳云一本《算学课艺》。刘岳云在信中说：“春间侍座谕以泰西格致之事，蒙谓中国先儒所已言。先生命条举以对，并询拙著《格致中法》大旨，时匆匆出都，未及陈答。顷由吴先生寄到手柬，荷赐《算学课艺》一部，且感且谢。”①

有一事可以充分看出李善兰在当时的影响力。光绪元年九月，张之洞编《书目答问》时，其卷后附有“清朝著述诸家姓名略”，在“算学家”条下注：“五十年来为此学者甚多，此举其著述最显著者：梅文鼎、罗士琳、李善兰为最”，又注称：“此编生存人不录，李善兰乃生存者。以天算为绝学，故录一人。”李善兰的成就竟到了张之洞必须为之打破著书体例的地步，地位之尊崇，可见一斑。

李善兰在仕途上也是一帆风顺，进同文馆后不久，同治八年（1869）授中书科中书，同治十年十月加内阁侍读衔，同治十三年四月升户部主事，加员外衔，光绪二年（1876）十月升员外郎，光绪五年四月加四品衔，光绪八年五月授三品卿衔户部正郎、广东司行走、总理各国事务衙门章京。虽然这些都是“以教授诸学生有成效叙年劳得之，然皆额外候补，未尝一真除也”②。也就是说，属于有职无权的虚衔，不能太当真，但总归是三品京官了。

进入同文馆后，京师“名公巨卿，皆折节与之交，声誉益噪”，李善兰与曾国藩、郭嵩焘、曾纪泽等洋务派大员常有来往。到同文馆后第二年，曾国藩还专门给他送来了礼物，乃是金陵书局新刻的大本两《汉书》（即《汉书》和《后

① 〔清〕刘岳云：《答李壬叔先生书》，见《食旧德斋杂著》卷一，清光绪八年（1882）自刻本。

② 〔清〕李慈铭：《越缦堂日记》第十三册光绪八年十一月二十日条，广陵书社2004年版，第9672页。

汉书》），印刷得甚为精美，“照眼光明，汲古阁初印本殆不能及。”金陵书局于同治八年（1869）刊刻了《汉书》《后汉书》《三国志》和王念孙的《读书杂志》，这“大本两《汉书》”应是金陵书局新刊刻之书。曾国藩在书新刊后即开列了一个单子，令书局分送各位老朋友。李善兰收到后，“感甚喜甚”，以为“虽千镒之赐，不是过矣”，为此他专门写信向曾国藩表示感谢。但在信中，李善兰主要是请曾国藩为老百姓办一件实事。李善兰说，他在天津、保定一带，看到农民用桔槔灌溉农田，觉得很辛苦，“不能以人力补天功也”。他以一个专家的眼光，出了一个主意，“于田间多开深井，用恒升车辅以气箱，车以铜锡为之，箱以木为之”，这样“造之甚易”，成效却很显著，“一人之力可抵百人，昔灌一亩，今灌百亩，其利溥矣”。他还进一步建议，请曾国藩把徐寿之子徐建寅调来，辅导这里的工匠造数十具这样的水车，先在省城郭外试用，农民肯定会转相效法，几年后就会通行北方各地，“此万世之利也”。[①]曾国藩是否采取了李善兰的建议不得而知，但此信中依然可见李善兰以科技来报效国家的初衷，数十年从未改变。

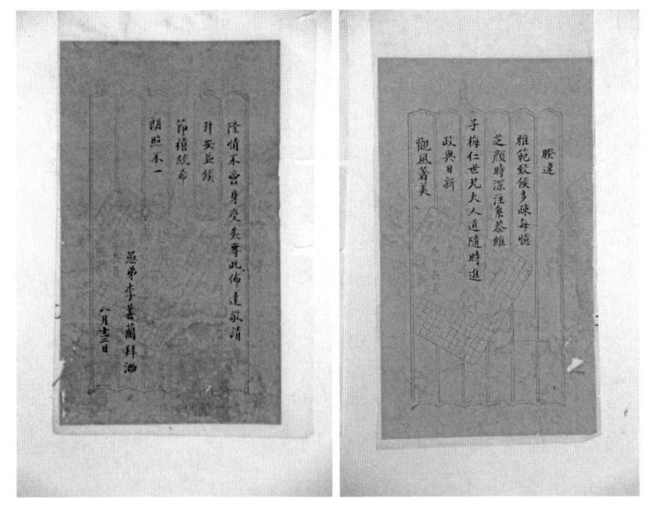

睽違
雅範欽佩多暌每懷
芝顏時深注系恭維
子梅仁世兄大人道隨時進
政與日新
[illegible]風著美

隆情不啻身受矣專此佈達敬請
升安並頌
節禧統希
朗照不一
愚弟李善蘭拜泐
八月[illegible]日

李善兰致沈能虎信

对李善兰一直十分赏识的郭嵩焘，在李善兰进京后，两人的来往开始多了起来。从郭嵩焘的日记看，光绪二年正月十四日（1876年2月10日），郭嵩焘

① 李善兰致曾国藩信，见中国社会科学院近代史研究所资料室编：《曾国藩未刊往来函稿》，岳麓书社1986年版，第367页。又：此书把这封信系于1869年，恐误，金陵书局版《汉书》刊刻于1869年，辗转金陵送至曾国藩处再转送至同文馆，应有相当一段时间。李善兰在信中说“善兰去岁自天津至京至保定途中”，指的是1869年由上海途经保定看望曾国藩后进同文馆事，故此信应是在同治九年（1870）写。曾国藩在同治九年三月二十一日的日记下的“附记”云：“李壬叔书。”应该指的就是这一封信。

与李善兰有过一次会面。李善兰因与英国驻华公使馆的汉文正使威妥玛较为熟悉，还就郭嵩焘出使西欧从中周旋说合。[①]郭嵩焘到国外之后，李善兰仍与他有联系，光绪四年（1878）三月二十六日，郭嵩焘在英国收到李善兰的一封信，“并丁韪良寄《公法便览》三部”。同年十一月初七日，他又收到李善兰的一封信，信中“告知谢隐庄之子名鹤鸣，字子和”[②]。

李善兰与著名的“庚子五大臣”之一袁昶也有交往。袁昶，字爽秋，号渐西村人，桐庐人，其政治主张与洋务派较为接近。袁昶光绪七年（1881）四月的日记载：“李壬叔丈枉存，言涿州李小泉若昌因读《参同》《悟真》而悟烧金之法，能炼黄铜十二斤为白金十斤。然李君颇萧然物外，不轻试其术。”又说：“壬翁仍日饮铁水，颜如柔童。云铁最能养血，用三倮虫之血炼之，能造洋枪一杆。翁所云，盖泰西化学也。”[③]光绪六年李善兰七十岁时，袁昶写了一首《李壬叔善兰七十初度》祝寿，诗云：“欲敏授时谊，惭非许公才。铜浑写北极，《玉鉴》破东来。宣夜钻三术，登高笑九能。干春曙幽漆，一日咳风雷。未遇景陵世，对天虚上台。徒观灵寿杖，醉扶宣城梅（自注：欧罗巴人初得元朱世杰所著《四元玉鉴》，号东来法，遂知测算）。”[④]诗中对李善兰十分钦佩。李善兰去世后，李慈铭写信给袁昶，“询李壬叔身后事”，可见袁昶当与李善兰来往较多，十分熟悉。

李善兰与郭嵩焘、袁昶的交往可说是同气相求，但李慈铭与李善兰之间的交往就值得玩味了。李慈铭《越缦堂日记》光绪五年（1879）十二月初七日记：“禔盦来，以李壬叔善兰新译《几何原本》十五卷见赠。”[⑤]禔盦即海宁人羊复礼（字干生，号辛楣、心梅，又号禔盦），是李善兰的诗友，当年在硖石时，两人

---

① 郭嵩焘光绪二年（1876）正月十四日日记载：“上兵部及总理衙门，英翻译梅辉立、法翻译师克勤及总税务司赫德均来署会谈。同文馆总教习丁韪良见示《星轺指掌》译本（第四十九节、五十节尤多见道之言），因相就一谈。兼晤李壬叔。”同年三月十五日日记载：“周荇农、李壬叔枉过。壬叔为述威妥玛照会总署：钦差不宜有二人。”见〔清〕郭嵩焘《伦敦与巴黎日记》，岳麓书社1984年版，第6、9页。

② 〔清〕郭嵩焘：《伦敦与巴黎日记》，岳麓书社1984年版，第555、814页。

③ 〔清〕袁昶：《袁昶日记》，凤凰出版社2018年版，第461、462页。

④ 〔清〕袁昶：《渐西村人初集》诗九，见《清代诗文集汇编》第761册，上海古籍出版社2010年版，第78页。

⑤ 〔清〕李慈铭：《越缦堂日记》，广陵书社2004年版，第十二册第8563页。

诗酒唱和颇多。李善兰托羊复礼向李慈铭送上《几何原本》，可见两人在此前尚无交往。一个月后，李慈铭回访李善兰。《越缦堂日记》光绪六年正月十七日载："下午……坐车往晤李壬叔员外善兰，夜二鼓归。"[①]李慈铭是晚清保守派中的一位有名人物，当同文馆的课程要列入天文和数学以外的西学科目时，李慈铭与倭仁等一起强烈反对，认为中国的孔门弟子会被夷人同化。李慈铭"夜晤"李善兰的具体内容已无法知道，但从下午一直谈到晚上九十点钟，中间肯定还共进了晚餐，气氛应该是不错的。几年后李善兰去世时，李慈铭还为自己不能亲往吊唁而心存歉疚，并有了要为李善兰"悉搜其遗书，为作传以报之"的念头。李善兰与这位保守派的浙江老乡相见甚欢，可见晚年的李善兰对朝廷政治已十分淡漠，只是以一个知名学者的身份出现在北京的官场中。

这种心情，在他自署的一副对联中表露无遗。李善兰曾手书对联："小学略通书数，大隐不在山林"，贴在他住所的门上。"书数"为"六艺"之二，礼、乐、射、御、书、数为夏商周时期学校教学内容。一般来说，"礼乐"承担着政治、宗法及伦理道德规范教育，为"六艺"之首，"射御"为射箭和驾驭战车的技术训练，属军事教育范畴，也含身体锻炼成分。"书数"为识字和计数教育，属基本常识范畴。李善兰说自己"小学略通书数"是自谦，而"大隐不在山林"却是心声的写照。他在朝廷为官，却以"大隐隐于朝"自励，全身心地投入到学术中去。他在同治十一年（1872）给华蘅芳的一封信中，道出了自己追求"绝学"的艰辛：

> 所称绝学者，谓学所到之境，他人不能到；他人所到者，与此悬绝，故曰绝学也。然学到此境，甘苦自知，有得只自知其乐，不能告之他人也。偶思一理未能通，只自知其苦，不能令他人相助也，则无朋友讲习之乐矣。然理愈深，进愈难，但觉甘少苦多耳。[②]

---

① 〔清〕李慈铭：《越缦堂日记》，广陵书社2004年版，第十二册第8600页。

② 严敦杰：《李善兰年谱订正及补遗》，梅荣照主编：《明清数学史论文集》，江苏教育出版社1990年版，第478页。

虽是言“甘少苦多”，却是其言若有憾也，其心实则喜也。因为紧接着他说：“弟观天下言算之士，能知弟所到之境者，惟阁下一人而已。”在李善兰看来，他的算学，实已算是到达“绝学”的境界了。一生于此，可谓无憾。

壮心不已

李善兰像

在同文馆期间，有一件事值得一提，那就是李善兰推辞撰写《畴人传三编》的事。

“畴人”一词，首见于《史记·历书》：“幽、厉之后，周室微，陪臣执政，史不记时，君不告朔，故畴人子弟分散，或在诸夏，或在夷狄。”这里的“畴人”，是指掌握天文历法专门知识，世世相传之人。到了清代，“畴人”一词开始流行，专门指天文学家和数学家。阮元、李锐于清嘉庆年间编纂了《畴人传》46卷，评述历代天文学家、数学家。此后，道光二十年（1840），数学家罗士琳撰著《续畴人传》6卷，介绍了《畴人传》中没有收录的宋元天文、数学家17人和嘉庆道光年间去世的天算家27人。咸、同年间，涌现了一批杰出的天文、数学家，在《续畴人传》出版40多年后，华蘅芳认为有必要再续《畴人传》，他认为，从道光、咸丰到目前的几十年中，算学发展日新月异，人才辈出，像戴煦、项名达、徐有壬、李善兰等大家，在天元术、代数、微积分上都有新的创造，如果不尽快为他们作传，未免为算学中一件大缺憾之事。在华蘅芳看来，续撰《畴人传》的最合适人选即是李善兰。因为李善兰是“近世算学中绝大名家”，学问精深，见识卓越，跟咸、同间算学大家都是来往密切的朋友，由这样一位学界泰斗来评述当代天算学家，自能做得公允恰当，故华蘅芳敦促李善兰再续《畴人传》。但李善兰推辞了这一请求，他委托张文虎去做这件事。张文虎“善古文而遍交徐（有壬）、李（善兰）、戴（煦）、夏（鸾翔）诸家”，也是华蘅芳心目中的合适人选，但张文虎也没有做。而另一位华蘅芳以为“今之算家年辈最老”的吴嘉善也不肯动笔。最后，华蘅芳只得让他的弟弟华世芳于光绪十年（1884）撰成《近代畴人著述记》一文，聊胜于无，“以待作传者之采择焉”。

李善兰与华蘅芳，可谓亦师亦友，关系十分密切，而他确实也是再续《畴人传》的最合适人选。李善兰婉拒华蘅芳之请求，实有些出人意料。对此，华蘅芳认为，可能是李善兰看到李锐、罗士琳的《畴人传》初编、二编极为精当，怕自己的“三编”搜罗不全、评价不精而贻人口实。但名满天下后珍惜羽毛，这只是李善兰婉拒续编《畴人传》的原因之一。李善兰的性格，是中国传统文人典型的外圆内方，表面和光同尘，心中却自有分寸，表面上对谁都客客气气，内心里却未必瞧得起对方。他既不愿公开臧否人物引发争议，又不愿委屈自己说别人的好话，推辞不作自然是最符合自己身份的做法。更重要的是，此时的李善兰已是垂暮之年，胸中还有许多著述有待撰成问世，构筑“则古昔斋算学”大厦的壮志一直萦绕于心，他不可能放下自己的著作，把精力投入到从事搜集、考核的工作中。所以李善兰不接受华蘅芳的请求，虽在意料之外，也是情理之中。就这样，再续《畴人传》的事就搁了下来，一直到李善兰死后，诸可宝才著了《畴人传三编》。

李善兰年轻时喜好饮酒、作诗，到同文馆后，仍好杯中之物，诗却写得不多了。有意思的是，他这时倒作了不少文章，除了为别人的著作作序外，他还写一些记事、言理的短文，如《星命论》《续星命论》《米利坚志序》《德国学校论略序》《书殷仲深事》《陈愚泉传》《陈君锡麒行状》《倪君经朝传》《孝丐诗》《丐妇传》《瓜尔佳孝妇诗》《程烈妇诗》等，刊载在丁韪良和艾约瑟编辑的《中西闻见录》上。这些文章中，最为人注意的是刊载于1873年《中西闻见录》12号上的《星命论》，这是晚年李善兰的一篇名文：

> 大挠造甲子不过记日而已，并不记年月与时也。亦无所谓五行生克也。其并记年月与时且以五行配之，皆起于后代，古人并无此事也。而术士专以五行生克判人一生之休咎。果可信乎？且五行见于《洪范》，不过其功用而已，言其兴味而已。初不言其生克也，是干支之配五行本非古人之意矣。

而谓人之一生可据此而定，是何言欤！至五星偕地球同绕日而各不相关。夫五星与地球且不相关，况地球之上一人而谓某星而至某官主吉，某星而至某官主凶，此何异浙江之人在浙江巡抚治下，他省之巡抚于浙江何涉也。今试谓之曰某巡抚移节某省，于尔大吉，某巡抚移节某省，于尔大凶，有不笑其荒诞者乎？五星之推命何以异是乎？

文章写得通俗易懂，比喻生动形象，在信奉“天命”的晚清时代，这样的观点自是振聋发聩，当时就有人称赞说：“其论真属透辟，足以启发溺惑。”作为一个长期以来学习“西学”、传播“西学”的科学家，李善兰有这样的观点是不足为奇的。事实上，否定星宿与人生相关的迷信，李善兰并不是最早的一个，这样的道理大概当时崇尚“西学”之士都可以说上几句。这时期李善兰最有价值、最能体现其超越时代思想的文章，当是他刊载于《中西闻见录》第21号的《德国学校论略序》。

1873年，德国传教士花之安新著了一本《德国学校论略》。花之安（Ernst Faber）是德国传教士，有“19世纪最渊博的汉学家”之称。1864年作为礼贤会的传教士来到中国。花之安注重中西文化交流，其著作共10多种，以《自西徂东》（*Civilization, China and Christian*）最为著名。花之安的这本《德国学校论略》，是第一本比较系统地论述西方近代教育制度的著作，它全面地介绍了德国普通教育和专门教育，以德国初等教育、中等教育和高等教育为中心，旁及各类中等技术学校及高等专门学校。花之安撰写此书的目的，是在于他在中国传教时，“每见华士徒艳泰西之器艺而弃其正道，不知器艺叶也，圣道根也；器艺流也，圣道源也”，这其实是“掇其糟粕，遗其精华”，于是“不揣梼昧，尝辑《德国学校》一书；略言书院之规模，为学之次第”，期待“海内人士知泰西非仅以器艺见长，器艺不过蹄涔之一勺耳”。他更希望在此书基础上，中国的有志者能“因器艺而求其学问，因学问而究其治原，有不浡然而兴者，未之有也”[①]。

① ［德］花之安：《花先生自序》，《新会教报》卷6，第146页。转引自洪万生：《同文馆算学教习李善兰》，《数学史论文选集》（1980—2003），著者自印本。

花之安素来仰慕李善兰的学问，就通过“美国卫公使”即著名汉学家卫三畏（Samuel Wells Williams）的介绍，请李善兰为这本书作序。李善兰把书展读一遍，这才知道，原来德国不仅仅军事力量强盛，而其学校教育也颇有过人之处。李善兰尤其对德国“无地无学、无事无学，无人不学”的体制留下了极其深刻的印象，深深觉得这样的教育体制对中国的发展和强大很有启迪，于是就作了这篇序言。

李善兰在序中说：

> 夫无地无学，则朝出侍函文、夕归修完省，而负笈远游千里思亲之患可以免矣。无事无学，则今日之所讲即异日之所行，而所习非所用，所用非所习之弊，可以无虑矣。夫质犹田亩也，学犹开垦也，虽有膏腴，不垦则荒；虽有才良，不学则废。国无不垦之地，则米粟不胜食，国无不学之人，则贤才不胜用。国之盛衰系乎人。德国学校之盛如此，将见人才辈出，其国必日盛一日。佛氏之说有所谓金轮圣王者，我盖有望于德国之主焉，岂特兵之有勇知方而已哉！

又说：

> 比年德与邻国战，必大胜之。夫德之邻皆强国也，而德之兵必出于学校，人人向义，必大胜之。窃叹德之用兵，何以甚合我中土圣人之教也。以不教民战是谓弃之，德人其知之矣。①

在这篇序言中，李善兰提出了一个观点，那就是“教育强国”。他认为，国家的强盛在于人才，人才多则国家强，而人才的成长必须依靠教育，必须普及学校。一旦做到了“无地无学、无事无学，无人不学”，则人才辈出，国家也

---

①〔清〕李善兰：《德国学校论略序》，作于“同治癸酉季冬”，初刊同治十二年（1873）广州小书真宝堂刊印之《德国学校论略》，同治十二年十二月《中西闻见录》第21号转载。

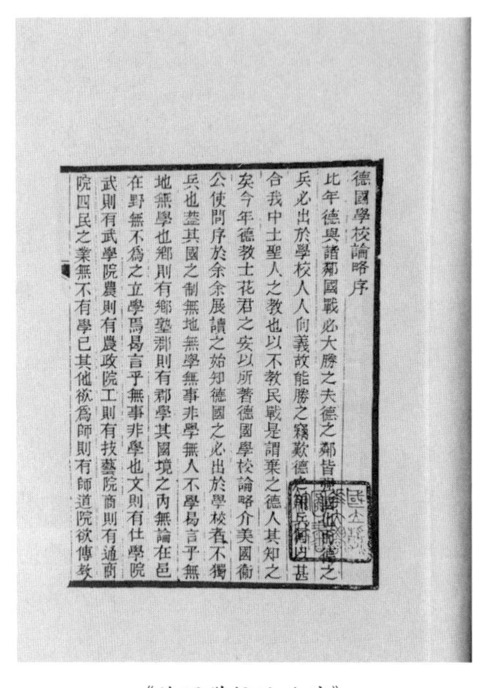
德國學校論略序

比年德與諸鄰國戰必大勝之夫德之鄰皆[illegible]而德之兵必出於學校人人向義故能勝之竊歎德[illegible]兵何[illegible]甚合我中土聖人之教也以不教民戰是謂棄之德人其知之矣今年德教士花君之安以所著德國學校論略介美國衛公使問序於余余展讀之始知德國之必出於學校者不獨兵也蓋其國之制無地無學無事非學無人不學曷言乎無地無學也鄉則有鄉塾郡則有郡學其國境之內無論在邑在野無不爲之立學焉曷言乎無事非學也文則有仕學院武則有武學院農則有農政院工則有技藝院商則有通商院四民之業無不有學已其他欲爲師則有師道院欲傳教

《德国学校论略序》

“日盛一日”。

10多年前，李善兰在《重学》序中写下了著名的一段话：“呜呼！今欧罗巴各国日益强盛，为中国边患。推原其故，制器精也；推原制器之精，算学明也……异日人人习算，制器日精，以威海外各国，令震慑，奉朝贡。”算学明则制器精，制器精则国家强，这是李善兰当年的认识，同样也是“洋务派”如曾国藩、李鸿章等人的想法，是晚清时较为“先进”的观念。然而，此时的李善兰已看到了“洋务运动”本身的局限，看到了炮利船坚后面的教育制度和人才建设，这是李善兰见识卓越之处，也是他高出这个时代的地方。

步入晚年的李善兰，心智依然敏锐，思想愈发成熟，但身体却是一年不如一年了。光绪元年（1875），王韬在给李善兰的信中说：“往晤郑玉轩太守，言执事曾患风痹，惮于行远，咫尺之遥，须人扶掖，是殆晚岁体肥之故欤?”[①]连几步的路都要人扶着，李善兰身体之差，可见一斑。其时王韬远在香港，从别人那里辗转听说李善兰风痹之患，可见李善兰患病已有多时。但李善兰仍孜孜不倦地研究算学，不知老之将至。他唯一的遗憾是没有儿子，常为此事烦恼，就纳了小他38岁的米氏为妾，[②]但仍是失望。于是就过继外甥崔敬昌（字吟梅）为子。一次，丁韪良问他，你不寂寞吗？李善兰回答说，上帝与我同在，我怎么会寂寞呢。李善兰并不是一个基督教徒，他这样回答不过是虚与委蛇，敷衍

① 〔清〕王韬：《与李壬叔》，见朱维铮编《弢园文新编》，生活·读书·新知三联书店1998年版，第275页。

② 《苞溪李氏家乘》：“继室米氏，道光己酉九月初九日生。”道光己酉即二十九年（1849）。

作为传教士的总教习。[①]如果乏嗣的李善兰晚年真的是不寂寞的话，那只是因为对事业的热爱。李善兰晚年做的最后一项研究，是撰写《级数勾股》一书，在临终前数月，仍挥笔不止。

光绪八年十月二十九日（1882年12月9日），李善兰在北京因病去世。[②]李善兰的直接死因，一般认为是误饮了冯了性药酒所致。[③]一代科学巨星就此陨落。

光绪八年十一月二十日（1882年12月29日），李善兰的丧礼在北京东四牌楼十锦花园胡同举行。因李善兰无子，讣告中以他的弟子"继光"为子。[④]第二年，崔敬昌迎李善兰的灵柩归葬于海宁硖石镇东山脚下的牵罾桥堍。[⑤]这位学贯中西的近代科学先驱在走完了他72载的人生历程后，长眠在他家乡的土地上。

---

① 丁韪良在《花甲忆记：一位美国传教士眼中的晚清帝国》中说："如果说他（指李善兰）有信仰的话，那只是东西方的混合物。他自称儒教徒，却是个折中主义者，把印度和西方的概念与中国圣人的教诲嫁接起来。他看不起民间崇拜，但不愿意被国人视为异教徒。"

② 李善兰去世时间，席淦《抱膝居士残稿》称："李善兰十月二十九日卒。"崔敬昌《李壬叔征君传》称："光绪八年（1882）冬十月，偶示微疾，越日逝。"李慈铭《越缦堂日记》光绪八年十一月二十日记："是日李壬叔开吊……以是年十月二十九日卒。"《苞溪李氏家乘》称："光绪壬午十月二十九日子时卒，寿七十三岁。"应以光绪八年十月二十九日为是。《畴人传三编》称："光绪十年卒于官，年垂七十矣。"当误。

③ 李善兰挚友蒋仁荣之子蒋学坚《李壬叔丈灵榇南还，诗以哭之》云："帝以宾师待，年年客禁城。家山成久别，杯酒了余生。"下注："公误饮冯了性药酒而卒。"

④〔清〕李慈铭：《越缦堂日记》光绪八年十一月二十日条记："妻米氏，子一，继光。"又云："二十四日丙午……作书致袁爽秋询李壬叔身后事，复书言壬叔无子，讣中继光，盖新以弟子为嗣者。"《越缦堂日记》第十三册，广陵书社2004年版，第9673、9680页。

⑤ 李善兰墓址说法不一。李俨《李善兰年谱》作"海盐县牵罾桥东北"，并称这一说法来自《海宁州志稿》的编者管元耀。海宁学者吴慎藩（与李善兰嗣子崔敬昌之子崔李同为挚友）《题李壬叔善兰先生遗像序》中云："壬叔先生葬海盐县沈荡区天子堰桥之原。"天子堰桥在海宁狮岭乡与海盐横港乡之间。海宁学者虞坤林实地踏看后认为，"天子堰桥"与"牵罾堰桥"实为一桥，因发音相近而一桥两名，李善兰墓址在"天子堰桥"东北，即现在的海盐县横港乡其嗣子崔敬昌的崔家场崔氏墓地，见《李善兰生辰、墓地考》（《海宁文博》2011年第1期）。

余　论　李善兰其人

李善兰生活的时代，离现在已是一两百年了。100多年，说长不长，说短不短。一两百年的沧桑，足以让李善兰的生平事迹大多湮灭无闻，难以考证，尤其是他早年在嘉兴、海宁一带研究算学的这个时期。更何况，像李善兰这样的大学问家，人生的大部分不外乎是读书、研究、著作这样一种生活状态。于本人而言，其学业之精进，其方法之开拓，其思想的转变，自然是跌宕起伏，甚至可说是惊心动魄。但如此生涯，可谓如鱼饮水，冷暖自知，在旁人眼里，却是几十年如一日枯坐书斋而已，远不如政治家、军事家、艺术家那样的摇曳多姿。要把李善兰的发明“尖锥术”说得如指挥一场战役那样的委曲细致、波澜起伏，非得有大手笔大才情才可尝试。然而，一两百年终究不算太长，有关史料中的记载，李善兰本人的著作，他的朋友、同事们的日记、笔记等文字，使我们大致可以对李善兰的“行状”作一番粗粗的勾勒。

李善兰的形象，目前看到的图片有三幅，一是李善兰的半身像，一般有关李善兰的论著中多选用这一幅。这一幅像，是李善兰养子崔敬昌之子崔李同，1933年从“沪滨海昌公所”所存的李善兰遗像中拍摄下来的。1951年春，浙江省文物保管委员会张惠衣先生在编辑《浙江近代学人像传》时，从瑞安孙仲容先生处获得，将此照翻拍编入，此后逐渐流传开来。[①]二是《清代学者象传》第

① 吴汉明、陈伯良：《李善兰轶事》，《海宁民俗风情大观》，西泠印社1999年版，第119页。

二集中的画像[①]，是一张坐着的全身像。这些画像是由江西画师杨鹏秋摹绘，其来源则是“取诸家传神像暨行乐图绘或遗集附刊及流传摄影，皆确然有所据”[②]，应该是较为可靠的。三是李善兰与同文馆学生的一张合影，李居中而坐，旁边站立着十来个学生，是苏格兰摄影家、地理学家、旅行家约翰·汤姆逊（John Thomson）所拍摄。汤姆逊于1867—1872年间来到中国，大约在1871年的下半年到北京，10月离开，这张李善兰在同文馆的照片应该拍摄于这段时间[③]。这幅照片收录在汤姆逊出版于1873—1874年的名著《中国与中国人影像》（*Illustrations of China and Its People*）中。从这几幅图来看，李善兰身材肥胖，方头大耳，浓眉大眼，络腮胡子，神情俨然，一派大学者的风范[④]。王韬在给李善兰的信中说，“咫尺之遥，须人扶掖，是殆晚岁体肥之故欤?”丁韪良在回忆时也说：“李教习身体粗笨，大脑壳，浓眉大眼。”《畴人传三编》还记载，当时李善兰、顾观光、张文虎等都有点胖，艾约瑟一次开玩笑地说，在我们西方，数学家都是很瘦的，你们怎么不是这样的呢？张文虎还专门写了一首诗以自嘲。可见李善兰的胖是出了名的。当时的名臣左宗棠长得也是五大三粗，以致有一次刊印出版左宗棠的画像时，竟把李善兰的像印了上去。李善兰的肥胖，可能是导致他晚年多病的主要原因。本来长得就胖，加上常年嗜酒、静坐书斋，从现代医学的观念来看，这样的生活方式对心脑血管系统的损害是很大的，容易诱发中风、心肌梗死、脑栓塞一类的疾病。李善兰死得较为突然，去世前数月还在撰写《级数勾股》，其直接死因是饮药酒过量，但根源还在于心血管病。

---

① 叶衍兰、叶恭绰编：《清代学者象传》，上海书店出版社2001年版，第494页。

② 叶恭绰：《清代学者象传》例言。

③ 汤姆逊在本书《李善兰和他的学生们》一文中说“差不多五六年前，李善兰被举荐给皇帝，随即被任命为同文馆的数学教授”，应是道听途说。

④ 在不少有关李善兰的论著中，常常有一张“李善兰”与徐寿、华蘅芳在江南制造局翻译处的照片，图中三人围着桌子而坐。其实徐、华之外的第三人并非李善兰，一是李善兰实际上并未参与江南制造局的译书工作。江南制造局于1868年成立，此时李善兰已准备赴京进同文馆了。江南制造局所有翻译的西书中，只有一种与李善兰有关，那就是《谈天》，是徐建寅对李善兰与伟烈亚力在墨海书馆时所译《谈天》的增补本。不少论著在谈到江南制造局翻译西书时，总习惯把李善兰与徐寿、华蘅芳连在一起，其实并非如此。二是此人远较徐、华年轻，而李善兰比徐寿大7岁，比华蘅芳大20多岁。三是此人不甚肥胖，与李善兰的相貌特征不甚相符。事实上，这人是徐寿之子徐建寅（字仲虎）。

李善兰长相肥胖，身手也不甚敏捷，行动甚至有些迟缓，实际上却是聪明绝顶之人，心思也极为机敏缜密，是一个典型的“江南才子”。这大概就是所谓的“南人北相”吧。在当时以科举八股为读书人唯一出路、科学环境极为糟糕的年代，在远离学术中心的海宁县城，李善兰几乎是完全通过自学，“三十后所造渐深”，成为第一流的算学家，并迈进了解析几何和微积分学之门。李善兰又在不通外语的情况下，短短数年间，与西方学者合作，翻译引进了包括代数学、微积分、近代天文学、经典力学、西方植物学这些中国人从未涉足过的新学科，创译了一大批至今还在使用的新名词。这样的才能简直不是聪明，而是天才了。此外，李善兰的诗也写得相当好，学的是宋诗的路子（王韬语），现在看到的《听雪轩诗存》，虽然只是中年以前的作品，也是“裒然成一家言”。他的书法也不错，颇有欧柳之美。只是由于他在数学上的成就太大，李善兰的诗文、书法才鲜为人知。

李善兰的性格，是中国文人典型的“外圆内方”型。他性情随和，但内心很有原则，决不会随波逐流；他性格狂放，有几分“才子”“狂士”做派，但其实很有分寸，拿捏极准。像李善兰初到上海时，在教堂前自荐于麦都思，看似偶遇，实是匠心独具。在墨海书馆和同文馆期间，他与伟烈亚力、艾约瑟、丁韪良、韦廉臣等交往甚密，但李善兰很聪明地把这些交往限制在学术上，生活圈子仍是王韬、蒋敦复、张文虎、吴嘉善等中国文人，信仰上虽不排斥基督教，对基督教教义也是十分的熟悉，但就是始终没有入教。西学东渐潮流下，作为一个引进西学并长期在传教士主持的机构中工作的中国大学者，这样的处世方式，粗看似是无意为之，自然而然，细思之实是明智至极，非对中国的传统文化、中国的人情世故有极深领悟并熟悉西方人的生活方式者，是不可能做到这样的进退自如的。李善兰晚年在仕途一帆风顺、声望如日中天，除了卓越的学术成就，其练达的处世方式也是极为重要的。

在生活小节上，李善兰也是如此，对“度”的把握恰到好处。他从少年时就喜欢围棋，王韬、张文虎日记中多次有他弈至深夜的记载。按理说，李善兰这么聪明的人，又是个研究算学的，围棋没有下不好的道理，但李善兰的棋力确是不甚高。这只能是一个解释，那就是他从来没有在围棋上好好下过功夫，无非是遣兴而已，有时也算是一种与朋友、权贵（如曾国藩）交往的道具。算学大道，围棋小技，绝不能有所偏废，李善兰在这点上是极为清醒的，也是极会控制自己的。李善兰在上海时，经常与王韬一起喝酒冶游，这是封建文人的生活方式，在当时可说是无可厚非。王韬流连忘返，还兴致勃勃地写了一本《海陬冶游录》，对上海青楼的种种娓娓道来，如数家珍。而李善兰却是访艳而不忘译西书，短短几年译出了七八本名著，这段时间恰是他学术成就最为丰盛的时期。在这一点上，李善兰同样是极为清醒，也极会控制自己的。

《张文虎日记》有两段有关李善兰的记载，读来颇令人会心一笑。一段是说他与张斯桂下棋，争棋不胜，“拍案叱咤，怒形于色”。一段是说金陵书局的同仁们“极诋耶稣之荒谬”，李善兰“口应而心不然也”。一个连下棋这样的小事也要拍桌子的人，对信仰这类大问题倒含糊其辞，这与其说李善兰大小不分，倒不如说他把孰大孰小分得太清楚了。下棋是遣兴的琐事，无论怎么较真也无所谓，反正最多是“同人为之笑倒”而已，绝不会伤和气。而涉及信仰问题，在传统文化氛围极浓的金陵书局，公开为基督教辩护，很可能会被侧目而视，划入另类。但李善兰又不想曲意隐藏自己的观点，所以就故意让别人看出他“口是心非”，既显示了立场，又给足了对方面子。“口应而心不然也”，这一句话道尽了李善兰的性格特征，真是传神之至。

李善兰在文化史上的贡献，在本书中已多有阐述，概括而言，李善兰的成就主要体现在三个方面，即著书、译书、教书。

著书，是李善兰在数学研究上的贡献。《则古昔斋算学》13种和《考数根法》等论著，奠定了他一代数学大师的地位。李善兰的“尖锥术”，是他最为重要的研究成果，在传统数学的垛积术和极限思想的基础上，不仅创立了二次平方根的幂级数展开式，各种三角函数、反三角函数和对数函数的幂级展开式，而且还具备了解析几何思想和积分公式的雏形，这对中国传统数学是一个极大的突破。李善兰的这一成就表明，即使没有西方传入微积分，中国数学也会通过自己的发展途径，运用独特的思想方式产生微积分，基本上完成由初等数学到高等数学的转变。李善兰的“垛积术”，是早期组合计数的杰作，所谓“垛积之术于九章外别立一帜，其说自善兰始”，而“李善兰恒等式”更是他的一大创见。李善兰的“素数论”，体现在他的《考数根法》中，这是我国关于素数论最早的一篇论文，他所提出的判别一个自然数是否为素数的方法，是中国古代素数研究的最重要成果之一。

译书，是李善兰介绍引入西方近代科学上的贡献。在墨海书馆期间，李善兰与伟烈亚力、艾约瑟、韦廉臣等翻译了《几何原本》后9卷和《代微积拾级》《代数学》《谈天》《重学》《植物学》《奈端数理》等多种西方近代科学名著，像微积分、解析几何、经典力学、西方植物学、近代天文学，都是自李善兰开始才引入中国的。微积分在中国数学中的出现毫无疑问是一个飞跃，它使变化和运动的观点被引入了数学，由此开始了高等数学阶段。李善兰对哥白尼学说的大力宣扬，使中国人开始对近代天文学的全貌有了初步正确的了解。从哥白尼到牛顿，西方近代科学在确立了200年之后，才经过李善兰等人之手介绍到中国来，近代科学的体系、观点和方法以及近代科学史上的若干重要成果，才开始为中国科学界所逐渐熟悉。而他所创立的科学名词，沿用至今而勿替。可以说，李善兰的每一本译书，都代表着一门新学科的建立甚至一个新时代的开创，李善兰也因此而成为中西科技文化交流第二个高潮的代表人物之一，成为西学阵营在科学思想上最杰出的代表，成为中国近代科学的先驱者。

教书，是李善兰在教育思想和方法上的贡献。在京师同文馆时期，李善兰的译著和著作成为同文馆的重要教材，他审定了同文馆《算学课艺》等数学教材，培养了一大批数学人才，是中国近代数学教育的鼻祖。李善兰所创立的“合中西为一法”的教育模式，创造性地将传统中算与近代西方科学融合起来，对中国近代教育产生了深远的影响，中国近代教育从传统过渡到现代，李善兰是至为关键的一个人物。李善兰所提出的“教育强国”的理论，充分强调普及教育的极端重要性，虽没有全面论述，却是教育史上的一个重要观点，是超越一个时代的真知灼见。

纵观李善兰的一生，有着几个重要的节点。一是道光二十五年（1845）他离开海宁来到嘉兴。在嘉兴，他结识了顾观光、张文虎、汪曰桢等数学名家和学界名流，在开阔视野、交流切磋中进入了数学研究的前沿。嘉兴，是李善兰成为一代数学大师的关键。二是咸丰二年（1852）离开嘉兴来到墨海书馆。在上海这个近代西方文明的传播中心，李善兰在传教士主持的墨海书馆里与伟烈亚力等一起翻译了多部近代西方科学著作，在译书中成为传播西学、介绍近代科学的代表人物。墨海书馆，是李善兰成为近代科学先驱的关键。三是咸丰十年（1860）赴苏州。苏州之行的彻底失败，使李善兰清楚地认识到政治、军事并非自己之所长，从此“绝意时事”，专心于著述。苏州，是保证李善兰成为一个纯粹学者的关键。四是同治八年（1869）进入京师同文馆。入馆十几年，学生百余名，从而形成了他“合中西为一法”的教育模式，并提出了“教育强国”的观点。同文馆，是李善兰成为一个教育家的关键。李善兰自己从来没有提到过，他从海宁到嘉兴、从嘉兴到上海的动机是什么，从表面上看似乎更多是为生活所迫。然而，回过头来，对照他所处的时代，就会惊奇地发现，决定李善兰人生关键的每一步，都恰好踩在了节点上。他人生的脚步，紧随着时代潮流，他的人生之路，步步都融入了时代大潮的节奏。当年无意的一小步，成了转折一生的一大步。李善兰之所以成为李善兰，正在于他能顺应潮流，融入潮流，终成引领时代之风流人物，是之谓“时势造英雄”。

李善兰一生在多个领域作出了重大成就，称他为数学家、天文学家、教育家、翻译家都当之无愧，甚至称之为植物学家、物理学家也无不可，但李善兰为同时代学者的最不可企及之处，在于他对中西学术思想的融会贯通。论数学上的成就，项名达、戴煦、徐有壬、夏鸾翔、邹伯奇等晚清数学家各有过人之处。论翻译西书的成就，华蘅芳、徐寿也是名满天下。然而，若论一个学者同时横跨中西学术，在中国传统数学及西方现代数学、近代天文学、植物学、物理学等方面都有重大建树的，在晚清甚至整个中国古代都不一定找得出这样的一个人。即使在资讯充分发达，中西学术交流频繁的当代，这样的“全能学者”也寥寥无几。比之同时代的学者，李善兰的高明之处，在于他充分理解和掌握了西方近代科学的学术思想和治学方法，并将之与中国传统学术思想“会通”起来。他之所以能在短短几年间，接连翻译了横跨多个学科的西方近代科学著作，介绍引入了多门新学科，创译了一大批科学名词，除了有伟烈亚力这样的西方学者的帮助，更在于他对近代科学治学方法的掌握，这使得他能充分理解、整体把握一门新学科的内涵和特点，从而全面准确地将之表达出来。从这个意义上讲，那本没有翻译完的《奈端数理》（即牛顿的《自然哲学的数学原理》）才是李善兰的“独家秘籍”，这使他在翻译从未涉足过的西方近代新的学科时，直接跨越了“盲人摸象”，进入了“庖丁解牛”的境界。在提倡“专门之学”的清代，李善兰下功夫研读《奈端数理》这样一本看似并无实用却奠定了现代科学世界观基础的重要著作，并以之指导自己的学术研究，这就是他的卓越之处。当他以近代科学的眼光再来反观中国学术时，就很容易看出一些独到的东西来。他认为中国的天元术与代数学“其理一也”，这也许还不算稀奇。但在学习了西方近代科学后，能清楚地发现自己当年服膺的“西学中源”说的荒谬，并在自己的著作中加以删除，这样的眼光与勇气就不是一般学者所能具有的了。李善兰在中年时尚以为“算学明则制器精，制器精则国家强”，以为只要船坚炮利便可强国富民；到了晚年，在对西方的科学、文化乃至政治体制有了深刻的理解后，他提出了普及教育、“教育强国”的观点。在洋务派与保守派们尚在为引进西学争论不休时，李善兰的思想却已超越了这个层次，站在了这个时代的最高处。这样的思想深度和思想高度，归根到底，还在于李善兰对中国文化和西方科学的正确把握和融会贯通。所以，如果“贯”之一词，可以包含着熟习、贯穿、会通、融合这样的含义的话，那么，以“学贯中西”来定义李善兰，还是比较恰当的吧！

大事年表[①]

1811年（清嘉庆十五年）　1岁

十二月八日，李善兰生于浙江海宁。其故宅在今海宁市硖石街道东山社区河东街。

1819年（嘉庆二十四年）　9岁

自学《九章算术》，开始研习算学。

1824年（道光四年）　14岁

作《甲申除夕》一诗，这是目前看到的李善兰最早的诗作。

读徐光启、利玛窦译的《几何原本》前6卷，通其义。

1825年（道光五年）　15岁

杭州应试，于书摊购得李冶《测圆海镜》、戴震《勾股割圆记》，深入研读。

---

① 本表参考李俨先生的《李善兰年谱》。

李善兰出生于1811年1月2日。1811年为清嘉庆十六年，而1811年的1月则是嘉庆十五年。当时习惯以农历计算年龄，故以嘉庆十五年为1岁，嘉庆十六年为2岁，而按照现在的算法，则以1811年（即嘉庆十六年）为1岁。如李善兰称他“年十龄”时读《九章算术》，他所说的10岁，显然是以嘉庆十五年起计龄的，这年是嘉庆二十四年，即1819年，倘以今天的算法，则是9岁。为求与史料中的引文一致，故正文中一律按照农历的年龄，即还是认为李善兰是10岁读《九章算术》。

本表以公元纪年系事。

1830年（道光十年）　20岁

向吴榕园学习作诗。

1835年（道光十五年）　25岁

正月，至海宁小镇路仲，在诗友张均（字湘石）家坐馆。

与管庭芬结识，互相唱和。

1837年（道光十七年）　27岁

在路仲坐馆三年后，回到硖石。

1840年（道光二十年）　30岁

在数学研究上“所造渐深”。

撰成尖锥术代表作《方圆阐幽》。

春，汪曰桢出示元数学家朱世杰所著《四元玉鉴》，深思后撰成《四元解》二卷，请并管庭芬作序。管庭芬日记中抄录李善兰《四元解》自序，认同“西学中源说”。

1841年（道光二十一年）　31岁

大致在本年加入嘉兴地区著名诗社鸳水联吟社。多次参与鸳水联吟社雅集，与社友多有唱和之作。

1842年（道光二十二年）　32岁

英军进攻乍浦，李善兰写下《乍浦行》《汉奸谣》《刘烈女诗》等诗。

1843年（道光二十三年）　33岁

在嘉兴拜经学大师陈奂为师。与张文虎结交。

1845年（道光二十五年） 35岁

到嘉兴，在陆费家坐馆。与张文虎、顾观光、汪曰桢等算学名家多有切磋。与孙瀜、于源、杨韵等嘉兴名士时有唱和。

1846年（道光二十六年） 36岁

《对数探源》最早见于《指海》丛书第十九集。

顾观光为《四元解》《对数探源》作序。

1848年（道光二十八年） 38岁

著《麟德术解》三卷。

1849年（道光二十九年） 39岁

在嘉兴，与张文虎、孙瀜（次山）、杨韵（小铁）、于源等常在幻居庵一起谈诗论画。

1850年（道光三十年） 40岁

《方圆阐幽》《弧矢启秘》刻入《艺海珠尘》壬集。

1851年（咸丰元年） 41岁

与数学名家戴煦结交。赠送戴煦《对数探源》《弧矢启秘》两书。

1852年（咸丰二年） 42岁

五月，到上海，进入墨海书馆。居住在大境杰阁。与王韬结识。

六月，开始与伟烈亚力一起翻译《几何原本》后9卷。与艾约瑟合译《重学》。

七至十月间应试科举。

十二月，与蒋敦复结识。

1855年（咸丰五年）　45岁

论文《景教流行中国碑大曜森文日即礼拜日考》，刊发于《遐迩贯珍》第十号。

徐有壬回湖州，与李善兰结交。

1856年（咸丰六年）　46岁

二月初九，郭嵩焘至墨海书馆，结识李善兰。

译毕《几何原本》后9卷。顾观光、张文虎任校核，韩应陛写信给李善兰，表示愿意捐资出版。

开始与伟烈亚力合译《代数学》《代微积拾级》，与韦廉臣合译《植物学》。

1857年（咸丰七年）　47岁

《代数学》《代微积拾级》《重学》译毕。

艾约瑟接替韦廉臣续译《植物学》。季秋译毕《植物学》并由墨海书馆开雕。

1858年（咸丰八年）　48岁

续译《几何原本》刊行，不久毁于战火。《植物学》刊印。

其间与伟烈亚力合译《代数学》《谈天》《代微积拾级》。开始着手与伟烈亚力合译《奈端数理》。

著《火器真诀》一卷。

1859年（咸丰九年）　49岁

《代微积拾级》由墨海书馆刊行，李善兰自序。

《代数学》由墨海书馆刊行。

是年秋，《谈天》刊行，李善兰自序。

与艾约瑟合译的《重学》20卷刊行。与艾约瑟合译《圆锥曲线说》完成。

1860年（咸丰十年）　50岁

是年在苏州，为江苏巡抚徐有壬幕僚。

四月，太平军进攻苏州，李善兰回沪向西人借兵，未果。太平军攻破苏州城，徐有壬死，李善兰著作尽失于苏州。

1861年（咸丰十一年）　51岁

居上海，与吴嘉善、胡远、胡震、蒋敦复、张鸣珂等时相谈论书画。

1862年（同治元年）　52岁

四月，至湘军安庆大营，为曾国藩幕僚。

1863年（同治二年）　53岁

五月，向曾国藩引见张斯桂、张文虎。

九月，经李善兰推荐，容闳至安庆，为曾国藩幕僚。

1864年（同治三年）　54岁

九月，与张文虎等人到金陵，筹建金陵书局。

拜见曾国荃并请其资助刻印算学著作。

十一月，被曾国藩保举为训导。

1865年（同治四年）　55岁

四月，金陵书局也正式组建，以周学濬为提调，张文虎、李善兰等人参与。

八月，致信曾国藩，请其为《几何原本》作序。

曾国藩署名为《几何原本》作序。

1866年（同治五年）　56岁

曾国荃邮致三百金为李善兰刻印《则古昔斋算学》13种，李鸿章出资为李善兰刻印《重学》。

郭嵩焘推荐李善兰为同文馆天算馆教习。李善兰因《则古昔斋算学》尚未刻竣，称病推辞。

1867 年（同治六年）　57 岁

四月，致方骏谟信，称“不以一官之荣，易我千秋事业”。

九月，为《则古昔斋算学》作自序。冬，《则古昔斋算学》13 种出版。

1868 年（同治七年）　58 岁

在江南制造局逗留数月，与傅兰雅合译《奈端数理》，未终。

应征京师同文馆。七月，离开金陵书局，至苏州。

十月，由苏州至上海。欲译完《奈端数理》，未果。因无轮船入京，滞留数月。

1869 年（同治八年）　59 岁

年初，将发现的一个有着判别素数的方法交给伟烈亚力。伟烈亚力把这一方法冠之以“中国定理”，发表于香港的《中日释疑》杂志上，引发了一场关于“中国定理”的争论。

三月，离开上海赴京应征京师同文馆。三月下旬，船经烟台，欲访赵烈文不果。四月，到保定直隶总督府拜访曾国藩。五月，入京师同文馆，为天算馆教习。

授中书科中书。

1871 年（同治十年）　61 岁

加内阁侍读衔。

秋，杨兆鋆入同文馆，为李善兰得意弟子。

1872 年（同治十一年）　62 岁

《考数根法》刊载于《中西闻见录》第二、三、四期。

为华蘅芳《开方别术》作序。

1873年（同治十二年）　63岁

为德国传教士花之安《德国学校论略》作序，提出“教育强国”之观点。

自本年至1875年（光绪元年），在《中西闻见录》上刊发《星命论》等文。

1874年（同治十三年）　64岁

四月，升户部主事。

王韬在给李善兰的信中称，李善兰因患风痹，惮于行远，咫尺之遥，须人扶掖。

1875年（光绪元年）　65岁

张之洞编《书目答问》，算学家中生存人不录，因李善兰以天算为绝学，故独录李善兰一人。

1876年（光绪二年）　66岁

十月，升员外郎。

《测圆海镜》作为同文馆算学教材由同文馆出版，李善兰为《测圆海镜》作序，在序中提出了“合中西为一法”的教学模式。

1877年（光绪三年）　67岁

傅兰雅主编的《格致汇编》第二年夏季册刊登丁韪良所作《李壬叔先生序》。

1879年（光绪五年）　69岁

四月，加四品衔。

1880年（光绪六年）　70岁

正月，李慈铭夜晤李善兰。

春，同文馆《算学课艺》出版。《算学课艺》由李善兰阅定，其学生、天算馆副教习席淦、贵荣等编，同文馆总教习丁韪良作序。

春，与刘岳云谈论学术。此后，赠刘岳云《算学课艺》一部。

1882年（光绪八年）　72岁

五月，升郎中。

撰写《级数勾股》一书，未完。

十月，在北京去世，据说是误饮药酒过量致死。

十一月二十日，在北京东四牌楼十锦花园胡同开吊。

1883年（光绪九年）

李善兰养子崔敬昌迎李善兰的灵柩回海宁，归葬于硖石镇东山脚下的牵罾桥堍。

参考文献

〔清〕李善兰：《则古昔斋算学》13种，同治六年（1867）金陵书局刻本。分别为《方圆阐幽》1卷、《弧矢启秘》2卷、《对数探源》2卷、《垛积比类》4卷、《四元解》2卷、《麟德术解》3卷、《椭圆正术解》2卷、《椭圆新术》1卷、《椭圆拾遗》3卷、《火器真诀》1卷、《尖锥变法解》1卷、《级数回求》1卷、《天算或问》1卷。

《考数根法》1卷，载《中西闻见录》同治十一年（1872）第二、三、四期。

《九容图表》1卷，光绪二十四年（1898）古今算学丛书本。

［古希腊］欧几里得：《几何原本》，利玛窦、徐光启、伟烈亚力、李善兰译，同治四年（1865）金陵书局刻本。

［美］罗密士：《代微积拾级》，李善兰、伟烈亚力译，光绪二十三年（1897）古今算学丛书本。

［英］侯失勒：《谈天》，伟烈亚力、李善兰、徐建寅译，同治十三年（1874）江南机器制造局刻本。

［英］胡威立：《重学》，李善兰、艾约瑟译，同治五年（1866）金陵书局刻本。题作："重学廿卷附曲线说二卷"。

［英］林德利等：《植物学》，李善兰、韦廉臣、艾约瑟译，咸丰八年（1858）墨海书馆刻本。

席淦、贵荣等编：《算学课艺》，光绪年间同文馆石印本。

《苞溪李氏家乘》，光绪庚寅年（1890）重修，祠堂藏版，海宁市图书馆藏。

〔清〕李善兰：《听雪轩诗存》，海宁市政协文史资料委员会1991年编印。

〔清〕崔敬昌：《李壬叔征君传》，传抄本，上海图书馆藏“槜李文系”内。

《海宁州志稿》附《余志》、《艺文志》补遗，民国十一年（1922）铅印本。

〔清〕曹宗载、许仁沐、蒋学坚辑：《硖川诗钞》，清光绪十八年（1892）双山讲舍刻本。

〔清〕曹宗载、许仁沐、蒋学坚辑：《硖川诗续钞》，清光绪二十一年（1895）双山讲舍刻本。

《畴人传》《畴人传续编》《畴人传三编》《畴人传四编》，阮元、罗士琳、诸可宝、黄钟骏编，冯立昇主编：《畴人传合编校注》，中州古籍出版社2012年版。

〔清〕王韬：《王韬日记》，中华书局2015年版。

〔清〕王韬：《弢园尺牍》，中华书局1959年版。

〔清〕王韬：《瀛壖杂志》，上海古籍出版社1989年版。

〔清〕王韬：《弢园文录外编》，上海书店出版社2002年版。

〔清〕王韬：《弢园老民自传》，江苏人民出版社1999年版。

〔清〕郭嵩焘：《郭嵩焘日记》（1—3卷），湖南人民出版社1982年版。

〔清〕华蘅芳：《学算笔谈》，光绪二十三年（1897）味经刊书处刊本。

〔清〕张文虎：《张文虎日记》，上海书店出版社2009年版。

〔清〕管庭芬：《管庭芬日记》，中华书局2013年版。

〔清〕曾国藩：《曾国藩全集·日记》《曾国藩全集·家书》《曾国藩全集·书信》，岳麓书社2011年版。

〔清〕曾国藩：《曾国藩未刊往来函稿》，中国社会科学院近代史研究所编，岳麓书社1986年版。

〔清〕容闳：《西学东渐记》，三联书店2011年版。

〔清〕张文虎：《舒艺室诗存》《舒艺室杂著甲编》《舒艺室杂著乙编》《舒艺室尺牍偶存》，浦东新区政协学习和文史委员会等编“周浦历史文献丛书”（第二辑），据清刻本影印。

〔清〕梁启超：《梁启超全集》第1集、第3集、第10集、第12集，中国人民大学出版社2018年版。

郑振铎编：《晚清文选》，中国社会科学出版社2002年版。

松浦章、内田庆市、沈国威编著：《遐迩贯珍：附解题·索引》，上海辞书出版社2005年版。

沈国威编著：《六合丛谈：附解题·索引》，上海辞书出版社2005年版。

王扬宗编校：《近代科学在中国的传播——文献与史料选编》，山东教育出版社2009年版。

李俨著《中国算学史》《中国古代数学史料》《中国数学大纲》《中算史论丛》（第一集、第二集、第三集、第四集、第五集），钱宝琮著《中国数学史话》《中国数学史》《钱宝琮论文集》，见李俨、钱宝琮：《李俨钱宝琮科学史全集》，辽宁教育出版社1998年版。

王渝生：《中国近代科学的先驱——李善兰》，科学出版社2000年版。

纪志刚：《杰出的翻译家和实践家——华蘅芳》，科学出版社2000年版。

王青建：《科学译著先师——徐光启》，科学出版社2000年版。

汪广仁、徐振亚：《海国撷珠的徐寿父子》，科学出版社2000年版。

汪晓勤：《中西科学交流的功臣——伟烈亚力》，科学出版社2000年版。

王扬宗：《傅兰雅与近代中国的科学启蒙》，科学出版社2000年版。

李迪主编：《数学史研究文集》第一辑、第二辑、第三辑、第四辑、第五辑、第六辑，内蒙古大学出版社、九章出版社1990年、1991年、1992年、1993年、1993年、1998年版。

梅荣照主编：《明清数学史论文集》，江苏教育出版社1990年版。

吴文俊主编：《中国数学史论文集》（二），山东教育出版社1986年版。

李迪主编：《中华传统数学文献精选导读》，湖北教育出版社1999年版。

洪万生：《数学史论文选集》第2集，著者自印本。

吴文俊主编：《中国数学史大系》第8卷（清中期到清末），北京师范大学出版社2000年版。

郭金彬、孔国平：《中国传统数学思想史》，科学出版社2004年版。

李迪等主编：《中国数学简史》，山东教育出版社1986年版。

忻平：《王韬评传》，华东师范大学出版社1990年版。

张海林：《王韬评传》，南京大学出版社1993年版。

［美］保罗·柯文：《在传统与现代性之间——王韬与晚清改革》，江苏人民出版社2005年版。

安国风：《欧几里得在中国：汉译〈几何原本〉的源流与影响》，江苏人民出版社2009年版。

何兆武：《中西文化交流史论》，中国青年出版社2001年版。

熊月之：《西学东渐与晚清社会》，中国人民大学出版社2011年版。

顾长声：《传教士与近代中国》，上海人民出版社2013年版。

段怀清：《传教士与晚清口岸文人》，广东人民出版社2007年版。

［美］本杰明·艾尔曼：《中国近代科学的文化史》，上海古籍出版社2009年版。

徐宗泽：《中国天主教传教史概论》，商务印书馆2017年版。

王萍：《西方历算学之输入》，台北“中央研究院”近代史研究所专刊1980年。

朱有瓛主编：《中国近代学制史料》（第一辑、第二辑、第三辑、第四辑），华东师范大学出版社，1983年、1989年、1990年、1993年版。

杨杭军：《走向近代化：清代嘉道咸时期中国社会走向》，中州古籍出版社2001年版。

舒新城编：《中国近代教育史资料》（上、中、下），人民教育出版社1961年版。

《中国近代出版史料》初编、二编，张静庐辑注，中华书局1957年版。

邹振环：《影响中国近代社会的一百种译作》，中国对外翻译出版公司1996年版。

黎难秋等编：《中国科学翻译史料》，中国科学技术大学出版社1996年版。

海宁市对外文化交流协会、海宁市文学艺术界联合会编：《邑人辞典》（海宁名人文化之一），上海辞书出版社2002年版。

海宁市对外文化交流协会、海宁市文学艺术界联合会编：《名家撷英》（海宁名人文化之二），上海辞书出版社2002年版。

傅近勒：《嘉兴历代人物考略》，中华书局2017年版。

《海宁民俗风情大观》，西泠印社出版社1999年版。

后　记

写完《李善兰传》的最后一章，正是农历狗年的春节。在潇潇春雨中，我来到硖石东山脚下，追寻这位中国近代科学先驱的遗踪。转了一圈，周围是鳞次栉比的楼房、匆匆忙忙的人流以及弥漫于空气中的烟花的气味，李善兰当年诗中描写的光景已恍如隔世，李善兰的坟墓更是渺不可寻。在牵罾桥附近问了几个老年人，也是一脸的茫然。因为这本在意料之中，我倒并不是十分的失望。毕竟，100多年的时光，足以将许多以物质形态存在的东西磨洗得干干净净。然而，不管我们承认不承认，不管我们是否意识到，当我们在使用类似“函数”“微积分”“细胞”这样的概念时，我们实际上已完成了一次与李善兰的心灵交流。因而，站在清冽的春寒中，我心中升腾起的，是对这位乡贤的敬仰，深深的敬仰。

这种敬仰，随着《学贯中西——李善兰传》的写作，随着对李善兰的越来越深的理解，一天比一天深植。我相信，所谓的传记，实际上是写作者与传主的一次心灵的交会。然而，这种与古人的交流并不如想象中的那么容易。李善兰是一个内敛或者说内向的学者，在他的著作中，他很少讲到他的生平和他的思想与感情，他可能早就意识到，能证明一个学者的，只能是他的学术。他根本不曾料想到，100多年后一个才疏学浅的作者为写作他的传记是如何的无从措手。在这本书中，我努力爬罗剔抉李善兰一生的行状，从一条条零散的记载中拼凑出李善兰的生平。我觉得这是一件很有意思的事。在很多人眼里，考据是世界上最枯燥乏味的事情，这只能说他们没有进行过真正的考据。像大海捞针般的，在一本本的书中，搜寻出一条又一条看似漫无边际的线索，演绎出它们之间的若隐若现的关系，寻求星星点点的蛛丝马迹，然后用它们来发掘出一件件前人从未发现过的事情，这里的趣味实不足为外人道也。李善兰进入京师同文馆是在哪一年？署名曾国藩的《几何原本》序究竟是谁代作的？李善兰究竟出生在哪一天？他的家在硖石还是在路仲？我不敢说我的考证是完全准确的，但当一块块的碎片拼成一张完整的图案（也许是自以为是的）时，快乐也就在其中了。我时常很自得其乐地想：谁说做一个书呆子就没有快乐呢？

可能正是这种书呆子的脾气，我在这本传记中，较多地引用了原文。的确，一部好的传记，应该像盐溶于水中一样，把史料羚羊挂角无迹可求地融于文中，做到严复论译文所说的“信、达、雅”。但我自知，以我的才情学问，是无法三者兼求的，我能做到的，只是一个“信”字，即所谓的“无一字无来历”。我力求把史料化作我自己的话说出来，当实在无法做到时，我就直接引用原文——这样的情况真的很多。我一直很困惑，按说我的语文水平不算太低，但总是无法把文言文中一些微妙之处用现代白话很恰如其分地表达出来。是现代白话文的表现力问题还是两种系统的“对接”问题，我没有多研究，我所做的，只是把原文照抄，也算是原汁原味。好在有兴趣读李善兰的，语文水平想必不会比我低。

我是一个业余研究者，这本《李善兰传》写得很累，但最后究竟是个什么样，我倒不大关心。这并非矫情。说实话，我的收获，不在于写成了这么一本书，而在于写作的过程中扎扎实实地读了几本书。作为一张报纸的新闻编辑，白天手忙脚乱地追逐五花八门发生在身边的种种新闻，记载着属于这个时代的新鲜与可感；夜间则是悠悠地翻着书，细细地辨认着古人曾经走过的足迹，演绎着100多年前一个科学巨匠的生动。两年下来，中文系出身的我也算是自修了科学史、中算史、晚清史和中西文化交流史，长了不少见识。更重要的是，真切地体会到一个科学大家的心路历程。这样穿越时空的生活其实是很有趣的。

感谢浙江省社会科学院的卢敦基研究员，他在写作过程中给了我许多的鼓励和督促；感谢台湾师范大学的洪万生教授，他惠寄的《数学史论文选集》自印本，使我受益匪浅，洪教授还在百忙之中审阅全书，提出了不少修改意见，使本书增色许多；感谢本书的责任编辑李育智老师，他的细致和认真，帮助我纠正了书稿中的许多疏漏。感谢嘉兴图书馆、海宁图书馆的各位老师，他们为本书写作提供了大量的资料帮助，比如查阅《苞溪李氏家乘》这样的馆藏珍品。在李善兰的研究中，李俨、严敦杰、李迪、王渝生、李兆华、韩琦、罗见今、汪晓勤、汪子春等已经有很多优秀的研究成果问世，本书参考引用了他们的研究成果，在此谨向各位先生表示衷心的感谢。此外，还有许多朋友、同事给了我支持和帮助，在此不一一列名，唯致深深的谢意。

杨自强

丙戌年初春于嘉兴城南

感谢有这个重新修订的机会，把《学贯中西：李善兰传》重新审读了一遍。主要是增加了一些此前没有看到的史料，并相应修改了有关表述，同时也改正了一些文字表达上的疏漏。古人云："吾生也有涯，而知也无涯"，"校书如拂几上尘，旋拂旋有"，信哉！

杨自强

壬寅冬于嘉兴梅湾